为人处世智慧枕边书

女人如何揣摩男人的心？不懂他，你就OUT了！

透过细节读懂男人

罗凌 ◎ 编著 | luolingBianzhu |

全面解读你身边的男人
QUANMIANJIEDU NISHENBIANDE NANREN

为女人量身定做的情商教程

为什么他跟别人谈笑风生，偏偏对你无话可说？
为什么他恋爱的时候尽量陪你，结婚之后就变成工作狂？

让你学会与男人相处，读懂他内心的秘密！

全国百佳出版社
中央编译出版社
CCTP
Central Compilation & Translation Press

图书在版编目(CIP)数据

透过细节读懂男人/罗凌著.—北京:中央编译出版社,2010.5
ISBN 978-7-5117-0283-8

Ⅰ.①透…
Ⅱ.①罗…
Ⅲ.①男性–修养–通俗读物
Ⅳ.①B825-49
中国版本图书馆 CIP 数据核字(2010)第 062931 号

透过细节读懂男人

出 版 人	和 龑
责任编辑	董 巍
责任印制	尹 珺
出版发行	中央编译出版社
地　　址	北京西单西斜街 36 号(100032)
电　　话	(010)66509360(总编室)　(010)66509366(编辑室)
	(010)66161011(团购部)　(010)66130345(网络销售)
	(010)66509364(发行部)　(010)66509618(读者服务部)
网　　址	www.cctpbook.com
经　　销	全国新华书店
印　　刷	北京金秋豪印刷有限责任公司
开　　本	710 毫米×1000 毫米　1/16
字　　数	270 千字
印　　张	18.5
版　　次	2010 年 5 月第 1 版第 1 次印刷
定　　价	32.00 元

本社常年法律顾问:北京大成律师事务所首席顾问律师　鲁哈达
凡有印装质量问题,本社负责调换。电话:(010)66509618

前言

都说一个女人就是一本书,其实男人未尝不是如此。

男人这本书有千般滋味万种风情,或雄浑厚重,或坚毅果敢,或侠骨柔情,或玩世不恭……蔡琴有首歌叫做《读你》,男人这本书同样需要你去耐心解读。

然而千百年来的男权社会传统,使男人习惯了把自己的真实内心裹上层层伪装,男人这本书展露给你的,也往往只是封面目录这样简单,等你想要深入了解时,却没了章法。这本纷乱迷离的大书,你要怎样才能读懂读透?怎样才能运用自如?如果你还可以总结出你自己合用的一套学习方法来,那就是个中高手了。

你是否也梦想着能够拥有孙悟空那样的火眼金睛,能够让他掩藏的心思在你眼里一下子打回原形,其实你要知道,即便是齐天大圣,也要在太上老君的炼丹炉里炼上七七四十九天才能炼就一双洞穿神仙妖魔的慧眼,你要这样一双眼睛,也需要耐心磨炼,而你的炼丹炉便在生活的细节之中。细节能够告诉我们在千篇一律的男人假面背后,那个千姿百态、光怪陆离的男人内心的真实世界。那英曾在《雾里看花》中吟唱,"借我借我一双慧眼吧",你如果也想要一双慧眼,透过迷雾,把真相看穿,那么只要借诸于细节便可办到。

透过细节读懂男人

人的一生,是由无数个细节构成,在这些细节中,体现了他的生活态度,知识品味,个性修养,也体现了他大而化之的人生观、世界观。生活的智慧,便孕育在细节之中,只要你处处留心,生活这个老师便会教会你很多曾经忽略掉的知识。精心捕捉这些让人不经意的细节,你便掌握了男人这本书中更多的解释和注脚,使你在读他时更加得心应手。

读懂男人,就要从一点一滴的小事中留心观察,包括他的衣食起居,吃穿住用,他的体格相貌,他的一个眼神,他的一丝微笑,他听你说话时微微扬起的嘴角,他的职业责任,他的理想抱负,他的休闲习惯,甚至他早晨起来怎么洗脸刷牙……

本书正是通过他的形象特征,言谈举止,衣着品位,生活习性,人际交往,工作志趣等方面来告诉你,应该如何从细处去读懂男人这本大书。因为那些微不足道的细节往往会真实地反映出一个人的内心。

如果你对哪个男人"蓄谋已久",抑或是你要观察和评判一个男人,不妨求诸于文中提到的"细节",就会从中得到你所想知道的东西。而有时候,并没有太多的时间可以让我们慢慢地去了解一个人,我们只能通过一次短暂的面谈便要决定是否和他合作。那么"窥一斑而知全豹",我们也可以从一些细节上来判断此人是否能提当重任,是否值得交往。当然应当指出的是书中的某些内容可能并非十分科学,但是要你细心从实践中体会,相信还是会获得某些启发的。

"世事洞明皆学问",从生活的细节中,才能洞悉世态万象,也才能更深刻地了解自己,了解男人。男人和女人只有真正的相互信任和体谅,才有可能彼此共同感受阅读的快乐。而只有读透了他,才能与他心心相印,厮守终生。

编者
2009 年 11 月

目 录

第一章 相由心生,由貌知心
——透过外表读懂男人

- ✡ 相由心生并不是没有道理 ………………………………（1）
- ✡ 男人的"头"、"脸" ………………………………………（3）
- ✡ 看人先看眼 ………………………………………………（6）
- ✡ 发型是个性的重要反应 …………………………………（10）
- ✡ 发质暴露出来的秘密 ……………………………………（13）
- ✡ 眉毛形状和气质的关联 …………………………………（15）
- ✡ 眉毛的动作反映心境 ……………………………………（19）
- ✡ 从鼻形与鼻势认识男人 …………………………………（21）
- ✡ 从口形看他的一生命运 …………………………………（25）
- ✡ 嘴巴动作或许是他的心理动作 …………………………（27）
- ✡ 胡须折射出的男儿本色 …………………………………（29）
- ✡ 参透耳朵里藏着的玄机 …………………………………（31）
- ✡ 手型看性格 ………………………………………………（34）

✿ 指甲有信息,健康显示屏 …………………………（37）
✿ "手螺"看性格 ……………………………………（40）
✿ 他的体型和自制力有关 …………………………（44）
✿ 从他的血型初步判断他的性格 …………………（48）

第二章 举止无意,细节知心
——透过举止读懂男人

✿ 下意识的小动作可以"出卖"一个人 ……………（52）
✿ 站姿是内心情感的外在反应 ……………………（55）
✿ 他的眼神出卖他的心 ……………………………（58）
✿ 注意他的眼部动作 ………………………………（60）
✿ 男人吃相不能小看 ………………………………（62）
✿ 坐姿与男人的心理反应 …………………………（66）
✿ 走路的姿势透露他的另一面 ……………………（68）
✿ 他睡觉的姿势透露的秘密 ………………………（72）
✿ 洗澡方式显示出的丰富信息 ……………………（74）
✿ 从看电视习惯透视他的内心 ……………………（75）
✿ 从手机摆放位置读懂男人 ………………………（77）
✿ 从吃水果阅读他的心 ……………………………（81）
✿ 观察他照相时的表现 ……………………………（86）
✿ 不同的笑容演绎不同的心灵风景 ………………（88）
✿ 通过笑声判断男人的内心 ………………………（90）
✿ 这几种行为说明他可能出轨 ……………………（92）

第三章 衣着雅俗，识其品位
——透过衣着读懂男人

- 穿衣习惯是由个性决定的 …………………………（95）
- 他喜欢什么颜色的衣服 ……………………………（99）
- 他睡觉的时候穿什么衣服 …………………………（101）
- T恤类型在无意识中暴露个性 ……………………（104）
- 领带系出的男人的个性 ……………………………（106）
- 关注一下他的鞋子 …………………………………（109）
- 帽子透露男人品位 …………………………………（113）
- 通过"随身包"解读他 ………………………………（117）
- 喜欢的饰物透露出来的个性 ………………………（121）
- 手表透露出他的性格和观念 ………………………（122）
- 男人的手套体现他的性格 …………………………（125）
- 他用什么手机显露他的个性 ………………………（128）

第四章 本性难移，习惯识人
——透过习惯读懂男人

- 嗜好是了解一个人最好的切入点 …………………（132）
- 睡前习惯了解男人 …………………………………（135）
- 有机会参观一下他的房间 …………………………（137）
- 他喜欢什么类型的运动 ……………………………（142）
- 他有哪些坏习惯 ……………………………………（145）
- 通过抽烟的习惯了解男人 …………………………（148）

✫ 通过他的日常小习惯来了解他 …………………… （152）

✫ 打电话方式：见证不同男人的性格 …………………… （154）

✫ 联系前女友的方式看男人 …………………… （157）

✫ 从与女人分手看男人 …………………… （161）

✫ 从签名习惯上透视人心 …………………… （163）

✫ 从笔迹可以洞悉他的心路历程 …………………… （167）

✫ 阅读方式由性格决定 …………………… （170）

✫ 通过借书看透他的性格 …………………… （172）

✫ 他的口味如何 …………………… （174）

✫ 他喜欢点什么菜 …………………… （177）

✫ 从吃鸡蛋的方式对他加深了解 …………………… （180）

✫ 漂浮在咖啡里的内心意识 …………………… （182）

✫ 从旅游方式看懂他的内心 …………………… （184）

✫ 从约会场合洞察他的处世方式 …………………… （185）

第五章 言为心声，察言窥心
——透过语言读懂男人

✫ 他的话语和声音透露他的性格 …………………… （188）

✫ 语速反映出的心理特征 …………………… （190）

✫ 他对你的称呼和他对你的态度 …………………… （192）

✫ 从打招呼中观察对方的性格 …………………… （194）

✫ 通过语言韵律透视他的心 …………………… （198）

✫ 口头禅里包含的意思很多 …………………… （199）

目录

- ✡ 通过"身体语言"解析男人的内心 …………………（203）
- ✡ 观察他说话时的面部表情 …………………………（205）
- ✡ 从言辞看穿对方的谎言 ……………………………（208）
- ✡ 从幽默中看穿他的动机 ……………………………（212）
- ✡ 从交谈中听出弦外之音 ……………………………（214）
- ✡ 从客套话中阅读对方的性格 ………………………（218）

第六章 人以群分,交际察人
——透过社交读懂男人

- ✡ "曲线救国"——透过他的朋友了解他 ……………（220）
- ✡ 从和陌生人相处看准对方 …………………………（224）
- ✡ 遇到美女时男人们的态度 …………………………（226）
- ✡ 从握手方式观察他的真心 …………………………（228）
- ✡ 他醉酒以后会怎样 …………………………………（231）
- ✡ 牌桌上的识人术 ……………………………………（234）
- ✡ 从接受表扬的反应看透对方的品性 ………………（236）
- ✡ 从名片分析出他的性格为人 ………………………（238）
- ✡ 从等人时的姿势看准对方 …………………………（241）
- ✡ 从评价别人的穿戴看准对方 ………………………（242）
- ✡ 察看他吵架时的表现 ………………………………（243）

第七章 认清本质,钱能明心
——透过花钱读懂男人

- ✡ 花钱识人心 …………………………………………（246）

- ✿ 购物方式反映一个人的生活态度 ………………………（248）
- ✿ 会花钱的人会生活 ………………………………………（250）
- ✿ 付款细节传达心声 ………………………………………（252）
- ✿ 他对朋友慷慨大方吗 ……………………………………（254）
- ✿ 礼物代表他的心 …………………………………………（255）
- ✿ 从储蓄中阅读他的性格 …………………………………（258）
- ✿ 从借钱看清楚他的品性 …………………………………（261）

第八章 成事有道，工作辨人
——透过工作读懂男人

- ✿ 看他什么职业 ……………………………………………（263）
- ✿ 分析他的工作态度 ………………………………………（266）
- ✿ 他是个敬业的男人吗 ……………………………………（270）
- ✿ 从与人共事看准对方 ……………………………………（271）
- ✿ 考察他与上司的工作关系 ………………………………（273）
- ✿ 他和下属之间的相处 ……………………………………（274）
- ✿ 看他如何对同事 …………………………………………（276）
- ✿ 为什么他会变成一个工作狂 ……………………………（279）
- ✿ 观察他面对工作困难的态度 ……………………………（281）
- ✿ 他接受任务时是什么样的表现 …………………………（282）
- ✿ 好好观察他处理错误的方式 ……………………………（284）

第一章 相由心生,由貌知心
——透过外表读懂男人

相由心生并不是没有道理

世上的树叶有千万种,世人的脸面便有千万种。为什么全世界的人找不出长得一摸一样的人?

古人说"相由心生",简单的四个字,蕴含的意义可不少,它的意思是说一个人的相貌是会随着他心念的善恶而改变的。有什么样的性格和心态,慢慢都会在他的面部,做为一种"凝固了的表情"呈现出来。"以貌取人"这句话,看似片面,其实很有根据。

据说唐朝裴度少年时贫困潦倒,有一天,在路上遇到一行禅师。大师看了裴度的脸相后,发现裴度嘴角纵纹延伸入口,以后可能会饿死,不禁心生同情,就劝他要努力修行。那以后,裴度就按照大师所说的行事。后来某一天,他又遇到了先前那位禅师,这次大师发现裴度目光变得澄澈,脸相完全改变了,于是恭喜他,说他以后肯定能当宰相。果不其然,不久以后,大师的话应验了。这就是"相由心生"的由来。

透过细节读懂男人

　　人的心态在变,他的面相也在相应地变,人的经历必然会在面相上留下痕迹。俗话说:"人面一张相。"人内心里想的什么,在脸上都会有一定的表现。中国古代有"识人八相"之说,人各种相分成八个类型,即威相、厚相、清相、古相、孤相、恶相、薄相及俗相。比如"威相"的人有威仪刚猛之相,掌重权,具有很强的决断力和行动力;"厚相"的人厚朴稳重,一般性情温和,心胸宽广;"清相"的人清秀疏朗,气度纯和,性格爽朗,思维敏捷,做事有创造性和进取心;"古相"的人性情孤傲,孤僻,郁郁寡欢;"孤相"的人体形微弱,神色浑浊,摇摆不定,一般性格内向,心胸狭窄;"恶相"的人凶神恶煞,性情卑劣,阴险狡猾,无恶不作;"薄相"的人体格劣弱,性情孤僻、内向、怯懦、愚昧无知、意志薄弱,为人处事没有主见;俗相的人粗俗鲁莽,一般喜怒无常,惟利是图……一眼望上去,人的内心世界大部分都写在了脸上,甚至谁是正人君子,谁是小偷盗贼,你都能从他的的眼神中看出来。你观察生活中,一般情况下德高望重的人,其面相都是和蔼慈祥的,而奸诈小人,给人留下的印象都是阴险龌龊的;同样的,贪图小利者终将是一张市侩的脸,而从容大度者必将是一张优雅的脸。

　　英俊潇洒、风流倜傥,是每个男人的理想。无论怎样的男人,容貌总是随身而行,与人接触、交往,给人最初的印象还是容貌。所以容貌可以说是男人随身携带、但又不能给人的最大的一张名片。轻浮的人有轻浮的容貌;严肃的人有严肃的容貌,放松的人有放松的容貌;开朗的人有开朗的容貌,忧郁的人有忧郁的容貌……20年前的一项心理学研究也说明了这一道理。该研究发现易怒的老人往往看起来乖戾,甚至在要求做出温和的表情时也如此。一辈子的生气、暴躁和痛苦会在面部肌肉上烙下永久的痕迹。

　　五官就是一个心境的测量仪,例如,当一个人遇到开心的事情时,他的面相就会眉飞色舞,笑口常开;而当一个人遇到悲伤的事情时,他的面相就会愁眉苦脸,皱眉撅嘴……从对方的表情、面相,你可以在第一时间了解对

第一章 相由心生,由貌知心——透过外表读懂男人

方的内心世界,从而随机应变,做出正确的反应。你就需要拥有一双慧眼,通过对方的外表和言行快速对对方的心理和人品有一个大致的把握。

读懂他,掌控他

找老公,可是女人一辈子的大事,自然是找个自己满意更爱自己的男人。女人挑男人,除了看家底实力和人品,还应该看面相。一般的说法是,额头宽的人聪明;耳朵厚的人有财气,德高望重;嘴巴厚者不善言词,薄者好多嘴;眼睛光明的人,一定聪明,多才多艺;眼神不定,左右乱视者必是狡猾,偷偷摸摸;眼睛深凹的人,性情执拗,深思,多猜忌;八字眉的人容易悲观,而且是个爱情不专的人等等。以上都可以作为一个参考,当然也不可全信,重要的是你自己内心的感觉。

外貌是人的心灵外衣。你能否透过外衣,读到男人们的内心世界?

男人的"头"、"脸"

我们将男人的脸形基本上可以分为七种,各种脸形都代表着一种性格。

圆形脸的男人

这种脸肌肉厚实,脸形浑圆,性格如脸形一样温和圆滑。这种脸形的男人天生容易相处,待人亲切,社交能力强,不过容易固执己见,性格比较自我、任性,还有点个人主义的倾向。有这样的脸形的男性,可能在金钱方面不太可靠。

和这种脸形的男人交朋友最应该注意的就是要成为一个好的倾听者,如果你想给他留个好印象,在对方说话的时候千万不要插嘴。这种脸形的人有很好的协调性,不太懂得怎样拒绝他人的请求,如果是公司上司,那么

一定是个好上司,深受员工爱戴,不足之处就是有时会言而无信。

椭圆形脸的男人

椭圆形脸,也就是平常说的蛋形脸,特征是瘦长的外表而下颚带着圆弧感,额头清晰而广圆。

这种脸形的人有着很好的适应性,一般情况下非常理智,是个理性主义者。遇到再复杂的问题,也能镇定自若,再混乱的局面也能理智地告诉别人该怎样去做。他们很少有情绪波动,这样的人十分值得信赖的人。

值得注意的是,他们情感比较细腻,会把一件小事放在心上保留很久,显得不够大气。这种脸形的男人往往工作努力,思想活跃,创造力旺盛,自尊心很强,不容易受他人的影响,另一方面又常表现为耐力不足,往往半途而废。在理财方面,他们往往公私分明。

这种脸形的男人十分需要别人的认可,如果他能从你那里得到,那么必然会对你青眼有加。

方形脸的男人

脸形方正,宽大的下巴和发达的脸颊骨是这种脸形的主要特征。这是运动员常见的脸形。

这种脸形的男人对任何事物都表现出积极的态度,并且具有很强的意志力,即使碰到很大的困难也不会怠惰消沉。

他们性格外向,富有行动力,正义感强烈,不喜欢迁就,决不委屈自己,因此缺乏一定的通融性;他们对于已做的决定有着一往无前的追求精神,异常执着。有时由于固执己见,显得有些刚愎自用,容易与人有冲突。但是这样的男人讲义气,对朋友可以鼎力相助,虽然由于性格原因,人缘并不是十分好,但是这种男人是十分可靠的。

细长形脸的男人

这种脸形细长,下巴呈四角形,鼻子和嘴相对来说就显得小。这种脸形的人一般比较细心,对细节考虑得比较周到,对研究有一定的热忱,擅长与人交流。

这种脸形的男人对人谦恭有礼,周到体贴,乍看起来通情达理,其实很难表达清楚自己的心意,因此在与人交往时会造成些麻烦。他们在追求理想方面拥有极大的想像空间。这种类型的人最大的缺点便是点子虽多,实现之日却遥遥无期。

本垒形脸的男人

本垒是棒球运动中的一个术语,这种脸形的男人颧骨到下巴的线条非常明显,体格健壮带有阳刚之气。他们对研究有独特的热心和耐心。与人交往中实际上并没有特殊的好恶,和任何人都能打成一片。

这种人对他人很体贴并富有同情心,然而却很少表露自己的感情,因而给人一种好相处的感觉,也因此受到大多数人的喜欢。不过这种个性有时也会受人误解而无法向自己喜欢的异性开口表白。

这种脸形的男人十分专一,作为他的女朋友或者妻子,根本不必担心他会沾花惹草。

混合型脸形的男人

这种脸形的特征是脸孔整体有棱有角,或变形、额头小、颧骨宽大的人。

对于这种脸形的男人来讲,他们十分执著甚至可以称之为顽固,不服输,不达目的誓不罢休。他们颇有几分神经质,爱慕虚荣,但他们不是一无是处,他们在任何一个方面都很有兴趣,而且他们一般才能非凡,不管做什么都超出一般的水平,因此往往令人搞不清楚他的正业和主攻方向。

这种脸形的男人在与人交往中比较偏执,如果能碰到志趣相投的人会与对方相处融洽,然而只要有一点不满就会全盘否定对方。

透过细节读懂男人

倒三角形脸的男人

这种脸形额头宽,脸形随着往下巴的方向慢慢变窄,形成倒三角型的脸孔。

有这种脸形的男人多半也是细瘦、娇小的体形。他们做起事来一丝不苟,在生活中多有洁癖。他们爱慕虚荣,喜欢受人瞩目,同时也很关心引人注目的事物;他们具有贵族化的嗜好,对优雅的东西充满憧憬,如果不能遂意,也会有焦躁的举动;他们性情温和难免有优柔的一面,然而更有细腻浪漫的一面。他们中的大多数看起来颇为清高,让人难以接近,要接近这种人必须以浪漫而富有幻想色彩的话题作为交际的润滑剂。

读懂他,掌控他

在视觉时代,受人青睐不仅仅是美女们终生致力的目标,许多大男人也在自己的外在形象方面很下功夫,如今,注重"头""脸"已经不再是女性的专有名词。

每个男人都有一副独特而不容混淆的脸相,而在这些独特的脸相后面,隐藏着各种各样丰富多彩的人性。但是在这丰富多彩之中,也有一定的共性特征。掌握了这些特征,会有助于你把他看得更加清楚。

看人先看眼

不管是在传统相学中,还是现代交际中,眼睛都具有十分重要的作用,认真观察对方的眼睛和眼神,的确可以看出许多许多东西。

眼睛是一个人与外界交流最快速且直接的器官,眼相代表着从少年到中年期的运气,一般来说,大眼睛的人个性较豁达,在运势及人缘上会比小眼睛的人来得好一些,但如果想衬托出眼睛的运势,尚须与眉相相配合。

第一章 相由心生,由貌知心——透过外表读懂男人

脸相学讲究的是五官的匀称感,就像四柱八字学注重五行的中庸一样,否则大眼仔配合尖削脸,大饼脸配上芝麻绿豆眼,这些不协调的五官往往象征着当事者的性格有某方面的偏执,以男人为例,现就以眼睛形状的分类来进行逐一探讨,供大家参考。

大眼睛者

有一双又明又亮的大眼睛是每个人的愿望,其原因就是因为人们认为大眼睛者性格开朗、活泼可爱,这种人一般心胸比较开阔,不计较小节,善与人相处。

大眼睛的男人一般都比较灵活大胆,具有多方面的才能,语言水平高,办事速度快,他们的眼睛会说话,态度和蔼,善解人意,很会迎合女性的心理。和女人在一起,他们总会使女人感到轻松自在,不知不觉中让女孩子倾心相诉,因此这种男人谈恋爱成功的比例相当高。

小眼睛者

有的人眼睛比较小,并且很多时候还不完全睁开。据观察,这样的人处世比较冷静,做事很细心,能够控制自己的情绪,常常是稳扎稳打,步步为营,做事之前总是先计划好,然后按部就班,从来不会操之过急,或有大胆的冒险计划。

这种人思想往往很保守,办事比较机械,不大懂得创新和变通,显得有些呆板。用这样的人进行项目分析和财务管理还是比较合适的。

另外,眼睛小的人一般比较内向,不爱说话,不善交际,跟异性交往更显得紧张和笨拙。但是他善良诚恳,年老的时候会成为被众人尊敬的慈善家,如果你身边有长这样的眼睛的人,你千万不要置之不理,他会成为你值得信赖的朋友和辅助你事业的好伙伴。

圆眼睛者

眼睛圆圆常常给人一种机灵的印象。这样的人比较聪明,反应灵敏,适

应性强。这种人做事积极,讲究实效性,很容易受到外界的诱惑。

在圆眼中,有一种称之为"黑豆眼"的眼睛是非常需要警惕的,他若长着一对漆黑的眼珠,遇到事情,小眼珠在眼眶里直转,时刻盘算着自己的得失。这样的人常常做不出正确的判断,因此不能轻信他们的主意。他们常常还很固执,自以为是,往往撞了南墙都不回头。

长眼睛者

长眼睛的人办事常常会做到稳、准、狠。他们的责任心一般都很强,办事严肃认真。这种人有很强的决断能力,有远见,因此常常能成就大事。

有这种眼睛的人善于思考问题,属于理智型的人,所以和这种人交往,千万不要担心他会做出什么傻事。

有的人眼睛长得又长又大,给人一种慈善温和的印象。这种人很有人情味,并富有同情心,具有牺牲和奉献精神,他们事业的成功或许与这种奉献精神和同情心有关。这类人在年轻的时候会赢得别人的信任。

"三白眼"

就是瞳仁比较小,眼白比较多,瞳仁靠近眼白的一边,它的周围有三个地方出现眼白,这种眼睛被称为是"三白眼"。"三白眼"的人,个性都比较强,而且有的时候强到六亲不认。"三白眼"中有一种属于"下三白"的眼型,也就是瞳仁在眼白的下方,而它的上面、左边和右边都是眼白,这种人,据说非常阴险毒辣。可以观察一下电视上的汉奸走狗基本上就是这种眼型。

"四白眼"

顾名思义就是瞳仁的四面都是眼白,这种人让人见了害怕。有这种眼白的人并不是说有什么样狠毒的心计,而可能是身体状况欠佳,所以如果你发现你的朋友亲人里面有这种眼白的,就应该提醒他多注意了。

眼睛凸出者

有的人眼睛长得往外凸出,就像金鱼的眼睛。这种人办事常常是欠考虑，大大咧咧，一副满不在乎的样子，他们心里往往想一些虚幻的东西，并且到处张扬，但实际上并没有作出多少实际工作。这种人想法和计划很多，但很少有几件可以付诸实践的，有时即使去干了，也常常是虎头蛇尾，半途而废，是一个标准的"纸上谈兵"者。

并且，这类人往往还表现得自以为是，办事武断，自尊心不很强，企图用自己的夸夸其谈来掩饰自己的无能。外表威武，内心脆弱，外强中干，才是这种人的真实写照。

眼睛下陷者

有的人眼眶下陷，就像一个深邃的洞。这样的人做事比较慢，很仔细，常常能够通过现象看出本质，有很强的洞察力。他们办事很冷静，无论做什么事情都是三思而后行。

而眼睛下陷的程度不同也会具有不同的个性。眼睛微微下陷的人能够廉洁自律，内心世界很朴素，如果能够为官，他们一般是比较清廉的。

特别深陷的眼睛警戒心理强。这种人似乎想要把自己的眼睛藏起来，不让别人看到，时常会以敌视的态度看人。就好像隐藏自己的眼睛一样，他们企图把自己的心灵掩盖起来，不希望让别人知道，不善与人交往，往往是一个孤独者。

眼角朝下者

眼角朝下者为人宽厚，细心柔顺，性格偏内向，行动有些消极，为人处世，抱着与人无争的态度，但也不是没有上进心。若过分下垂就不好了，遇事会优柔寡断，拿不定主意。这样的人办事是让人不放心，会误事的。

眼角朝上者

眼角朝上的人自信心强，是一个比较极端的乐天派，为人处世从不顾及别人的态度，有时会自吹自擂，狂妄自大，这样就容易引起别人的反感，发生争执。

读懂他,掌控他

美国著名小说大师欧·亨利说过:"人的眼睛都是探照灯!"可见,眼睛是人们心灵的密码,是感知世界的重要渠道。不管一个人用多么高强的技巧来隐藏自己的性格与内心,但只要一看他的眼睛,就随时能窥视对方的内心秘密。

眼睛是视觉器官。众多的神经纤维依靠眼睛把大脑和外界直接联系起来,使大脑对外界有一个清楚地认识。从心理学来说,眼睛是人类表达思想情感的窗户。西方国家也把眼睛比作"灵魂之窗"、"情感之镜"、"智慧之门"。

因此,当我们想要了解对方的真实意图时,要把焦距放在眼睛上。

发型是个性的重要反映

刘德华在一则洗发水的的广告中说,他的梦中情人"就是拥有一头乌黑靓丽的长发",可见头发对于女性魅力是十分重要的,同样,发型对于男性魅力的作用也不可小觑。

留简洁短发的男人

这一类型的人大多有雄心壮志,其生活总是被各种各样的事情所占据。他们工作细致,但缺乏必要的责任心,在遭遇困难、面对挫折的时候容易选择逃避。

留飘逸的中长发的男人

留有一头长长的,直直的,看起来显得非常飘逸和流畅的中长发的人的性格大多界于传统与现代之间,既蕴含世故又大胆前卫。他们通常有很强的自信心,对成功的渴望非常迫切。

留过肩长发的男人

留过肩长发的男人大多我行我素,讨厌被任何人或事束缚,崇尚自由。他们不愿去做沉闷规律化的工作,具有宁愿我负天下人、不让天下人负我的气魄。成长的过程中,他们自认为受到了太多的限制,因此在羽翼丰满时作为一种反弹,他们决定主宰自我,跟着感觉走,不屈服于别人的命令。

留波浪型烫发的男人

这类人对流行时尚非常的敏感。他们很在乎自己外在的形象,并且知道怎样才能使自己的外在形象达到最佳的效果。他们比较现实,在绝大多数时候,能够根据客观实际来协调和改变自己。他们能够把握自己的命运,总是积极主导着自己的生活,使之向自己要求的方向前进。

留前端高梳的发型的男人

将头发前端梳得很高并用护发用品定型的人通常比较保守,个性执着,或者可以说是固执。他们一旦喜欢上了一件东西,认准了某一事物,就绝不会轻易地改变自己的想法及观念。

留中分短发的男人

将头发剪短从中间平分的人是希望自己在各方面都能够做到面面俱到,左右逢源。这种类型的人目标明确,毫不掩饰自己的野心,有冲劲,会给人一种为达到目标而不择手段的坏印象。但他们知道自己是个有原则的人,不会做出任何违背良知的事情。这类人所具有的野心和战无不胜、攻无不克的冲劲使他不甘心去做一个普通的打工仔。因此年纪很轻的时候,就已经开始创业。他们工作积极,又充满信心,所以在事业上无往不胜。许多时候,他们过快的前进步伐会令身边的人有跟不上的感觉。

留平头的男人

将头发理成平头使男人的男性形象非常鲜明,有很浓的"男人味"。他们讨厌娘娘腔十足的人,对有骨气的硬汉十分欣赏。他们的思想比较传统和保守,反对对传统进行肆无忌惮的改革,有很重的家庭观念,具有相当温柔的一面,认为男人必须孝顺父母,尽自己的能力去照顾妻儿。这类人在工作方面刻苦耐劳,坚信"吃得苦中苦,方为人上人"。他们总是在尽力表现自己,但做事稍显武断,自视过高。

剃光头的男人

喜欢剃光头的人,追求简单、脱俗、飘逸的境界,有简化世间所有现象的倾向。他们多是努力在营造一种能够让人产生误解的氛围,这样很容易给人一种神秘感,让人猜不透他们心里在想什么。他们逃避男女之情,认为恋爱及婚姻只会带来无限的烦恼。另一方面,他们可能在对以前的经历及自我角色进行否定,以期新的生活能使他们备受关注。

留自然式发型的男人

偏爱自然式发型的人总是怨天尤人,但却从来不从自己身上寻找原因,更不会付诸行动去寻求改变。这类人容易向别人妥协,所以很多行动的产生只是迫于压力,而并不是真正地发自内心想做的。

留各种奇怪发型的男人

故意把发型弄得很怪的人表现欲望很强烈,他们希望自己能够吸引更多人的目光。他们有什么话就说什么话,通常不考虑他人的心情和感受。这类人对任何事情都有自己独特的见解和认识,并且会始终坚持自己的立场。他们敢于不屈不挠地与权势对抗。尽管这些人的行为有时显得让人有些难以接受,但仍然能够得到不少人的尊敬。

读懂他,掌控他

鲁迅先生一头刚直的头发为其正直形象的代表,作曲家贝多芬一头愤怒、又充满激情的长发让他的卓越才华和不羁形象深入人心,由此可见,男

第一章 相由心生，由貌知心——透过外表读懂男人

人的头发是彰显个人风格的重要标志。

发型作为一个男士品位和个性的集中体现，在一个男士的整体形象中起着举足轻重的作用。观察一个男人的发型，我们可以判断他的个性与心理。

发质暴露出来的秘密

我们要了解一个男人，除了要看他的面相眼神，体态修养，行为举止，还可以从观察他的头发入手，让头发告诉我们关于他的秘密。

头发粗硬似钢丝，且既浓又密

这种头发的人，做事亲力亲为，有气魄，具有优秀的领导素质。但是疑心病比较严重，不容易相信下属和周围的人，而且也不懂得关心别人，虽然他们细心多情，对爱情非常专一，但婚姻生活也不会太好。

头发粗而色淡，硬而稀疏

这种头发的人自我意识比较强，常常刚愎自用，不把别人放在眼里，也不甘心被人领导，却喜欢驾驭别人。他们目光短浅，只重视眼前而忽略长远，况且心胸又狭窄，容不得别人有半点忽视他，否则就会大发脾气，甚至会跟对方断绝关系。他们最大的特点是爱耍小聪明，但往往弄巧成拙，聪明反被聪明误。

头发黑如墨，密如云，软如丝

这种人生性比较懒惰，贪图安逸享乐，不肯吃苦耐劳，而且对事情没有主见，因此处处都想依赖别人，然而这种人度量宽广，不拘小节，爱开玩笑，因此人缘也还不错，如果能克服懒惰的习惯，必定能成就一番大事。

头发柔软，却极其稀疏

这种人虚荣心强，好出风头，也爱与人辩论，自我加任性，不允许别人对

他进行反驳,他们狂妄自大,目中无人,可实际上,做事情没有判断力,在很多方面都表现得非常差劲,在日常生活中还经常因疏忽、健忘而闹出笑话。

头发淡疏粗硬且不平

这种人思考力敏锐,反应很快,是个天生的演说人才,对小事不看重,性情温和,能屈能伸。唯一的缺点就是爱贪小便宜,有时不免因此而吃大亏。

头发浓密柔软,自然下垂

这种人性情犹如头发一样,温顺柔和,比较内向,喜沉思,不爱言语,与他人讨论一般都是忠实的听众,但他们也有自己的想法,只是不善于表达而已。况且他们性格坚韧,有耐性,还具有艺术细胞,多适合从事艺术和科技类工作。

头发柔软浓密,却不平顺

这种人个性软弱,心理素质较差,做事胆小,不敢承担重任,因此也不能得到提拔重用,说话容易脸红,对事物敏感,甚至还有点神经质。

头发自然向内曲缩,如烫过一般

这种人性情孤僻,情绪起伏很大,脾气暴躁,凡事患得患失,猜疑心重,从而常常使自己无故心情紧张,闷闷不乐。

头发发根弯曲,发尾平直

这种人经常骄傲自大,目中无人,自以为是,做事任性霸道,喜欢我行我素,独断专行,对认定的事坚持到底,即便是错误的事也一意孤行,没有丝毫的通融心,但是他们办事效率高。

发髯相连,浓密粗硬

这种类型的男子剽悍强壮,脾气鲁莽暴躁,豪迈不羁,不拘小节,有侠义心肠,好打抱不平,《水浒传》中的鲁智深就是这种性格。因此他们的人缘很好,朋友很多。

第一章 相由心生,由貌知心——透过外表读懂男人

头发黑中带赤

这种人生性贪婪,而且奢侈浪费,挥霍无度,喜欢结交异性朋友,却用情不专,是传说中的花花公子类型,因此要特别注意这种危险人物。

头发黑白交杂而生

这种人多愁善感,忽喜忽忧,情绪飘忽不定,并且喜欢自作多情,睡中常讲梦话,有神经衰弱的迹象。

▶ 读懂他,掌控他 ◀

早在中国古代,头发生长的好坏与肝肾气血有直接关系,古医学提出:"肝藏血,发为血之余,血亏则发枯。肾为先天之本,精血之源,其华在发。"等论断,精辟地论述了头发与人体健康的内在关系。

现代医学实践进一步证明,头发由一种叫氨基酸的蛋白质所组成,要想保持其秀丽、光泽而富有弹性,单靠日常的外在护理是远远不够的。头发的乌黑亮丽还是干燥与人体的血液、微循环、内分泌、免疫系统功能等内部环境是否正常密切相关。一旦免疫系统调节出现障碍,您的头发就会出现干枯、变黄、变灰、失去光泽甚至变白、脱落等现象。因此,从某种意义上来说,头发是人体健康的"晴雨表"。

从现代生理心理学角度看,头发又与人的性格密切相关。

因此,解读头发中的隐藏密码,不仅能告诉我们他的性格心理,也能告诉我们他是否有健康问题。

眉毛形状和气质的关联

古语说,"眉者,媚也。为两目之翠盖,一面之仪表,是谓目之英华,主贤愚之辨也。故欲疏而细、平而阔、秀而长者,性聪敏也,若夫粗而浓、逆而乱、

短而蹙者,性凶顽也。"

如果一个人是粗浓乱眉,那他一定是个粗汉,性情粗暴。在《水浒传》中,鲁智深就是这种眉型;相反,如果一个人眉秀细长,则必然是个文采智谋过人的角色。

曾国藩说:"眉崇尚光彩。好的眉毛表现在四个方面,即'清秀油光'、'疏爽有气'、'弯长有势'、'昂扬有神'。"也就是说,眉毛应该有光、有气、有势、有神。

眉毛的光亮可以分为三层:第一层是眉头,第二层是眉中,第三层眉尾。层数越多,给人的印象越好,得到他人的提携也就越多,成功的可能性也相对越大。因此人们都把眉毛有光亮的人认为是运气特别好的人。

下面通过几种常见的眉型特征来分析他是具有怎样的个性气质的人。

长眉（长度超过眼睛）

眉长过眼的人大多性情温和,宽宏大量,比较重感情,不轻易发脾气,是属于凡事好商量的老好人,但这种人有时候容易多愁善感。

短眉（长度不超过眼睛）

眉短之人,性情正和长眉的人相反,较自私易怒,不轻易与人妥协,但有时候也多愁善感,和家人的缘分浅,容易和他们闹僵关系。

浓眉

眉浓得像用浓墨画上,此种眉相的人性情傲慢顽固,自我意识比较强,不易受他人影响,待人不够谦虚诚恳。好在此类人心机不深,性情率直,也颇有人缘,只要努力,事业也能成功。

淡眉

如果眉毛颜色非常淡,甚至是白眉,则此人反应不敏捷,心思也简单。眉淡之人虽无雄心壮志,但工作还是比较努力,具有成功的最基本素质。

第一章 相由心生,由貌知心——透过外表读懂男人

稀疏眉

远看似无似有。这种人,性格内向,外表文静,主观理智,不易冲动,但情绪暴躁。工作学习缺乏上进心,与亲人聚多离少,而且自己的健康也不太理想。

粗眉

眉毛粗代表肝气旺盛,属将军之眉。此人凡事积极,有男子汉气概,当然,这种人在处事上也极易冲动,弄不好会变成有勇无谋。

细眉

也就是眉细如丝,这样眉相的个性较消极,遇事优柔寡断。且大部分带有娘娘腔。

三角眉

俗称勇士眉,所谓的杀手或武士,大都有这种眉相。这种人刚毅果决,冷酷残忍,不怕遭遇挫折,但比较自我,不易受他人控制。

一字眉

眉形犹如正楷一字,也有粗细之分。粗一字眉的人,胆子大、意志力强,说话声音大而且严厉。细一字眉的人,性格固执,做事缺乏耐性,但有可能成为智者。

月型眉

眉形如刀(菜刀方形)之人,其心如刀,此种人聪明果决,处事不懂得圆滑,犀利不讲人情,不够慈悲,完全是一副清官的样子。

扫把眉

分眉头开散和眉尾开散两种。眉头开散的人,往往事情都快做完了才全心投入;而眉尾开散的人,做事经常虎头蛇尾。不管是哪种人,如果不克服自己的缺点,事业都很难成功。

透过细节 读懂 男人

柳叶眉

眉毛较粗,但眉尾弯曲,呈现出不规则的角状,就像春天的一片柳叶。有这种眉形的人比较诚实,与朋友的关系也比较融洽,唯一不足的是家庭观念比较淡薄,经常为了朋友而忘了顾家,因此,朋友之间人缘会不错。

新月眉

眉毛清秀而细长,眉尾稍微上翘,状如新月。有这种眉形的人性情宽厚,办事果断,人缘不错,也能与人共同分享成果,因而做事容易成功。但由于容易轻信他人而很可能上当受骗。

上扬眉

眉尾上扬,此种人富有杀气和霸气,太好强,不服输,霸道且不讲理,非常有自尊心,但这种自尊心往往是建立在霸道之上,也让人很不赞同和理解。

杂乱眉

眉杂乱如荒草,是属于四肢发达、头脑简单的人,做事往往无法集中注意力,性情也很莽撞,所以他们最喜欢用武力和争吵来解决问题。

读懂他,掌控他

虽然从眉毛上不能把一个人的性情全部都窥透,但至少能从中发现一点对方的性格特点,只要我们细心去观察,就能很好地把握对方的性情,尽量在交往中少走弯路。

在很久以前,我们的先人就懂得了利用眉毛来看一个人的性情。从现代医学角度来看,一个人的眉相也代表着内分泌系统和肝肾系统的状况;而肝脏及内分泌(荷尔蒙的分泌),刚好是影响一个人的性情的最主要生理因素,因此,从眉型可看出一个人的性情好坏。

眉毛的动作反映心境

观察一个人的心境,不一定要通过和他交谈才能了解,观察对方眉毛的一举一动也是很好的途径,很多精明的人能在第一次见面时就把对方的性格猜个八九不离十,原因何在?就是善于捕捉这些小细节。

眉毛动,则心境变;眉毛动态丰富,则思绪万千。据不完全统计,眉毛有20多种动态,不同的动态之间有着不同的含义,现将其中比较常见的动态列举如下。

皱眉

皱眉是一个人把眉头皱起,其中的原因有很多:比如当一个人对对方所提出的问题迷惑不解或者是否定的时候,会情不自禁地皱起眉头;如果是受到侵略、心感恐惧时,人也会皱眉,在这种情况下,人不仅会低眉,还会将眼睛下面的面颊往上挤,以提供最大的防护,这时眼睛仍睁着并注意外界动静,便形成了皱眉的动作。眼睛周围的肉上下压挤的形式,是面临外界攻击时最典型的本能反应,当然如果是突然遭遇强光,也会出现这种皱眉的动作。

扬眉

分为双眉上扬和单眉上扬。当人的某种冤仇得到伸张时,常会扬眉吐气。一个眉毛高挑的人,正是想逃离庸俗世事的人,通常有自玄高深的傲慢表现。双眉上扬,是人在极度欣喜或者极度惊讶的情况下才有的眉毛动作,在这种情况下,对方的心情起伏一定是比较大,如果你想告诉对方什么事情的话,最好等他的心情平息了以后再去。单眉上扬,是表示不理解、有疑问的一种动态,说明他正在思考问题。

耸眉

是指眉毛先扬起,停留片刻后下降的一种动作,通常还伴随着嘴角迅速往下一撇,而脸上其他部位却没有什么明显的变化。这表示的是一种不愉快的惊奇或者是无可奈何。另外,对方在强调自己的观点的时候,也往往会出现这种动作,目的是要让你赞同他的观点。

闪眉

是指眉毛闪动,眉毛先上扬,然后在瞬间下降,表示一种友善。当两位情人相见的一刹那,往往会出现这种动作,而且常会伴随着扬头微笑或者拥抱,眉毛闪动如果出现在对话里,则是为了加强语气。每当要强调一个字时,眉毛就会扬起并瞬间落下,这是在表示:"你最好记住我所说的每一个字"。

眉毛抬高

分为眉毛完全抬高和眉毛半抬高。眉毛完全抬高是表示完全不可置信的一种动作,当刚接触一件不可思议的事情的一刹那,我们就会有这种眉毛表情;眉毛半抬高表示"大吃一惊",和完全抬高有相似之处,只是程度不太一样。

眉毛降低

分为眉毛半降低和眉毛完全放下。眉毛半降低是很不理解的姿态,对对方所做出的举动存在着一定的疑惑。眉毛完全放下是表示非常生气,已经达到了"怒不可遏"的程度,如果谁在这个时候还要去惹他,那就等于是老虎嘴上拔毛——找死。

倒竖眉

眉毛倒竖、眉角不拉,说明对方极端愤怒或异常气恼,说不定是有人背叛了他,或者就是被人耍了,反正就是老虎发威了。

第一章 相由心生,由貌知心——透过外表读懂男人

眉毛上下活动迅速

说明心情愉悦、内心舒畅或对你表示亲切,在对你的观点表示赞同的时候也会以这种动态来表示。

锁眉

锁眉指的是紧锁眉头,一副苦大仇深的样子,内心极度忧虑或犹豫不决,这个时候非常需要别人的劝慰。

舒眉

正好和锁眉相反,此时的心情比较愉悦、坦然,正是适合外出旅游的好机会。

▶ 读懂他,掌控他 ◀

眉毛虽然也只是人面部一个很小的部分,有人的眉毛甚至不是十分的明显,但作用却很大,它的一动一静,就在无形中透露了你的心境,如果要不想让别人太看透你,那么你就得让自己的心态再老成一点,最好能处变不惊,但尽管这样,也不能完全阻止对方发现你的心境;当然,我们可以利用这个小部位的举动,帮助我们成为一个不太平凡的人。

从鼻形与鼻势认识男人

鼻居五岳之中岳,属五星之土星,在医学上是呼吸系统中的重要器官,从整个面部观察,位居中央,高高耸立,号称天柱之山,上接天庭,下临人中。它的职能是辨薰莸,别气味,更主要的是吐故纳新,关系到人的生命存在与死亡,可以预示一个人的财运和能力。

鼻子粗大显示一个人有着充沛的生命力,相反鼻子细小则给人一种单薄的感觉。

长鼻

这种人富有理性,又具有美感,不过社交能力不是很强,欠缺社交性,因此这种人喜爱孤独,并能享受孤独。

短鼻

这种人正好和长鼻子的人相反,他们个性开朗,大而化之,但是他们意志不是十分坚定,观点不够鲜明,容易受他人影响,是一种比较容易被说服的人。

希腊鼻

是指在希腊雕塑中经常能看到的一种鼻子的形状,它的鼻梁非常挺直,成一条有坡度的直线。这种人品位相当高,对美或高尚的事物造诣很深,又对艺术有很好的理解能力。这种人更是一个理想主义者,对自己非常有信心,以至于有时会骄傲自大,给周围人一种不好交往的感觉,况且还有洁癖,也往往让周围人感到反感。

矮小鼻

顾名思义,这种鼻子比较矮小,似乎正好和坚挺希腊鼻相反,这种鼻子的人智能比较低,性情比较懒惰,缺乏改变生活的勇气,如果失败,也很难有再次振作的能力,如果出身不好的话,也只能邋邋遢遢过一生了。

凹陷型

凹陷型的鼻子是指鼻梁不是一条直线,也不是隆起,而是凹陷的,这种鼻型的人性格比较开朗,对陌生人有一种莫名的亲近能力。

直线型

这种鼻型呈一直线,和希腊鼻型不同的是希腊鼻比较高耸,而这种鼻型比较低一点,但也不是矮小。这种鼻型的外观比较时髦,这种人对细小事情顾虑太多,也比较自私,对自己的事情考虑太多。这种人头脑清晰,在工作上或成功的大道上都能顺利。况且这种人比较受异性的欢迎,然而很容

易被对方抛弃。

鹰勾型

鼻子的形状像鹰嘴一样,鼻尖向下垂成钩状,这种人个性通常阴险凶暴,冷酷残忍。他们虽然容易长寿,但年老后会很孤独。鹰钩鼻子且眼深者往往生性贪婪,不知足。

段鼻

就是一段一段的意思,而不是"断鼻"。这种人,人生坎坷,婚姻不顺,财运极差,身体欠安,精神抑郁,做事犹豫。

这种鼻相,诚如外表的印象,鼻梁有断层者多半是顽固之人。他们的性格具有强烈的攻击性又欠缺协调性,生性顽固而不知"退一步海阔天高"的道理,也正是这样而经常得罪人。

袋鼻

袋鼻又叫犹太亚鼻,有这种鼻型的人对金钱极为执着,为了金钱,他们可以舍弃地位、名誉和义理人情,甚至是被人唾骂也在所不惜。他们处世有一套,交际灵活,但不管如何还是个守财奴的形象。

袋鼻变形

和前面的袋鼻不同的是袋鼻的肉厚,而这种鼻子在整体而言肉薄,还带着一点时髦感。虽然鼻型和袋鼻相似,但处世风格完全和袋鼻的人不一样,这种人对赚钱一事毫不关心,绝不会和他人有金钱方面的纠纷。此种人对人非常亲切,绝对不会牺牲别人的利益来满足自己的私欲,因此而受到对方的青睐。

另外,鼻子的颜色和短时间的动作也有着特殊的意义。

鼻头冒出汗珠时,就表明对方心理焦躁或紧张。如果对方是重要的交易对手,必然是急于达成协议,意思也就是无论如何一定要完成这个交易,因为心情焦急紧张,鼻头才有发汗的现象。

交谈中,对方的鼻子稍微胀大时,通常意思就是得意或对你说不满,或情感有所抑制。作家们常用"张开的鼻孔"来表示好色、情欲或愤怒情绪。在医学上,人的鼻子之所以胀大,被认为是因为在兴奋或紧张的状态中呼吸和心律跳动会加速而产生鼻孔扩大的现象。

皱鼻子表示厌恶;歪鼻子表示不信任;抖动鼻子是紧张;鼻孔箕张代表发怒或恐惧;哼鼻子是排斥。鼻子有明显的伸缩动作时,是有异味和香味刺激,甚至整个鼻体都会微微地颤动,接下来就是打喷嚏。这些动作其实都是在反射心理信息。

从鼻子的颜色来分。鼻子泛白,就表示对方的心理有所恐惧或顾忌。如果不是交易的对手或无利害关系的对方,则是踌躇、犹豫的心情所致。另外,在自尊心受损、心中困惑、有点罪恶感、尴尬不安时,也会出现鼻子泛白的情形。鼻头红,多与健康状况有关,比如长期饮酒,食用辛辣食物过量、情绪过于激动紧张、内分泌障碍等等。除了这些,鼻头发红也有可能暗示心血管疾病或者是肝功能异常,如果鼻子呈现蓝色或棕色,要当心胰腺和脾脏的毛病,如果鼻头发黑又枯燥,则有可能是纵欲过度了。

读懂他,掌控他

既然五官中的眼嘴甚至是眉毛都能显示一个人的性格,鼻子当然也不能例外。鼻子同样是人的重要器官,之所以我们说从外貌观察人,因为人的外貌的健康程度和特征可以反映人的内在品质,鼻子同样也是这个作用。鼻子虽然是人体五官中最缺乏运动的部位,但也是有着自己的语言的。当你观察一个人时,不妨从鼻子的语言入手去看透对方。

从口形看他的一生命运

嘴是我们与外界交流的一种主要的器官。

医学研究发现,从人嘴的大小、弹性,可以显示出一个人的健康程度、行动力与生命力。此外,嘴部的惯常动作,也往往能影响一个人先天形成的嘴形,因此我们也能从嘴形窥探出一个人的内心思想。

相理中口称出纳官。看口相,一看颜色,二看口形,三看厚薄。宋代《麻衣相法》论口说:"贵者唇红似泼砂,更加四字足荣华。贱贫似鼠常青黑,破尽田园不住家。小星得地口形方,荣贵肥家子息昌。上下各偏棱角薄,出言毁谤大难防。"大意是唇色赤,口形方若"四"字,则荣华富贵,后代昌盛,唇色青黑则命贱,扁薄则喜出语中伤,易惹是非。

概括地说,口宜赤、宜阔。赤则荣华,阔则富贵;口角上弯、平齐,则显威严。

相学虽不能尽信,但是也有一定的参考价值。

嘴按照形状来分,可以分为以下几种类型,同样这些类型的嘴也就代表了不同的内心。

仰月形

也称新月嘴,唇角上扬,这种人性格开朗,情感丰富,有幽默感,性格温厚。同时思路清晰,头脑灵活,意志力强,工作实践能力强,所以他们总是能很快地找到自己合适的工作,总让其他人感觉很羡慕。

伏月形

此种嘴型唇角下垂,拥有此种嘴型的人性格谨慎,但有些冷峻,脾气怪异,和人不太容易相处,并且好怨天尤人。其实这种人怀有很强的体贴心,

只是因为其怪异的性格而难以体现,因此,这种人的人缘也不是很好,总是独来独往居多。

四字形

此种嘴型似长方形四字一般,上下唇均厚。这种人个性强,老实深厚,有正义感,性情温和;在工作方面有文才,头脑好,是一种比较容易成功的嘴型。

一字形

一字形的嘴,上唇与下唇紧闭呈一字型,是一种有信念、意志力强的体现,也是身体健康、认真中有点顽固的标志。

修长形

嘴形修长,具有性格明朗、诚实守信的好人品,懂得人情世故,社交能力强,是一个个性圆满的形象。

承嘴形

承嘴是下唇突出,似乎是承住上唇一般。这种人爱讲歪理,并且猜忌心重,任性自私,因此也较难得到上司的赏识和提拔,唯一的优点就是忍耐力强,能够忍别人所不能忍,这也是一个成功的基本要素。

盖嘴形

盖嘴是上唇突出,盖住下唇的嘴形,正好和承嘴相反,而其代表的性格也与承嘴所代表的性格相反,拥有这种嘴形的人是讲道理、有义气、个性强的人,有着比较完美的人格形象。

怪嘴形

怪嘴形好比用嘴吹火般的嘴形。这种人个性很强,有独立的性格,但不免有时候粗野、顽固,并因此影响人际关系,好说闲话,因此与别人的纷争也不会太少。

第一章 相由心生,由貌知心——透过外表读懂男人

读懂他,掌控他

嘴型虽然不能很完全的表露一个人的内心世界,但既然口被称为是"出纳官",也有着一定的道理,在根据嘴型进行判断的时候,最好能根据嘴的变化,这样会看得更准一些。

嘴巴动作或许是他的心理动作

嘴型并不能完全地表露一个人的内心世界,所以在根据嘴型进行判断一个人的时候,最好能根据他的嘴部动作来判定,这样会看得更准一些。

薄嘴唇常常意味着他懂得节俭,并且待人有些刻薄。厚嘴唇的人通常被认为天性乐观。生理学的解释是,口轮匝肌的运动对嘴部的形状有很大的影响作用,嘴唇丰满就是由于习惯性地放松口轮匝肌的结果。这种人多半性格开朗,为人爽直随和,接受能力强。

嘴部动作可谓丰富多样。其实这种种嘴部动作都与说话人的心理活动存在联系,都能反映出说话者的情绪。

说话的时候经常舔嘴唇的人,是正在压抑着因兴奋或紧张所造成的内心波动。

与人交谈中,出现咬嘴唇的动作,表明对方在自我谴责,自我解嘲,甚至自我反省;如果说话时以手掩口,说明对方存有戒心,或者在自我掩饰。将嘴抿成"一"字形,可能是因为他对于某个重要决策已经下定了决心。这种人一般比较坚强,有股不达目的誓不罢休的毅力。这样的人对某一件事情,一旦自己决定要做,不管其间要付出多少艰辛,都会非常出色和圆满地完成。

与人交谈中,如果他的嘴唇的两端稍稍有些向后,表明对方正在注意

听你说话,对你的言谈极有兴趣。而整个嘴唇往前撅的时候,可能是一种防卫心理的表示,或者是撒娇的表现;人的下嘴唇往前撅的时候,表明他对接受到的外界信息,持有怀疑态度,并且希望能够得到肯定的回答。

用牙齿咬住嘴唇以及双唇紧闭,表明他正用心地听另外一个人的讲话,他可能是在心里仔细地分析对方所说的话,也可能是在认真地反省自己。

用手掩嘴,说明这个人的性格比较内向和保守,具有害羞的情绪,不会将自己轻易地或过多地呈现在他人面前。用手掩嘴这个动作还有另外一个意思,即做错了某一件事情,而进行自我掩饰,张嘴伸舌头也有这方面的意思,也表示后悔。

嘴巴动作中最典型的是笑,这是人类最美丽的动作,也是最能观察对方情绪的一个动作。不同的人有着不同的笑法,嘴部的动态会有所差异。

从笑时嘴部动作特点来分析一个人的性格。

狂笑,嘴两端猛向上方翘:这类人精于社交,性情温和,能让对方感到亲切,具有冒险精神和积极的作风,乐于助人。最适合做秘书工作,善于处理繁杂事务,越繁杂反而越觉得有趣。

开口大笑,嘴两端成平:这类人的性格粗犷,不拘小节,行为大方。但缺乏一定的耐心,一遇到困难,就知难而退,容易让人产生做事虎头蛇尾的误解。这种人可能会在经商方面有所建树。

微笑,嘴两端稍下垂:这类人性格内向,不善言语,与人交流存在一定的困难,但注意细节,喜欢对对方言语进行分析,唯一不足的就是做事时常半途而废,也因此难达愿望。但他们在手工艺、缝纫等技能方面很拿手,外语亦佳。

眯眼笑,笑时嘴两端向下,几乎不开口:这类人的性格倔强固执,对周围人不够坦诚,有时明知其事但假装不知而不予人语,也往往因为这个而吃亏。性情还算和气,一但不悦即大发脾气。他们多才多艺,有理想、抱负,

第一章　相由心生，由貌知心——透过外表读懂男人

但不愿与人合作行事，因此也就很难成功。

读懂他，掌控他

嘴巴有四种基本运动方式：张开闭合，向上向下，向前向后，抿紧放松，可以画出多种嘴角弧度，而不同的嘴角弧度也形成了不同的嘴部动作。这些丰富的嘴部动作，也反应出了一个人的性格特征和心理态度。

胡须折射出的男儿本色

自古以来胡须就是男子汉显示个性，表现风度，张扬自我的最好特征。

古人有蓄须的习惯，讲究堂堂须眉。胡须长得好看威风的常获美髯公之美称。世界上许多民族的男子都喜欢蓄胡。据说法国国王路易七世，因为剃掉胡子，王妃就不再喜欢他而后离婚改嫁了。蓄大胡子的英国国王亨利二世为王妃陪嫁的土地，与法国展开了300年的争夺土地之战，历史上称作胡子大战。

现今很多男士留起了胡须，作为他们展现个性、显示雄性魅力的手段之一。生长在现代男士脸上的胡须虽然依然是一种气质的表征，但更多时候却被用作为一种潮流的道具。

鲁迅先生让人印象很深的特征就是他的胡须，不向上，也不向下，一字排开，让人过目不忘。鲁迅先生在他的的杂文《说胡须》中说到有一位"国粹家兼爱国者"曾经骂他："你怎么学日本人的样子，身体既矮小，胡子又这样，……"鲁迅先生在这篇文章中指出，日本人这种向上翘的胡子，才真正是我们汉族祖先的样式，而那种下垂的胡子，恰好是侵略我们的异族——蒙古人的留下的产物。鲁迅写道："大约在四五年或七八年前罢，我独坐在会馆里，窃悲我的胡须的不幸的境遇，研究他所以得谤的原因，忽而恍然大

悟,知道那祸根全在两边的尖端上。于是取出镜子,剪刀,即刻剪成一平,使他既不上翘,也难拖下,如一个隶书的一字。"

胡须分为唇须、络腮须和颏须三种类型。在我国不同历史时期的男人,胡须式样也不同。

男人味有时需要男人的胡须来装点,剃尽胡须固然让男人显得明快干练,固然让男人显得清爽精致,然而,却无端地让男人少了一份粗犷,少了一份豪迈,少了一份成熟,少了一份沧桑,没有胡须的男人,再老都让人觉得不成熟,这就是应了那句老话:"嘴上没毛,办事不牢";没有胡须的男人,再强健都会让人觉得少了伟岸之气,没有了那样一种威严。

男人的胡须是男人个性的一种表现,男人与男人在胡须的生长方面往往是不一样的,这其中有许多遗传的因素,有的人是络腮胡,可以留出像马克思那样的大胡子;有的人是短须,适合留出两撇迷人的小胡子;有的人是髭须浓密,适合留出一部山羊胡。这些不同的胡须,可以让男人有不同的个性,有的豪迈,有的清朗,有的睿智,有的深沉,有的热情,有的凝重,有的轻灵,有的风趣。

然而一些男士不根据自己的脸型来蓄须,让人看了不免觉得比较难受。东方人留胡子也要根据东方人的脸型装扮修饰,这样才能做到恰到好处。

读懂他,掌控他

广大女士如何看待男士与蓄须呢?最普遍的看法是,认为那种每天在镜子前把脸上涂满剃须泡沫,然后专心致志地将胡须刮得一干二净的男人最性感。那种胡须似有似无、下巴青青的男人有一些玩世不恭的气质,非常具有吸引力。大胡子男人更有男人味儿。胡子刮得越干净,越适合做丈夫;胡子留得越邋遢的,越适合做情人。

由此可见,在异性心目中,胡子是展示雄性魅力的重要外部表征。

第一章 相由心生,由貌知心——透过外表读懂男人

参透耳朵里藏着的玄机

一个健康人的耳朵能分辨多达40万种不同的声响,但这种分辨能力与性别、年龄有关。比较起来,男性比女性的耳朵更灵敏。

美国学者对部分男女进行了声音辨别测试,要求受试者辨识从各个方向传来的普通声音。结果男性抢先辨别出了60%的声音,女性只在28%的声音辨别测试中拔得头筹,其余12%的测试男女打了平手。

在耳朵的参考系数中,耳朵的大小是第一位的。那如何分辨他的耳朵的大小呢?告诉你一个简单的方法:正面仔细观察他的脸,夹在眼睛上部和鼻端梢内侧的长度,则代表一般耳朵的大小。

耳朵大些好呢,还是小一点好?这个有趣的问题如今有了答案。俄罗斯科学家认为:人的创造能力与其耳朵大小有关,那些长有一双大耳朵的人应该感到自豪与幸运。

一个人的两只耳朵大小并不相等,而是存在微小的差别。俄罗斯的研究者穆斯塔芬分析说:那些右耳朵特别长的人将在精密科学(如数学与物理)方面取得成就,而左耳朵大的人将会在人文科学方面有所作为。

一般来说,大耳朵表示有活力,有行动力,富有见解、热情。中等耳朵代表理智和专注。而长着小耳朵的人意志力和个性通常不强,但反应迅速、身体灵敏、动手能力强。

大耳朵

大耳朵的人一般都是有活力、行动力强的人。如果耳朵外形、轮廓美观,则代表内心平静、有想象力、勤勉、乐于竞争、热情、坚持不懈。这些特性都是创造力的基本条件,尤其是在音乐文化领域。大耳朵代表的正面特征,

其体现为有见地、热情、乐于竞争。

如果是外形粗糙、过宽、过厚的耳朵,那么有这种耳朵的人的外在表现为麻木、缺乏感情,有时还很野蛮,活力和乐于竞争的特性突变成让人不愉快的攻击性,这种现象也不少见。特别是过大的耳轮和耳垂,或者几乎没有的耳轮,这些都是思维不受控制的表现。

中等耳朵

中等大小的耳朵为正常的耳朵。这种耳朵的主人虽然没有大耳朵的主人富有想像力和热情,但他们更加理智,逻辑性也更强。耳朵中等大小的人做事往往深思熟虑、权衡再三,在他们身上根本看不到强烈的感情波动。他们不会大声地争辩,而是做出确切的、让人信服的言论。

在为人处事方面,耳朵中等大小的人一般比较稳重,知道如何在工作和家庭之间保持平衡。

至于人生道路的发展,还要看耳朵的整体结构。如果中等大小的耳朵外形美观匀称,则代表逻辑性和计算能力很强,这样的人在数学、物理、生物和化学等方面极具天赋。

如果中等大小的耳朵外形丑陋,结构也不协调,例如耳轮不平整、肥大,耳垂过大等,评价则会转向负面。

小耳朵

通常来说,耳朵小的人表现没有耳朵大的人好。他们也不那么有野心、自信,同时还缺乏想象力和创造性。但是,耳朵小的人不会被充沛的感情和幻想所影响,这使得他们具有很强的专注力和观察能力。

耳朵较小的人一般较为敏感,比起一般人,小耳朵的人更容易为小事闷闷不乐,常常会引起悲观思考。不过,由于小耳朵的人具有极强的专注力和观察力,因此他们行事谨慎,巨细靡遗,工作不易出错。

从职业发展上来说,小耳朵常常与猴耳相似,这凸显了动物本能,长有这种耳朵的人反应迅速,身体灵敏,在体育运动方面会有很好的发展。观察小耳朵时要特别留意它的结构:耳轮是否表现出活力、持久性和意志力,如果耳轮生长良好,直到耳垂,并不太宽,表明具有出色的反应能力。

"略小一点的"(中等偏小的)耳朵具有很强的正面特质,当耳轮轮廓清晰,线条优美时,这是高智商和知识丰富的体现。如果耳甲腔(即耳廓上的耳)形状好看,耳垂与耳朵整体形状协调,则代表兴趣广泛,自制能力强。

但是大多数小耳朵的发育并不怎么好,例如耳轮不清晰,或干脆缺失,这代表学习、工作意愿不足,对于长这种耳朵的人,我们不要期待他会做出什么样的壮举。

要特别注意一种小耳朵:小而肥厚,耳轮虽有棱角,却过厚过宽,同时占据耳朵大部分位置。如果还有褶皱,耳甲腔过小,就更可怕了。这种耳朵代表的是不敏感甚至是极其冷血。

读懂他,掌控他

假如你想对情人悄悄说几句话,是对着他的左耳说,还是右耳说?

科学家通过研究得出如下结论:无论男女,与右耳相比较,左耳更喜欢甜言蜜语,听到的情话更容易令人动心。因为人的左耳是由右半脑控制的,而右半脑恰恰就是负责处理情感的优势半脑;同时,左耳对声音刺激的反应更灵敏。不过,如果你想要对方牢牢记住你说的话,则应反其道而行之,对着对方的右耳说。

资料显示,男性对女性声音的接收,主要是通过大脑中接收音乐讯号的部分来完成的,其接受与解读机制比对其他男声要复杂得多。其主要原因是男女在声带与喉咙的大小及形状方面存在差异。所以,在生活中,经常可听到妻子的抱怨,说丈夫不愿听她唠叨,其实这是冤枉丈夫了。实际上,对于妻子的话,多数情况下丈夫不是不愿听,而是"听"起来有一定的困难,应该得到谅解。

手型看性格

所谓手型,即手掌的外型特征。每个人的手并不相同,只是外型特征相似,相似之中包含着许多相同的健康状况与易患疾病的趋势。手掌的形状、厚度与人的体质、精力、活力等均有密切关系。通过判断一个人的手型,也可以对他的品性体格有个大致了解。

尖头型

这种手是最典型空想性格的手掌。这种手软弱无力、又长又细、颜色苍白,关节也非常柔软。这种手型喜爱空想和幻想,第六感觉较好。这种手型的人喜好安静独处,常离人群,很少参加集体活动,逃避现实世界,追求自我理想,注重精神生活。

这种手型的人依赖性极重,做事的随意性强,很难独立完成某项工作。为人处世比较情绪化,条件稍不如意,则极易陷入困境而难以自拔。

这种手型的人对宗教等神秘主义兴趣浓厚。感情细腻,有一颗敏感的内心,充满着五彩缤纷的各种理想和梦想。

方型手

这种类型的人,具有一板一眼的性格,讨厌随便、马虎的情人,对于没有原则的人,他更是会敬而远之。这样的人极有责任感,下定决心要完成的事,必定全力以赴。如果无法在固定的时间内完成,他便会显得很不放心,甚至寝食难安。带点顽固性格的他,无论从精神方面或肉体方面而言,都是健康而有坚毅忍耐力的人。

在感情的态度上,也是极为执着而坚持的,这样的人,不会以甜言蜜语来打动情人,而是以实际的行动来证明自己的感情。说一是一的他,一定信守承诺,不会食言而肥。不过在谈恋爱的时候也的确并不浪漫,这种人大概不会买花送情人和吃烛光晚餐,因为这些钱对这种人来说,实在花得太不实际了。

竹匙型

这种手型的指尖扁平而宽大,像竹匙状,肌肉结实富有弹性,整个手掌给人宽大有力的感觉。有这种手型的人创造力旺盛。他们时刻都在积极思想,积极行动。最讨厌模仿别人,做任何事都追求标新立异、独特而不同凡响的轰动效应。他们讨厌因袭和安逸的日子,什么事都想创新,和别人不一样;墨守成规的生活方式,会令他们感到厌恶,这种人的好奇心十足,喜欢追求新事物,而且变化性是愈强愈好。

这种类型的人个性开朗,精力充沛,独立性强,不喜欢受别人和固定模式的约束。为人处世不用心机,坦诚相待,人际关系极佳。

就体力而言,拥有这种手型的男女,大多都属于活力充沛、干劲十足的人,性格积极进取,所以在工作和爱情上都经常扮演主动者的角色。不过这种人由于性格外向,在年轻的时候,又容易仗着自己的体力和旺盛的活动力纵欲,所以通常都有早衰的倾向,如果不懂得节制自己的生活,老是喜欢喝酒、打麻将等,通宵达旦的声色犬马,很容易将身体弄垮,对健康很不好,这一点要特别留意。

这种人有坚强的毅力,能克服生活中的困难,打破常规,富有冒险精神,虽不善谈爱,却能享受美满的家庭生活。值得一提的是,这种人对于爱情的执着程度并不乐观。因为天生有着喜新厌旧的性格,因此很容易厌倦两人世界的沉闷。和这样的人交往,一定要将恋情不时地注入新的惊奇,让这种人觉得精采和与众不同,才能留住他的心。

圆锥型

从手型上分析,圆锥型的手最具乐观的特性。这种手的手指略呈圆型,

而且从指尖到指根逐渐变粗,外观形状就像圆锥体一样,皮肤细柔而又不失弹性,指甲亦生得异常漂亮,整个手掌给人一种美的享受。

这种人性格开朗,想像力丰富,他们对于未来满怀信心,是没有任何思想压力,无忧无虑的乐天派。他们同时热情浪漫,具有艺术才华,社交圈广,极有人缘。他们喜欢开玩笑,性格相当大而化之,是十分外向而性格开朗的人;这样的人,善于观察他人的心理,社交手腕十分高明。由于先天个性爽朗,是个不折不扣的乐天派,因此他们什么事都会往好的地方想。而在待人处世方面,由于信赖他人,待人又亲切,很自然能博得他人的喜爱。

如果男性具有此手型及性格者,则表现为才华横溢,有音乐天才,许多文学家、艺术家均是这种手型。

在爱情的态度上,这种人几乎是来者不拒的,所以欠缺一种原则。他们渴望被认同、被喜爱,有时会不惜降低身段讨好他人,没有什么主见及个性。

他们喜欢金钱财富,而且一点都不吝于炫耀。他们是会付出的爱人,而且只要他们认定你,什么都肯付出,尤其舍得花大笔钞票在情人身上,只为博得美人一笑。喜欢吃吃喝喝的他们,最喜欢的约会方式,不外乎是找个能进食的地方,酒足饭饱又有爱人相随,是最快乐不过的了。

大长型

这种手又长又大,手掌呈长方型,多半纤细骨感,肌肉薄,指骨头较突出,指关节粗大而发达,五指并拢时,指头间的缝隙特别显眼,手背上静脉清晰映出。手指同时有尖头型与圆锥型的特征。

这样的人,性格十分神经质,也很小心谨慎,处事言行都会三思而后行,反省性很强,不太喜欢和人打交道。

具有这种手型的人,有卓越的思考力,强烈的求知欲,对金钱和物质缺乏欲望,为人处世讲究道德准则和行为规范,对社会的评价冷静、客观、深刻、理智,从不带自己的个人感情,珍惜自己的荣誉,是社会上最优秀的人群,适合从事学者、哲学家、教育家、公务员等理智型职业。

和其他手型相比,这种人的戒心很重,不会随便的相信别人,对人性和生命存在着一种悲观和无奈的看法,爱情的态度也显得十分被动。如果长型手配上丰腴的手掌和手指,那么神经质的现象就会大大的减少,性格上会乐观进取些,大大地修正了原有的不安个性。如果手指干扁又削瘦,就表示活动力十分差,精力也不充沛。一般来说,长型手的人,多半不太喜欢户外活动,比较钟情于室内的活动。和这种人谈恋爱,应该多安排一点室内活动,喝茶谈天,共同进餐,多进行交谈对话和沟通,不但符合这种人先天的喜好,也可以借着交换心思来博取对方的信任。

读懂他,掌控他

以上几种手型是最基本的,也就是说,每个人的手形都应该由以上几种手型互相组合而成,手型基本上反映了人性格的构成,所以要看一个男人,不妨端起他的手来研究一番吧。

指甲有信息,健康显示屏

一般而言指甲可以区分为:普通指甲、大型指甲、小型指甲、长型指甲、短型指甲、宽型指甲,窄型指甲等。

人类五脏的变化,会相应地反应到指甲上来。平时只要注意观察指甲上的微妙变化,即可预测一个人的健康状况。

下面几种情况的指甲可能暗示他存在健康问题:

指甲长得奇形怪状

长期缺乏蛋白质或铁元素,通常易造成匙样或扁平状指甲,通过改善饮食营养即可以矫正。

指甲无光泽

若指甲呈现波浪状且无光泽,揭示可能缺乏蛋白质,缺少维生素 A 及 B 或者揭示矿物质不足。对此可改善日常的膳食并每天补充多种维生素。指甲无光全部白色则提示可能罹患肝脏疾患。

指甲苍白

这也许是缺乏锌元素及维生素 B6 不足的征象,抑或由于贫血所引起。如果改善饮食营养状况后指甲苍白的症状仍然持续存在,那么就该向医生求教。

指甲出现凹痕

此种病甲表现提示身体内钙质、蛋白质、硫元素的缺乏,这些营养物质可以从蛋类、大蒜中取得,经常食用为好。

脊状、槽状及沟状指甲

这些异常征象可因疾病、营养缺乏所致,故尚须对症处理为宜。

线条状隆起样指甲

此种外观挺好看的异样指甲常常发生在情绪欠佳或疾病之后,如能每天吃富含蛋白质的适当饮食,同时摄取维生素 C 外加 15 毫克锌增补剂即可加速新生指甲的生长,从而可使指甲水平隆起的线条状逐渐消失。

竖沟状指甲

有时这类指甲在 40 岁以后才会发生,此乃因细胞再生能力减弱之故,为此,每年至少需要检查一次,看有无贫血,抑或有无缺乏维生素及矿物质的情况。此种病甲可能揭示维生素 A、钙质或铁元素不足。

软、弱状指甲

这种不健康的指甲常因过度与水或指甲化妆品类中的化学物接触所致。其次与情绪不佳,饮食不良亦有关联。

日常生活中不妨多吃些向日葵籽,以增加维生素 A 的摄入。另外可每天口服 5000 毫克白云石。据报道此物可增补钙、镁两种元素,3 周之内就可使软、脆的指甲恢复常态,焕然一新。

指甲除能揭示他的身体状况外,指甲的形状也和他的性格有几分关联。

四角形指甲

忍耐力强的性格,不过,也有执拗不休的一面,惹恼这种人可不好应付。有这种外形的指甲而颜色又浓厚的人,是属于爱恨分明的人,动怒之后即雨过天晴。相反地,指甲泛白的人是属于纠缠不休的类型。

拱形指甲

不喜好争执,个性温和、敦厚。即使不得已必须和劲敌竞争时,也不会暴露斗争心。这种人只有在自尊心受到伤害时才会勃然大怒,虽然体力并不太好,其知性却可以给予弥补。

长方形指甲

成熟而稳健的人,遵守规则做事有条有序。喜好整理而带有一点洁癖,经常检点自己周遭的环境,讨厌弄脏双手的工作。经常被人认为是带有神经质的人。

钻石形的指甲

属于朴素、老实的性格,恭谨有礼又典雅,属于举止高雅的千金小姐,成为众人向往的目标,很少勃然大怒,不过,碰到这类情形会变得有些歇斯底里而令旁人大吃一惊。

剑形指甲

这种指甲形的人,一旦想做某事必全力以赴朝目标前进,这种人的热心与努力多半会获得回报,达成目标。但是,有时会本末倒置为目标付出太大的牺牲或代价。

宽幅指甲

性格属于开朗大方的"阿沙力"型;不过,对自己喜欢或感爱好的事情显得积极,甚至不顾前后盲目地举动,反应较快而退热也快。

贝形指甲

指甲前端较宽广的贝形指甲,是表示积压太多压力,或精神处于相当疲乏的状态。这时多半是承担过重的工作或生活过于紧张而坏了身体,需要特别注重。

读懂他,掌控他

若从指甲上看健康状况好坏,关键在于指甲的颜色及形状。健康指甲应平滑光洁,甲面无纵横沟纹,甲上无干扰斑,指甲对称,不偏斜,无凹陷或末端向上翘起现象。就正常的指甲来说虽然种类很多,其实并没有完全相同的指甲。

通常指甲占手指末节约3/5,呈长方形拱起,顶端横径稍大于基部横径,指甲基部的白色像半月形部分称指甲半月,也就是民间俗称的甲白,恰位于各指中央对称,无大的偏移。说起来,当所有的手指甲有恰如其分的甲白时,便可推断人体的健康状况良好。如果10个手指甲完全没有或仅仅有一点点甲白时,这意味着身体疲劳不堪抑或正患有病痛。最理想的甲白应占指甲面积的1/5左右,甲白太大或全无都不意味着身体十分强壮。

"手螺"看性格

"一螺穷、二螺富、三螺四螺开当铺、五螺六螺卖豆腐、七螺八螺骑白马、九螺十螺十足足。"不知道大家听没听过这个歌谣,注意过自己手上

第一章 相由心生,由貌知心——透过外表读懂男人

的那些神秘的线,在它们之中,隐藏了自己最隐秘的性格秘密。

那么,你有没有注意过你的他手上这些神秘的纹路呢?这些纹路中包含了怎样的性格呢?

o 为斗,即"螺"(为圆圈环绕状),x 为簸箕(其余任何图案)。

提示:男左女右

顺序:大食中无小

1. oooox　个人能力比较强,但情绪比较不稳定,容易出现思想波动,见异思迁,但是为人十分讲信用。

2. ooxoo　擅长交际,待人热情,人缘好,朋友多,工作有成绩,感情细腻丰富,性格开朗。

3. ooooo　自信心强,办事积极,有领导能力,身体健康,人生可能会有波折。

4. oooxx　为人正直守信,心地善良。

5. xxxxx　 性格温和踏实,有耐力,性格朴实,正直。

6. oxxxo　此种人比较自私,巧舌如簧,擅长玩弄一些小花招,凡事多以自己为主。

7. xxxxo　这种人属于又聪明又狡猾的人。

8. xxxoo　做事不太理性,经常感情用事,性格活泼,有时会不自量力。

9. xoxoo　稳重,有活动能力,自信心强,但有时又过于自负,聪明反被聪明误。

10. xooxo　活动能力超群,能充分理解事物。

11. xxooo　感情丰富,但不够稳定,做事欠缺计划性,胜在活动能力强,人生易受挫折。

12. oxxoo　易动感情,乐于助人。

13. oxoxo　感情丰富,有活动能力,好显示自己。

41

14. oxoox　感情丰富,才貌超群,能够体谅别人,通情达理。

15. ooxox　手巧,有能力,遇事冷静,表面急躁。

16. xxoxo　待人热情,有时爱夸夸其谈,有时积极稳重,独立活动不多。

17. ooxxo　自私,不听劝,好色,易受挫折。

18. xxoxx　手巧,聪明,固执。

19. oooxo　做事认真周到,有时会口是心非,经不起情色考验。

20. xxxox　实践能力强,办事认真,稳重。

21. xooox　感情强烈,性格活泼,有耐心,自尊心强,但服从大局利益。

22. oxoxx　好奇心强,有志气,有远见,但易遭受失败。

23. xoooo　口才能力俱佳,但是性格急躁,自尊心强。

24. oxooo　想像力丰富,个性强,运气好。

25. xoxox　做事无计划,性格随和,通情达理,有活动能力。

26. xxoox　争强好胜,性格坚强,有时对于感兴趣的事物过于狂热。

27. oxxxx　性格温顺,擅长交际,耿直,做事圆滑机智。

28. ooxxx　求知欲旺盛,做事坚强,文武兼备。

29. xoxxx　铁面无私,有活动能力,待人热情。

30. oxxox　易激怒,但本性天真,直爽。

除了上述一只手之外,还可以数他两只手上共有几个螺来判断他。

有1个螺的,如果在左手,则做事坚定,心理素质好。但有时一意孤行,容易遭受挫折,不过,失败之后总能东山再起。在爱情上热烈似火。如果在右手,则性格独立,有领导能力,个别时不择手段,最终注定是成功者。大众情人型。这种人时运并不佳,必须靠个人的奋斗取得成就。

2个螺在同一只手的人性情温和,人际关系良好。有时缺乏远见。在坎坷之时有贵人相助。分别在两只手则性格开朗,好奇心超强。做事往往欲速

第一章 相由心生，由貌知心——透过外表读懂男人

不达。这种人颇有异性缘，却总是难见中意者。适合在演艺圈发展。

3个螺在同一只手上的人头脑聪明，做事努力，多为中层领导。但又是家庭型，一生一世对恋人和配偶好。分别在两只手上则属于全能潜质，只要有机会和足够的时间，能胜任各种工作。感性和理性相配适度，少见的指纹，运气极好的。完美配偶型。

4个螺在同一只手上的人表面明朗，内心孤独。以个人为中心，完美主义者。爱情多波折。分别在两只手上，则处事低调，通情达理，有才有貌，深得周围人喜欢。爱情一帆风顺。适合在有关文字的领域发展。

5个螺在同一只手的人个性强，对现状永不满足，因此很多事不如意。与1个螺、2个螺、3个螺、4个螺的人合作，才能万事顺利。在爱情上要求不高，一点点温柔即可满足。分别在两只手的人善良，更多为别人着想。温顺，耐力好。运气中上。在爱情方面，喜欢沉湎于异性偶像。

6个螺左多右少的人有野心，喜欢想入非非。少时不顺，青年之后好运一路飙升，令周围人羡慕。故乡之外为理想发展地。对异性的要求是矛盾的。左少右多的人经常感情用事。自信和自卑同样强烈，成功需外力协助。爱情平稳，缺乏波澜壮阔的高潮。一生幸福。左右相等的人还算开朗。爱幻想。内心多虑，缺乏安全感。实际上，此类指纹运气佳，多是杞人忧天。在爱情上失意多于得意。

7个螺左多右少的人内向，脾气不太好。为了自己的目标能够持之以恒。未来可能功成名就。切记要在恋人和家庭方面多投入一些。左少右多的人属于敏感型，对很多事了如指掌，只是不愿意表达。个别时狂热。骨子里对人友善，却总是被人误解。遇到不合适的异性，二人矛盾不断，遇到合适的异性一拍即合。

8个螺左多右少者看似平和，实则挑剔。时而快乐时而忧郁。好运气总是在期盼中不来，无意中却得到多多。感情丰富，身体健康。在爱情上是不

现实的人。左少右多者自尊心强,有志气。可能有双重性格。和周围人比起来,运气总是不佳,不过只要努力,最后的成绩注定超过那些运气更好的人。这种人对爱情最执,而且在爱情方面幻想多于行动。

9个螺左多右少者热情,积极,理解力超强,善于变通,有活动能力,富于同情心。不喜欢追人,喜欢被人追。左少右多者理想远大,但是有时过于爱幻想。最适合做情人。

10个螺的人善良、固执,外表坚强,内心柔弱。多在艺术上有成就。运气中上,不过呈上升趋势,一直到老。厚情薄命,情痴型。

没有螺的人直率,与人为善,埋头苦干,脚踏实地,不善于耍花样。运气中。重情,爱憎分明。

读懂他,掌控他

众所周知,每个人的指纹都不同,但从每个人手指上螺的多少可看出一个人的性格。这虽然听起来有点玄妙,但是也有一定的参考价值,你没事的时候不妨扳起他的手来数一数。

他的体型和自制力有关

常听见说"好头不如好面,好面不如好身",可见一个人的体格是如此之重要,每一个人在生活中,性格伴随着体格一步一步的走向成熟,因此从一个人的体格来窥测其性格,也有可取之处。

身体按照胖瘦高矮可以分为好多种体形,同时也代表着不同的性格特征。

肥胖型

特征就是胸部、腹部和臀部囤积了大量脂肪,从整体看来,身上像是聚集了很多肉。

有这种体型的人对周围环境的适应能力很强,对突发事件能快速地适应。性格开朗,生性好动,乐于被奉承和偷懒。同这种体型的人做朋友,你往往可以感受到对方的亲切和好客。

他们很善于偷懒,如果有人找他帮忙,他虽然口头上说"很忙、很忙",可事实上却终日享受着轻闲的乐趣。

这类人的性格特征是活泼开朗,行动积极,善良而单纯。对艺术有独特的接受能力,表演才能也很好,既充满活力,又稳重、祥和,温文尔雅中透露着一种可爱,是一种很好相处的人。虽然有时候情绪波动可能会很大,但他们的社交能力很强,即便有这样的缺点,朋友群还是很大。

这类人有着别人没有的敏锐的理解力和决断力,对任何事都能迎刃而解,往往能出类拔萃。只是他们往往对事情的思虑缺乏一贯性,有时候喜欢吹点小牛,并且自恃高大,骄傲自负,自我意识很强,喜爱干涉对方。

筋骨强壮而体格结实的体型

外形特征是肌肉发达、筋骨强健、体态匀称、肩幅宽阔、头部肥胖。

有这种体形的人办事原则性强,做事认真可靠,一丝不苟,他们处处以秩序为重,讲求规律,一旦着手某种工作,必坚持到最后完成,过着充实而又踏实的生活。缺点就是做事速度迟缓,节奏总是慢半拍,讲话有点哆嗦,在与对方谈论时,喜欢把自己的观点强加到别人身上。

这种人虽值得信赖,但缺乏幽默感。思想顽固而执着,经常拘泥于形式思考,缺乏情趣而呆板。

这种人因为呆板,缺乏浪漫主义气息,婚姻不是十分幸福,经常被妻子要求离婚。

纤瘦但身体结实的体型

体型特征是略显纤瘦,但长得结实匀称。

有这种体形的人自尊心强,喜欢争强好胜,自我意识特别强烈以致固执,对任何事情都喜欢带着一种挑战的意味。但他们对自己很有信心,意志坚定,不论遇到怎样的困境,都能向着既定的目标去努力,决不会有退缩之意。

强烈的信心加上判断灵敏,果断地做事,能让他们前途无量。他们讲信用,对所有人来讲都是值得信赖的好伙伴,是商业交往中的好顾客。唯一的缺点就是当这种人误入歧途时,就会变成一个强制、专制、高傲、猜忌、蛮横的人,固执的性格不允许别人对自己有任何意见与反抗。

具有如此体型的人,在事业和做人方面都缺乏性格魅力,但有能力且具有相当的权力潜质,有着宁负天下人的气魄,敢干敢拼,也往往为了证明自己主张是正确的,而不择手段去找证据,因此常被认为是事业上的偏执狂。只是因性格上的弱点,就算是别人跟随他、迎合他,他还是会和别人保持心理上的距离。

这种人在家庭生活中也不幸福美满,也可能是个"孤家寡人",容易遭受背叛。

瘦瘦细条的体型

体形特征是身体消瘦,呈一柳条状。

这类人最大的特征是有点自卑,责任心比较强,把任何事情都归咎到自己身上,带有强迫性格。对事物有强烈的敏感性,甚至有点神经质,这种性格使得他们对自己周围的变化反应非常快,也常会触景生情或是睹物思人,喜爱自寻烦恼。表达能力又欠佳,以致于自己想要诉说的苦衷难于表述,特别是对于异性,难于表白自己的爱,最后事情没有成功则会把责任强加在自己的头上。

这种人常常心神不定,情绪波动比较大,容易失去平衡,且思想容易混乱。这是一种难得的性格,他们具有丰富的感受性和纤细的感觉,对生活的态度非常慎重,基本不会做出什么出格的事情。他们如果从事艺术性的工作,大多可以取得别人达不到的成就。

特别纤瘦型

这种体形特征是身材异常瘦弱、苗条,常给人无所适从、无法接近的感觉。

这类人神经纤细并且本性善良、遇事冷静沉着,对生活采取慎之又慎的态度,然而意志薄弱,容易产生气馁心理,情绪不易波动,喜怒哀乐不表现在脸上,基本上是个令人难以捉摸的人。

这种类型的人的特征一般是对人对事冷静,以致于可以说是冷淡,性格复杂多变且无法适当地表明立场。这种人有相互矛盾的分裂质,比如对于幻想兴致勃勃,保持快乐,但又不喜欢被人探出隐私,喜欢用冷酷的面罩来隐藏,也喜欢用孤傲来排斥企图接近他们的异性。对于这类人,有人会不喜欢他而拒绝与之交往,而有的人则会认为这种性格很难得,并和他交上朋友。

还有就是这类人对无关紧要的事固执己见,性格怪癖、不善变通又很倔强,并且表情呆板,在没下决心之前用行动来决定。但这种人对文学、美术、手工艺等兴趣高,对时尚有敏锐的感觉。在社交上则拥有非常优雅高超的手腕。但总体上说来,这类人是很难接近的。

未成熟状的体型

这种人的体形特征是脸孔如小孩一样未成熟。

这种体型的人,通常比较自我,有着坚强的性格,在知识方面涉猎很广,喜爱对小说、音乐、戏剧加以评论,同时具备其他各种知识,虽然样样都会,却是行行不精。他们讲话时妙趣横生,经常使人捧腹大笑,因此周围经常是热闹非凡。但他们又非常任性,如果他不喜欢的话题,他一点也不听;如果是探讨他自己的事情时,他就会眉飞色舞地说个不休,并且喜欢标榜

自己,使人产生不舒服的感觉。

另外,他们虽然很任性,却常在别人的评价中调试自己,往往显得没有主见,易受他人意见左右。从另一角度看,这是一种天真、浪漫的人,甚至有些幼稚,被人奉承时还好,一旦受人冷淡摒弃时,嫉妒心会变得很强烈,处于一种歇斯底里的状态。对于这种人,要特别注意。

读懂他,掌控他

不可讳言,容貌是判定一个人形象的关键,但也不能忽略从一个人的体形来判断其性格。美国名企最近在选拔重要人才时,都会把体型过胖者拒之门外,因为他们认为一个对"吃"不能克制的人,往往也会欠缺自制力。

从他的血型初步判断他的性格

气质这东西就像种子一样,在人生的舞台上扮演着不同的角色,这正是我将要说明的"性格"。来自日本的学说根据血球中的凝集原和血清中凝集素的不同结合,可以把血型分为 O、A、B、AB 四种血型。这四种血型往往具有特定的性格特点。

A 型

A 型血的人不论处在什么环境都能适应,而且可以安然相处。一方面希望安定,另一方面又希望打破现状。因此,这种人讨厌不安定的生活环境,生活态度也很现实,行为举止各方面也经常对周围环境和社会环境很在意。但一旦在相同的环境中处得太久,他们也会静极思动地产生想要改变环境的冲动。

他们做任何事情总是小心翼翼,能谦虚忍让,责任心强。他们往往自律谨严，循规蹈矩，按部就班，遵守规章制度和纪律，有团结合作的精神，有"集体主义"精神。不愿独立行事，也不愿突发奇想，少有好高骛远的行为。重形式，求稳定，同时也显得消极和保守。他们有高度的耐心和锲而不舍的精神，能理智地面对感情和婚姻，在面对挑战时，尽管过于在意别人的看法，却会不屈不挠坚持下去。

A型人爱有顾虑，容易动感情，且不果断。他们易于内心悲观，自我曲解，自相矛盾，所以他们易于成为与社会不相往来的孤僻人。A型和其他的血型相比，是容易受周围环境影响的类型，即使是小事也反应敏感。在被环境左右时，他们或许能充分发挥自己的能力而成功，但也有因畏畏缩缩而遭失败的情况。

他们很重视他人对自己的看法，做事比较收敛，表面上不太开朗，易被人认为不易沟通。不善表达感情；平常表现较冷漠；即使心情不好、也无表情；只有在面对他所信任的人或情人时，才会有感情的流露。当然，表面上却也经常装模作样，似乎已将对方当成挚友；但不知怎么，就是无法与对方交心融性。所以，有时可听到其发出"连一个朋友都没有"之类的抱怨。

B型

B型血的人自由浪漫，时间观念较差，但头脑灵活，见解丰富，有卓越的独创性。他们有不受世俗规范所束缚的特性，做事依靠自己的主观想法和直觉力，而不太在意来自周围的任何批评，自始至终都采用自己的方式行动。有人这样开玩笑说，B型血的朋友如果认为汤里放葱很好吃的话，无论你如何解释你并不喜欢葱，也一定会毫不犹豫地在你的汤里也放上葱，以示他的关心和爱护。

B型男性活泼外向，具有充沛精力，对周围事物充满好奇，追求新鲜事物，在众人面前表现开朗，易和别人融合，兴趣广泛。在感情上，由于B型人具有奔放的表现力，所以一般都误以为他们是不会自我克制的，而仅凭一时的感情而表现得任性。事实上,在内心深处,还仍有冷静清醒的成分,这是 B 型人的一个特征,所以 B 型人表现出情绪起伏很大。

而且 B 型人对周围的任何事情变化都很敏感,遇到刺激,反应敏捷,尤其对地震、火害等灾害或什么大事,他们能凭本能的敏锐感知,感知到危险,从而可以从混乱中逃脱出来。

AB 型

AB 型血的人比较公正客观,能全面考虑问题,细腻而权衡,可以十分合理地去行动,属于"事理分析型"。感情比较丰富,心理世界复杂。AB 型血的人可以有两种表现,一种是外表更像 B 型血的人,比较开朗乐观;另一种则更像 A 型血的人,比较稳重含蓄。有人认为 AB 型血的人更适合当中国式的领导,因为他们能全面考虑问题,深思熟虑,并能兼顾各方面的利益,表达上也会委婉。

AB 型血人,在行为上有些像 B 型血人,但与 B 型血人的边思考边干不同,他们在行为上比较慎重,需要准备的时间。这种慎重的程度,在别人看来,有些神经质。他们喜欢着眼于细心的事物,总是在明确不会失败后才行动。

AB 型男性具有敏锐的分析力和洞察力;平时沉默寡言,必要时则会突然逗笑,头脑灵活,穿着讲究,喜欢时髦而有个性的服装。其最大特点是具有双重性格,时而有些神经质,时而大胆,时而优雅,时而冷淡。因此,会令初识者感到性情高傲,其实不然。由于他们具有"理想主义"倾向,所以常投身于政界。

AB 型血人,在家里与在家外的表现完全不同。他们在公开的集会场合,或约会场合,可身着整洁的服装,接待客人,无懈可击,绝不会让他人感到不愉快并安排得有条有理。但在家里却是一个十足的不检点的人。在整理内务方面,一点也不上心,家里弄得乱七八糟。

O 型

O型人有非常旺盛的生活意愿,而且欲望的表现也很直率,可以说是四种血型中具有自然性的。O型血的人个性开朗、果断、讲义气,与人交往能坦诚相待。但由于考虑不周,心直口快,易伤害人却自不知晓,但由于人缘较好,不会令人讨厌,而且他们个性豪爽,对不愉快的人和事不会记恨长久。他们只注重自己的感受;忽视他人,竞争意识强,争强好胜,有较强的控制欲,有领导他人的欲望及才能,积极进取,有冒险精神。这种人适合在企业的创业期担当领导职务,他们具有强烈的现实性,能够很冷静地判断利害关系,并很快地采取对策。一旦有了具体的目标和目的,O型人会为了达到目的而产生强大的干劲,即使横在他面前的是再恶劣的逆境,他也能忍耐而突破它。

O型男性外表开朗,但却很怕寂寞,喜欢集体聚会,并具有罗曼蒂克情趣。他意志力坚强,从不服输,办事非取胜不可。在情感方面,O型人通常情绪平稳,纵然生气、悲伤、不愉快等也会适可而止,不会随便迁怒于人。他们能以理智控制感情、下了决心就不犹豫,自己决定的事,绝不反悔。

读懂他,掌控他

一个人的性格的形成,如果越是受到特殊环境的扭曲,其气质特征就越无法原原本本的表现出来,所以,由于每个人后天环境的不同,相同血型的人性格表现特点和行为倾向不完全相同。但是无论如何,每种血型的人所特有的显著特征还会在言行中处处展示出来,那些共同的倾向,是别的血型所没有的。

第二章　举止无意，细节知心
——透过举止读懂男人

下意识的小动作可以"出卖"一个人

人在社会生活中与人打交道，为了顾及礼仪、顾及别人的面子，总免不了要说一些言不由衷的话，或做一些与本性相违的事。可是纵使你表现再无懈可击，有时候也会在不知不觉中被你自己的下意识小动作给出卖。

用手捂嘴

一个人说了谎话或说了错话之后，往往会下意识地去捂自己的嘴，"这个话是不应该说的。"一个人在说话中或者说话后有手触嘴部周围的肢体语言出现，就表明刚刚说过的话，有可能不尽真实。

摸鼻子

摸鼻子说话的动作里，一定隐藏了秘密。或者是说了谎话，下意识地去捂嘴却转变成了触摸鼻子。

触摸眼部

表示刚刚说过的话或正在说的话与心相违背。这是捂嘴不想说的延伸，即捂眼不敢看。戴眼镜的人可能会用手轻触眼睛框，或者把眼镜取下再

戴上。

摸耳朵

用手摸耳朵的姿态是用手撑头做思考状的下意识掩饰动作。这是表示疑惑的肢体语言,意识是"我不相信你的话"或者"我还需要考虑一下"。

两手手指相抵轻触鼻部

这个小动作是一种思考的肢体语言,表示为一种迟疑,"这句话该不该说"或者"这件事该不该做"。

用手指卷头发

用手指卷自己的头发这种小动作,是一种表示失望的肢体语言。虽然嘴上什么也不说,但失望的情绪却表露无遗。

玩衣角

当一个人紧张时,会下意识地玩弄衣角,或反反复复地把衣服的某个纽扣揭开再扣上。

婴儿拳

就是把自己的大拇指压在其他四指下握成拳头。这是一种个性极为怯懦的表现。

双手的下压动作

与人交谈时,表情僵硬,目光散乱不集中,双手呈对称式,在言语当中手掌不停地下压,这样的肢体语言表明她在极力地掩饰着什么。

边说边笑

这种人与你交谈时你会觉得非常轻松愉快。他们大都性格开朗,对生活要求从不苛刻,很注意"知足常乐",富有人情味。感情专一,对友情、亲情特别珍惜。人缘较好,喜爱平静的生活。

掰手指节

这种人习惯于把自己的手指掰得咯嗒咯嗒地响。他们通常精力旺盛,

非常健谈,喜欢钻"牛角尖"。对事业、工作环境比较挑剔,如果是他喜欢干的事,他会不计任何代价而踏实努力地去干。

腿脚抖动

这类人总是喜欢用脚或脚尖使整个腿部抖动;最明显的表现是自私,很少考虑别人,凡事从利己出发,对别人很吝啬,对自己却很知足。但是很善于思考,能经常提出一些意想不到的问题。

拍打头部

这个动作是表示懊悔和自我谴责。这种人对人苛刻,但对事业有一种开拓进取的精神。他们一般心直口快,为人真诚,富有同情心,愿意帮助他人,但守不住秘密。

耸肩摊手

这种动作是表示自己无所谓。这类人大都为人热情,而且诚恳,富有想像力,会创造生活,也会享受生活,他们追求的最大幸福是生活在和睦、舒畅的环境中。

常常低头

慎重派。讨厌过分激烈、轻浮的事,孜孜勤劳,交朋友也很慎重。

托腮

精神旺盛,讨厌错误的事情,工作时对松懈型的合作对象会很反感。

两手腕交叉

对事情保持着独特的看法,常给人冷漠的感觉,属于易吃亏型的人,稍微有些自我主义。

摸弄头发

这是一个情绪化的,常常感到郁闷焦躁的人物。对流行很敏感,但忽冷忽热。

第二章 举止无意,细节知心——透过举止读懂男人

手握着手臂

保守派非理性的人,因为不太拒绝别人的要求,有遭致吃亏的可能。

靠着某样物体

冷酷的性格,有责任感和韧性,属独自奋斗型。

到处张望

具有社交性格的乐天派,有顺应性,对什么事都有兴趣,对人有明显的好恶感。

摇头晃脑

这种人特别自信,以至于唯我独尊。他们在社交场合很会表现自己,对事业一往无前的精神常受人赞叹。

▶ **读懂他,掌控他** ◀

在揪出这些能出卖内心的小动作后,你就要多加注意了,留意他在言谈行为中不经意间告诉你的内心感受,让你认识更真实的他。

站姿是内心情感的外在反应

站姿是静态的造型动作,是其他动态美的起点和基础。古人主张"站如松",这说明良好的站立姿势应给人一种挺、直、高的感觉。做个男人,就要堂堂正正的,站着就该挺拔笔直,走也该走得笔挺的。

那么,你有没有注意到他平时是怎样站立呢?

站立时,他的重心通常在双脚上

那就说明他沉着稳健,讲究实际,待人处世宽宏大量。大家都认为他是一个可以信赖的朋友。但是他严肃的外表有些妨碍了他的亲和力,在交际中易显得有些被动。

他站立时双脚合并,双手习惯于垂置于身旁

这样的人性格诚实可靠,循规蹈矩,生性坚毅,不会向任何困难轻易低头屈服。

他站立时的重心通常在一只脚上,另一只脚微微向前做稍息状

他是一个愿意成为焦点人物的人。他有着十分积极的生活态度,而且目光敏锐,头脑清醒。他是一个十分具有目的性的人,非常清楚自己想要什么,并如何达到这一目的。自信是他获得权力和地位的动力。

他的两脚分得很开

这暗示他很难摆脱某种愿望或者计划。若他没有灵活的手腕来很好地处理周围的人际关系,那么,他可能因为强硬的性格而使自己的亲和力大大降低。

他通常双脚交叉站立

这是表示一种保留态度或轻微拒绝的姿态,也是感到拘束和缺乏自信心的表示。他很可能虚荣心强盛,急功近利,迫不及待地实现自己的企图。他极富激情,十分热情地投入到他的事业中去。他的沟通能力和他勃发的生机活力都是他制胜的法宝,但也应该时不时地抑制自己发热的头脑,否则感情用事终究会酿成后悔的苦酒。

他站立时,习惯把一只手插入裤袋,另一只手放在身旁

这说明他性格复杂多变,有时会极易与人相处,与人推心置腹。有时则冷若冰霜,对人处处提防,为自己筑起一道防护网。

他站立时习惯把双手插入裤袋

这类人城府较深,不轻易向人表露内心的想法。性格偏于保守、内向。凡事步步为营,警觉性极高,不肯轻信别人。具有不坦露心思、暗中策划、盘算的倾向;若同时配合有弯腰曲背的姿势,则是心情沮丧或苦恼的反映。

第二章 举止无意,细节知心——透过举止读懂男人

他两手插腰而立

是具有自信心和精神上优势的表现,属于开放型动作。对面临的事物没有充分心理准备时决不会采用这个动作的。

他靠墙壁而站立

有这种习惯者多是失意者,通常比较坦白,容易接纳别人。

他背手站立者

他多半是自信力很强的人,喜欢把握局势,控制一切。一个人若采用这种姿势处于人面前,说明他怀有居高临下的心理。

他背脊挺直、胸部挺起、双目平视的站立

说明有充分的自信,给人以"气宇轩昂"、"心情乐观愉快"的印象,属开放型。

他弯腰曲背、略现佝偻状的站立

属封闭型,表现出自我防卫、闭锁、消沉的倾向,同时,也表明精神上处于劣势,有惶惑不安或自我抑制的心情。

站立时不能静立,不断改变站立姿态的人

性格急躁,暴烈,身心经常处于紧张的状态,而且不断改变自己的思想观念。在生活方面喜欢接受新的挑战,是一个典型的行动主义者。

读懂他,掌控他

站姿是人们平时所采用的一种静态的身体造型,同时又是其他动态的身体造型的基础和起点。每个人都有自己习惯的站立姿势。美国夏威夷大学心理学家指出,不同的"站姿"可以显示出一个人的性格特征。而你平时只需多加留心,在他的静默站立中,便能看出他的性格倾向。

他的眼神出卖他的心

眼睛被誉为"心灵的窗户"。人们在社会生活中,如果内心有什么欲望或情感,必然会表露于视线上。因此,如何透过视线的活动了解他人的心态,对人与人之间在交往中的心理沟通具有重要意义。

另外,眼睛的清浊如何,也折射出人的心理活动特征。经常表现为睡眼惺忪的人,看起来就是一副傻相;而表现为眼睛雪亮,目光炯炯的人,自然显得聪明伶俐。

从医学角度看,眼睛是人类五官中最灵敏的,其感觉领域几乎涵盖了所有感觉的70%以上。现代研究发现,眼睛是大脑在眼眶里的延伸,眼球底部有三级神经元,就像大脑皮质细胞一样,具有分析综合能力,而瞳孔的变化、眼球的活动等,又直接受脑神经的支配,所以人的感情自然就能从眼睛中反映出来。瞳孔的变化是人不能自主控制的,瞳孔的放大和收缩,真实地反映着复杂多变的心理活动。若一个人感到愉悦、喜爱、兴奋时,瞳孔就会扩大至平常的四倍;相反,遇到生气、讨厌、消极的心情时,瞳孔会收缩得很小;瞳孔不起变化,表示对所看到的物体漠不关心或者感到无聊。

事实上,通过眼神来传情达意,是一种普遍的心理现象。

不相识的人,从彼此视线偶然相交的时候便会立刻移开,这是由于人们觉得,一个人被别人看久了,会觉得被看穿内心或被侵犯隐私权。在言谈中注视对方,表示让对方对自己所谈内容的注意;初次见面时,先移开视线者,表示希望处于优势地位者;被对方注视时,便立刻移开视线者,大都有自卑感或缺陷;看异性一眼后,随即故意移开视线者,表示有着强烈的兴趣;斜眼看对方者,表示对对方非常有兴趣,但又不想让对方识破;翻眼看

第二章 举止无意，细节知心——透过举止读懂男人

人者，表示对对方存有尊敬与信赖；俯视对方者，想显示对对方的一种威严；视线不集中在对方，很快移开视线者，大都为性格内向……

眼神传递的心理，在两性关系上尤为突出。古时候，当两性相爱时，曾有"心许目成"、"暗送秋波"之词，来表达他们的情花爱果。当今，使用的词语更丰富，比如"眉来眼去"、"含情脉脉"、"眉目传情"、"一见钟情"等。青年恋人闪烁着双双明亮的眼睛，相互窥探会意对方内心深处的奥秘。正如古罗马诗人奥维特所说："沉默的眼光中，常有声音和话语。"

男女用眼神来传情达意的方式是耐人寻味的。对异性只看一眼，就故意将视线移开的人，恰恰表明其渴望与异性交往，这是心理的反向作用。凡是目不转睛注视对方，而不将视线移开的女性，流露出她内心隐藏着某种秘密。男女双方不时地对视，是将对方引导到自己心上，会情达意的交流。

在使用眼神上，女性常优于男性。而男子的长时间的目光注视，仔细地观察女子的体形和外表，那是寻找着心理上接近的融点。双方深深地注视，瞳孔会迅速扩大，各自为对方的魅力所吸引而激动不已。浪漫的约会，往往是在较暗的地方，以便双方瞳孔尽力扩张，使两颗爱心得以渗透、融合。

▶ 读懂他，掌控他 ◀

眼神和心理，是交往中引人注目的一个课题，注意在实践中领悟运用，是有价值的。如果你希望给对方留下较深的印象，你就要凝视他的目光久一些，以表自信。如果你想在和对方的争辩中获胜，那你千万不要把目光离开，以示坚定。如果你不知道别人为什么看你时，你就要稍微留意一下他的面部表情和目光，便于应对。如果你和别人碰面，觉得不自在，你就要把目光移开，减少不快。如果你和对方谈话时，他漫不经心而又出现闭眼姿势，你就要知趣暂停，你若还想做有效地沟通，那就要主动地随机应变。如果你想和别人建立良好的默契，应60%~70%的时间注视对方，注视的部位是两眼和嘴之间的三角区域，这样信息的传接，会被正确而有效地理解。如果你

想在交往中,特别是和陌生人的交往中,获取成功,那就要以期待的目光,注视对方的讲话,不卑不亢,只带浅淡的微笑和不时的目光接触,这是常用温和而有效的方式。

注意他的眼部动作

要了解一个人,观察一个人的眼部动作比去调查一个人的背景还要来得有用。

眼睛作为五官中最灵敏、最精密、最奇特的部位,她可以用许多动作来传情达意。这些动作,人们一般称之为"眼神"。眼睛动作是人的态势语言之中,最为丰富最为传神的"语言",是手势语言、口头语言不可替代的。

眼部表情的动作可以分为以下几种。

眼睛上扬

眼睛上扬是一种假装无辜的表情,如果有人说他坏话,他做出这种表情,则是表明自己确实没有干过那种事,别人是在造谣生事。当然,眼睛上扬一般也配合耸肩膀的动作。

挤弄眼睛

向对方挤弄眼睛是一种默契的表现,就如同在说"我们干的事情天不知、地不知,只有你知我知";也有人在扮鬼脸的时候挤弄眼睛,为的是让自己的装扮更加逼真,能这样做的人一定是对你印象不错。

眨巴眼睛

眨巴眼睛根据眨眼的频率可以分为好几种:如果是面对着你快速眨巴眼睛,说明他是在暗示你,有的事可以说,有的事不能说,那是我们之间的秘密。如果是他一个人在快速眨巴眼睛,特别是脸部朝下的,说明是他快哭了,情绪非常激动,这个时候,需要你的安慰;如果眨巴眼睛的幅度比较大,速度也比较慢,那就是说他不相信眼前看到的一切,他需要睁大眼睛来看清楚,是否自己刚才是看花眼了。

眼睛上吊

这种人心机极重,并且会为了自己的私欲夸大事实,但他们性格消极,有着一定的自卑感,不敢正视对方。

眼睛下垂

这个动作是一个不友好的举动,有轻蔑对方之意,要不然就是不关心对方的情形。这种动作的发出者一般个性冷静,极少有情绪冲动的时候,但本质上只为自己设想,是个极其任性的人,一般不容易让他改变他的观点。

眼珠转动的速度和转动的方向

眼珠快速转动的人,第六感敏锐,反应快,能迅速地看透人心。这种人的性格特立独行,并且容易情绪化。相反眼珠转动迟缓的人感觉迟钝,情绪起伏少,不易受他人观点的影响,况且自己的生活方式没有协调。

此外,眼珠转动的方向也有特定的意思。如眼珠向左上方运动,表示在回忆过去;眼珠向右上方运动,表示想像以前没见过的事物;眼珠向左下方运动,表示心里在盘算;眼珠向右下方运动,表示正在感觉自己的身体;眼珠左或右平视,表示正在专心地听对方说话,并且尽力弄懂对方所说的意思。

瞳孔变化

不仅眼睛的转动方向和速度能透露人的心机,就是瞳孔的变化也能有这样的效果。如果你仔细观察就能发现:一个人感到愉快、欣赏、兴奋时,他的瞳孔就会扩大到平常的4-5倍;相反,若一个人生气、讨厌、心情消极的时候,他的瞳孔就会收缩得很小;瞳孔如果没有什么很大的变化,表示他对所看到的物体漠不关心或者感到无聊。瞳孔的变化和情绪有着极大的关系,我们要尽可能地从中发现对方的心绪。

读懂他，掌控他

医学研究发现：眼睛是大脑在眼眶里的延伸，眼球底部有三级神经元，如同大脑皮质细胞一样，具有分析综合能力。所以，眼睛在人的五类感觉器官中是最敏锐的，大概占感觉领域的70%以上。而瞳孔的变化、眼珠转动的速度和方向等活动，又直接受脑神经的支配，再加上眼皮的张合、眼与头部动作的配合等一系列动作，人的感情就自然而然从眼睛中反映出来，而且它所流露出的信息甚至比言行更为真实。

男人吃相不能小看

想寻找理想情人的女性，可以多留意对方的吃相。据德国心理学家格伯特的研究发现，女士们跟情郎一起用餐时，不要只顾着凝视对方深情的双眸，而要多观察对方如何处理食物，如此便能预知，对方在床上是否异常雄健，甚至能预测他将来是否会是个好爸爸。格伯特表示，研究人员根据受访女性的描述，将她们的伴侣分成不同类型的情人，再将这些男士的用餐方式加以比较后发现，同一类型的男子的吃相大同小异。

混合型的男人

喜欢把主菜、配菜与酱汁等所有食物混在一起吃，这种男人往往喜欢女强人，不喜欢自己决定事情。同时，他们的床上功夫，通常也了无新意。希望伴侣保护自己的小鸟依人型女性，千万不要跟这种吃相的男人深交。

先洒调味料的男人

在菜一端上来、还未入口之前，就会先洒上酱汁或调味料，这种男人专横独断、思想保守、控制欲与权力欲极强，一有机会就会作威作福，坚持男

第二章 举止无意,细节知心——透过举止读懂男人

主外、女主内的传统观念,主张"男人作男人的事,女人作厨房的事"。

玩食物型的男性

喜欢自得其乐地拨弄盘中的食物,排成美丽的艺术图案。这种男人是令人愉悦的好伴侣,他们多半性格开朗,富同情心,擅于交际,懂得分享。他们可以与女性白首偕老,也有潜力成为未来的好爸爸。

先吃配菜型的男性

这类人会匆匆吞下配菜,再享用牛排等美味主菜。这种男人事事以自己为先,自私自利,不容易与人剖腹相交。碰到这种男性时,聪明的女人应及早与他分手,以免日后后悔不及。

精心准备型男人

如果约好周末一起出去吃顿饭,搞不好他星期四就在网络上搜索那家酒店的相关信息。同样,就算是在家中和几个朋友小聚,研究菜单也会令他开心。在这些漫长的准备过程中,他可以给自己充分的时间去憧憬,这些都让他很享受。在餐桌上,如果你看到令人爱不释手的小口碟和漂亮得让你不忍使用的餐巾纸,不用说,一定也是他的精心准备了。

很明显,他不喜欢意外。他需要为了最好的效果去"准备"自己的感觉。他喜欢一切尽在掌握。他对于自己和人生有着非常明确的掌控欲望。

马虎行事型男人

他的食谱实在缺乏创意,从来都分不清小白菜和小油菜。哪怕一连一个星期只吃泡面或者香肠面包也没有问题。对于他来说,基本上吃饭的唯一理由就是为了"不饿"。所以,不管是什么食物,既然最后都要倒进肚子里一同消化,哪里还有那么多要求?

和这样的男人一起生活有两个好处:一是不用担心自己做的饭菜会无人喝彩,而且他个性随和,差不多都是你怎么要求他就怎么做。

透过细节读懂男人

细嚼慢咽型男人

他对食物的滋味与口感都特别挑剔。不管是鲜蔬还是海味,只要烹饪得不好,不管账单是多少,一律打入冷宫,绝不能够委屈了自己的味蕾。如果不幸走进一家糟糕的餐厅,结果就只能是饿上一个下午。至于像半杯酒喝上个把小时的事情,对他来说简直太过稀松平常了。因为——既然奋力工作就是为了更好的生活,那么吃饭这件人生头等大事,又怎能马虎了得?

他无论在任何事情上都是一个追求极致感受的动物。他是一个彻头彻尾的完美主义者。

也许这样的男人有时会让你觉得有点自恋,但是你就算要指出来这一点,也一定要注意方式方法,不然搞不好,朋友都没的做哦。

莫名挑食型男人

他像一个偏执的孩子,这种男人会对某一种常见食物坚决不接受(认为自己吃了会闹肚子),或者坚持某些食物必须按照他认为"对"的方式烹饪(比如牛肉不能与土豆一起煮)。由于他的挑食早已众所周知,身边的人往往都对此习以为常,甚至一同进餐的时候,都会主动提出:"哦,茄子不要点了,他不吃的……"

他就像有产品说明书一样具有很强的原则性。对于这种一根筋的倔老牛,如果不是特别影响你的幸福,最好的办法就是不要理他。就算要改造,也不要急着跟他硬碰硬,过分要求和过多诱惑,对他来说都是一种侮辱。等到你们的关系更进一步地稳定,再慢慢地渗透你的失落,可能是个好办法。

风卷残云型男人

他好像总是很饿,就像个埃塞俄比亚难民,每次用餐时都是风卷残云一般,狼吞虎咽地吃掉眼前所有的东西,还经常一直吃到实在撑不下为止。在家里还好,你可以归纳为自己做菜的手艺高;可如果一起出去用餐,则常常把你气得要死——当你还在细品自己的开胃汤时,他的那份早已见底,

第二章 举止无意,细节知心——透过举止读懂男人

还一直盯着服务员不满地小声嘀咕:怎么上菜这么慢?

无疑他是个急性子,十分注重结果,往往忽略了过程的精彩,你无法想象,他能有一颗温柔浪漫的心,但是,他却能给你一种平淡真实细水长流的幸福,孰轻孰重还要你自己掌握。

好奇宝宝型男人

在他的餐桌上,永远没有所谓的"保留曲目"或者"老三样"。就算是去过八百遍的老餐厅,在点菜之前,也要向服务员问问最近有没有什么新菜式。要是赶上哪天心血来潮,往西红柿炒鸡蛋里加点辣椒和咖喱,也不是没有可能。在他看来,生命中无时无处不充满了新的可能,要是白白错过,岂不太可惜了?至少在吃东西这件事情上,多尝试一次是一次,谁知道下一盘菜会不会特别精彩?

像这样的好奇宝宝,对于异性那可是相当博爱,自然受到的打击应该也一点不会少。就像他的西红柿加咖喱,他只是为了尝试。等到肚子真的饿了的时候,还是会选择传统的蛋炒饭。另外,平日里,你还可以慢慢培养他对一两种食物的忠诚,比如白开水或绿茶。

读懂他,掌控他

饮食是生命中不可或缺的一环。有人是为了活着而吃,有人是为了吃而活着。饮食比其他习惯更容易泄露一个人的个性,因为饮食习惯绝大部分是无意识的,是早在童年时代就已经形成的心态。怎么吃?在哪里吃?什么时候吃?听起来仿佛都是有意识的选择,但是这些选择其实老早就根植在人的个性中了。通过这些小细节看,你的他是怎样的男人呢?

坐姿与男人的心理反应

一个人的坐姿,不仅反映他的惯常的性格特征,而且反映他当时的心理。美国夏威夷大学心理学家指出:无论是当你坐着还是站着,你双脚的摆放位置会泄露你性格的某些特征。所以从坐姿和站姿的细微区别可以推测出本人的性情轮廓,为人处世的方式。如果你是个有心人,在认识陌生人时,三五分钟内,即使你们没对话,你也能对对方的性情有个大致了解。

他正襟危坐,两脚并拢并微微向前,整个脚掌着地

说明他为人真挚诚恳,襟怀坦白。这样的人特点是做事有条不紊,但容易较真,力求周密而完美,难免拘泥于形式而显得呆板。天生喜欢整齐有序,有时甚至有洁癖倾向。虽然从外表看来,他有些冷漠,但这都是假象。他其实是个古道热肠的人。而且他只做那些有把握的事,从不冒险行事,因此缺乏足够的创新与灵活性。

他只喜欢"跷着二郎腿"坐着

那说明他比较自信,懂得如何生活,周围的人际关系也比较融洽。由于他的吸引力,并且注意和人交往的分寸,所以他能够让大家正确地评价他,并喜欢他。

他习惯于脚尖并拢,脚跟分开坐着

说明他做事易犹豫不决,有时过分的一丝不苟将影响变通性。他习惯独处,交际只局限在他感觉亲近者的范围内。不过,他很有洞察力,能以最快的速度对他人的性格做出准确的分析和判断。只是有时他难免过分自恋。

他习惯于把双脚伸向前,脚踝部交叉

这是一种控制感情、控制紧张情绪和恐惧心理,很有防御意识的一种

典型坐姿。当男人显示这种坐姿时,通常还将握起的双拳放在膝盖上,或双手紧抓住椅子扶手。这说明他喜欢发号施令,天生有嫉妒心理。他总是喜欢在各方面拔尖,支配、控制他人。他可能是个很难相处的人。个人生活中,他会表现出犹豫不决的做事风格。

他喜欢两脚并拢,脚尖抬起,脚跟着地地坐着

他是个谨慎持重的人,他有些孤僻,是经常持观望态度并处于防卫状态的人。他天性超级敏感,不能够承受哪怕是最轻微的指责。为避免引起他的不适当的过敏反应,周围人不会与你谈论一些棘手而复杂的问题,因此你会产生一种被隔离的孤独感。

他敞开手脚而坐

暗示了他可能具有主管一切的偏好,有指挥者的气质或支配性的性格,也可能是性格外向,有时不知天高地厚。

他坐着时,腿脚不停抖动,而且还喜欢用脚或脚尖使整个腿部抖动

这种坐姿的人最明显的表现是自私,很少考虑别人,凡事从利己角度出发,对别人很吝啬,对自己却很纵容。但他很善于思考,能经常提出一些意想不到的问题。

读懂他,掌控他

你同别人坐在一起,观察一下对方的坐姿,可以揣摩掌握对方的心理状态——重重地坐下去的人,心情一定是烦躁的;轻轻地坐下去的人,心情一定是平和的;侧身而坐的人,此时的心情除了舒畅外,还觉得没有必要给你留下什么更好的印象;在你面前猛然坐下的人,其内心或隐藏着不安,或有心事不愿告诉你;双腿不断相互碰撞或不断地拍打地板的人,此时一定有什么事使他紧张和焦躁;喜欢与你对着坐的人,是由于他希望能够被你理解;斜成一个半躺姿势或深深坐入椅内,腰板挺直头高昂的人,是由于他在

透过细节**读懂**男人

心理上对你有优越感;把身体尽力蜷缩,双手夹在大腿中的人,是由于他在心理上对你有劣势感;正襟危坐、目不斜视的人,或对你恭敬并力图留下个好印象,或此刻其内心有什么不安……

总而言之,只要你多加留心,生活的细节中处处有学问,而这些细节将教会你认识他是怎样一个人。

走路的姿势透露他的另一面

走路是我们每天都要做的事情,似乎就像我们吃饭穿衣呼吸一样平常,走路能藏有什么玄机呢?

我们与别人相处,总是最注意他们的脸。可是脚远离大脑,绝大多数人都顾不上这个部位,其实,它比脸、手诚实得多。每个人有每个人的习惯,留心观察就会发现,每个人走路的姿态就会有所不同,就在这不同的姿势中,他的性格特征以及爱情玄机就一点一滴地泄露出来了。

人的心情不同,走路的姿势也就不同;人的秉性各异,走起路来也有不同的风采。

他走路的时候速度比较快,通常五指伸得笔直

这种人比较注重现实和实际精明强干,往往是事业有成的代表;凡事三思而后行,不莽撞和唐突,不好高骛远,无论是事业还是生活,都能够脚踏实地,一步一个脚印地前进;这种人重信义和守诺言,有"君子一言,驷马难追"的魄力,不轻信人言,有自己的主见和辨别能力,是值得放心的人。敢于面对现实生活中的各种挑战,适应能力特别强,尤其是凡事讲求效率,从不拖泥带水等。

他是个认真而严肃型的人,只要是想办成的事情,就一定会努力去达

第二章 举止无意，细节知心——透过举止读懂男人

到目标。在工作或学习上，这种人也是遵规守纪，对自身的要求颇高的。如果用这样的态度来对待爱情则略略显得太正经了一点，这种过于严谨的态度很难给恋人轻松愉快的感觉。如果你是一个喜欢有安全感的人，且对浪漫的要求也不是很高的话，就会毫不迟疑地选择稳重、成熟而有责任感的这类人。

他走路时的速度一般，手掌常自然地握成拳状

这样的人是个富于行动力的人，这种人最讨厌拖泥带水或纸上谈兵。而且这种人十分具有正义感，敢于仗义执言，帮助弱小，是很受人欢迎的类型。他们大多比较自信，其自尊心也比较强，有时过于自负，好妄自尊大，还可能有清高、孤傲的成分；凡事只相信自己，处处主观臆断，对于人际交往较为淡漠，经常是孤军奋战；但思维敏捷，做事有条不紊，富有组织能力，能够成就财富事业和完成既定目标，自始至终都能保持完美形象。

此外，这种男人勇于表现心中的爱，对于爱情的追求也如同个性一样有股豪气，这种行事方法会令很多异性乖乖就范。当然，这种人追求人的花样可能是传统了一些，也决不会介入不明不白的感情纠葛中，所以就感情的问题而言，这种人是属于理智胜于感情的类型。

他走路时常将一只手插进口袋，或两手同时插进口袋

这类人看似洒脱不羁，其实心思细腻，有时候还有点多愁善感。其实这种人是个很重感情又很懂情的人，他的一生有着很多风花雪月的故事。在现实中，为这种人潇洒的外表而着迷的异性有很多，这些追逐者会如痴如狂地被这种人偶尔流露出来的忧郁气质所吸引。如果你喜欢成熟又有魅力的人的话，那么他的神秘感和万般柔情将会使你深陷情网。

他走路的时候速度比较慢，五指自然微微弯曲

这样的他是个自律甚严的人，这种人对朋友、同事或亲人都十分宽容。有的时候，这种人的性格会显得有点怯弱，实际上，他心里却绝对有主见、

有思想。

这类人走路时总是一副慢腾腾的样子,别人无论说得如何急他都不在乎似的,这是典型的现实主义派。他们凡事讲求稳重,"三思而后行",绝不好高骛远。遇事容易知难而退不喜欢张扬和出风头,遇事总是思考再三,否则决不冒险迈出第一步,结果往往错失良机。

在爱情方面,这种人更注重的是精神层面,往往喜欢稳定而持久的爱。应该说,忠贞不渝、和蔼可亲是这种人最容易取得异性好感的诀窍。如果你刚好喜欢上这样的人,你不要指望去改变他,更多的则是要看你们双方的缘份如何。

他走路时身体前倾

这种人走路时习惯于身体向前倾斜甚至看上去像猫着腰。这类人的性格大多较温柔和内向,见到漂亮的女性时多半要脸红,但他们为人谦虚,一般都有良好的自身修养。他们从不花言巧语,非常珍惜自己的友谊和感情,只是平常不苟言笑。较之其他类型的人来说,他们总是受害最多,而且不愿向人倾诉,一个人生闷气。

他像用军事步伐在走路

走路如同上军操,步伐齐整,双手有规则地摆动。这种男人意志力较强,对自己的信念非常专注,他们选定的目标一般不会因外在的环境和事物的变化而受影响。他们一般都比较"独裁",而且有时候甚至会不惜牺牲任何东西去达到他个人的理想和目标。

踱方步的人

迈着这种步态的男人是非常稳重的,他们认为面对任何困难事情时,最重要的是保持清醒的头脑,不希望被任何带有感情色彩的东西左右了自己的判断力和分析力。

第二章 举止无意,细节知心——透过举止读懂男人

他走路左右摇摆,一副弱不禁风的样子

好故弄玄虚,明明一无所有却要摆出一副卓尔不凡的架势,遇到难题不是推卸转移就是不了了之,不允许别人有半点对不起他们;奸诈虚伪,善于阿谀奉承,往往导致事业、爱情和生活上的失败。

他连蹦带跳的

这种人手舞足蹈,一步三跳且喜形于色,一定是听到了某种极好的消息,或得到了意想不到的或是盼望已久的东西,他们城府不深,不会隐藏自己的心思;此类人往往人缘极好,朋友也不少。

除了睡觉以外,这种人没有一刻安静的时候,喜欢窜上窜下,以博得别人的注意。他们通常做事粗心大意,丢三落四,但慷慨好施,不求名利与享受,安分守己,认真经营自己所热衷的事业;喜欢凑热闹,害怕孤独;健谈,常常口若悬河,评古论今;思想单纯,喜欢户外活动,特别是徜徉在大自然当中。

读懂他,掌控他

脚的习惯动作也有着自己的语言,在我国丰富的语言词汇里,有许多描述脚语的形容词。这些形容词与其说是描写脚步的轻、重、缓、急、稳、沉、乱等,不如说是描述人的内心或稳定、或失衡、或恬静、或急躁、或安详、或失措的状态。

人的脚步尽管因地因事而异,但是每个人都有自己固定的脚语。很多时候你不用看其人,仅凭那或急、或轻、或重、或稳的脚步声,就能判断出他的性格了。

他睡觉的姿势透露的秘密

很少有人留心过睡觉的时候自己是什么样的姿势。其实每个人睡觉的姿势与性格是有着直接联系的。

胎儿式

最常见的的睡姿,即睡觉时整个人倒向一侧,而且身体蜷缩着,头紧紧地靠着枕头,有时候手还握着枕头的一角。

常以这种姿势睡觉的人,一般来说性格比较坚强,但是在平时与人的交往中也很敏感,比较容易害羞。他们第一次见到别人的时候可能会害羞,但很快能放松。拱起的背部构成强有力的自我保护,当人正遭受痛苦挫折时,这种睡姿最能让人体验到安全感。

自由俯卧式

人们最少用的一种睡姿,即身体正面朝下,俯卧在床上的姿势。

喜欢这样睡觉的人,属于外向型性格,但是性子比较急,一般比较好动,常因缺乏预见性而行事鲁莽。也比较傲慢,对别人的批评一般不能虚心接受。

士兵式睡姿

正面平躺,双臂紧靠在身体两侧。

喜欢这样睡觉的人一般性格内向,比较保守,会一丝不苟地遵守严格的标准,久而久之会不自觉地严格要求别人。

圆木式

这种姿势是睡觉时身体偏向一侧,双臂也顺贴在身上,整个人看起来就像一根圆木。

第二章 举止无意,细节知心——透过举止读懂男人

他们大多性格开朗,爱与人交往,很多情况下显现出领导才能和号召力。不过他们容易轻信他人,过于天真。这种睡姿是悠闲自得的心境的体现,对近段时间的生活工作或学习状态比较满意。常常采用这一姿势睡觉的人,属于比较放松的一族,但是也比较容易轻信别人。

思念式

也是身体偏向一侧,但是双臂举在头附近,稍有弯曲。

他们喜欢与人交往,性格外向,易融入集体。思念型睡姿是冷战或逃避问题的一种折射。采用这种睡姿的人较多疑,有时甚至有点偏激和愤世嫉俗,很难接受不同意见。

海星式

采用这种睡姿的人也比较多,即睡觉时身体正面平躺在床上,双臂稍微上举,略高过头。

这类人乐于助人,对人慷慨,朋友很多。惯用这一姿势的人,是一个非常好的倾听者,但是这种人生性害羞,不喜欢成为公众瞩目的中心,而宁愿看别人成为"最亮点"。

读懂他,掌控他

在睡觉的时候,人们一般很难改变自己的睡姿,只有5%的人可以在一晚上变换不同的姿势,绝大多数人即使中间有翻身等动作,但是最后往往还是习惯性地选择了自己最常用、也最喜欢的睡姿。

其实很多情况下,人们在不经意间采用的姿势,往往都是个人性格的一种体现,很有意思。睡姿里包含着很多信息,也有很多秘密。睡姿是受意识控制极少的下意识动作,所以它所传达的信息很少具有欺骗性,能真实反映人的心理状态。

洗澡方式显示出的丰富信息

想了解一个男人的方法有很多,细心的你自然不会错过任何细节,甚至可以从他的洗澡习惯来判断他是什么性格。

饭后洗澡的男人

他属于思索型。他们喜欢趁着洗澡沉淀思绪,并悠游自在地享受洗澡的乐趣。这类人不会情绪化,对事物的好恶不轻易表现。他们能博采众家之长,于百家之道无不贯通,在精熟百家学派精华的基础上创造出自己独特而灿烂的文化技艺。

饭前洗澡的男人

属于组织型。他们会在洗完澡后安排事情,如看电视、看书等。喜欢按部就班将所有规划的事情做好,不愿拖拉。否则后面的事情都得延后,无法按时完成。他们不仅有计划性,而且富于行动力,是天生的领导者。

习惯看完电视后才洗澡的男人

属于成熟型。他们重视满足自己的欲望,不需要事先规划程序,尽管目标定得很高,甚至几近完美而难以达到,而且他们做事的态度还是非常脚踏实地,不至于好高骛远,常会等事到临头,再边盘算边做决定,因此应变能力也不差。即使存着匡扶天下之志,也始终秉持"不争而善胜"之心。

习惯在上床睡觉前洗澡的男人

属于儒雅型。他们习惯将自己打点干净后,带着一身香味进被窝。通常这类人会追求美丽浪漫的感情,喜欢独来独往,不习惯过团体生活,即使和朋友出门旅游,也不愿与人同处一室。在生活方面也不喜拘泥于形式,对美的事物有相当大的渴望。他们气度雍容,素质全面,浩荡存于天地间,乃乱

世激流中的中流砥柱。

喜欢早上起床之后洗澡的男人

属于经济型。比较精明,对数字很有观念,对理财更有一套,做一件事前会先评估许久,等计划周详,做好万全准备后才开始行动。但这类人要避免过于看重金钱和财产,不然久而久之,你在他人心目中会被看作一个见钱眼开的人。

习惯跟家人排顺序洗澡的男人

属于社会型。他们习惯接受他人的安排,能接受别人的意见与看法,很好相处,会站在别人立场为其设想。在处事时将心比心,体会他人的感受,与朋友相处非常和睦,在团体生活里也不会和他人起冲突,相当合群。

不定时,看心情洗澡的男人

属于自由型。他们习惯随性,不拘泥于条条框框,有很灵活的处世技巧。习性是大开大阖,神鬼莫测型。

读懂他,掌控他

生活的学问真是很大,在洗澡习惯上还有这么多秘密可查,你掌握了这一窍门,便又多了一种了解他,征服他的方法。

从看电视习惯透视他的内心

看电视在现代生活中已经是一项不可缺少的重要内容,你知道他看电视的喜好吗?那么你也可以观察出一个人的性格特点。

他一边看电视一边做其他的事情

如边看电视边看报纸或是吃东西,这样的人大多有很好的弹性,能较容易地适应各种各样的环境,并且很愿意向自己、向外界挑战,尝试新鲜的事物。

他在看电视的时候,能够保持精神高度集中

这样的人一般办事比较认真,而且情感比较细腻,有丰富的想像力,很容易与他人产生共鸣。

他看电视时看着看着就睡着了

除去非常疲劳的情况下,这种类型的人性格多是随和而又乐观的,在挫折和困难面前,他们也往往能够笑着坦然面对,并积极地寻找各种方法。

他一遇到自己不喜欢的节目就立即调台

这样的人耐心和忍受力都不是特别强,但这类型的人独立性很强,不屑那种一哄而起、一哄而散的人。

他看电视喜欢吃零食

他是一个听天由命的乐天主义者,对人随和,往往只看到事物美好的一面。无忧无愁过日子。

他定时看电视

这样的人生活有条不紊,对朋友彬彬有礼,宽宏大量,是个可靠的人。

他喜欢看新闻或记录片

这种人喜欢啥事都知道,而且爱参与,不喜欢做个旁观者,是个好奇心重的优异分析家和交谈者。

他喜欢看电视剧

喜欢用幽默来缓解压力。这是件好事,因为他不会把工作上的压力发泄到你身上来,但是,他可能不善言谈,要和他交流会比较困难——你越是想和他讨论一些重要的事情,他越是推三阻四不知所云。

他喜欢看法制类节目、《X档案》和新闻调查类节目

这类人有思想,逻辑性很强,他对自己解决问题的能力很自豪,乐于帮助你解决任何难题。

第二章 举止无意,细节知心——透过举止读懂男人

他爱看喜剧或表演节目

他是个善于利用闲间的人,有极大的幽默感,善于平衡生活,喜欢享受家庭生活乐趣。

读懂他,掌控他

想了解一个人的性格,只要认真地观察他在生活中的各个细节,在绝大多数情况下,都会有一些收获。行为是一个人基本个性的表现,从看电视的方式,就可以知道此人待人接物及生活的态度哦。

从手机摆放位置读懂男人

手机已经成为现代人必不可少的随身物品之一,那么,你平时是否注意他的这一"行头"经常怎样放置呢?

他喜欢挂在腰间

这类人占有欲和控制欲强烈,重视自己在别人眼中的形象,因此会努力工作并有很好的表现。他求知欲强,兴趣广泛,懂得尊重别人,但不轻易接受别人意见。这类人会因为善良和苦干精神而取得成功,是脚踏实地的男人。而且家庭观念强,为家庭而努力工作,需要丰富的感情人生。

他喜欢温柔贤慧、贤妻良母型的女人,但是他不喜欢你太粘人,他喜欢有自己主张的女性,不喜欢胆怯幼稚的女人。他需要理念相同的异性伴侣。他喜欢和谐的家庭关系。他不是一个非常懂得浪漫的男人,但是他需要感情的束缚来帮助事业成功。当他没有稳定的两性关系时,会像浪子一样游走在女人之间。

他需要顺从的女人,主动而不失贤慧,所以要懂得注意他的感觉和需要,另外他相当注意你的外在形象。你必须要懂得适时的关怀并暗示他,给

他机会,当他有反应的时候,你才可以进一步地表示爱意。

他喜欢拿在手上

习惯将手机一直拿在手上的人,对生活有极高的能量,不到非休息不可的最后一分钟,这个男人是不会上床休息的,你可能会发现他睡在浴缸里或躺在客厅的电视前。

他因为活力充沛、执行力旺盛,如果是从事活动量大、与很多人接触的工作,他会很有远景,也会有如鱼得水的快乐。

这样的人喜欢有挑战性的生活,能够享受独立生活的乐趣,他有强烈的目标意识,有较多的人生欲望,而且也极富实现目标的能力。他是思考型的人,有永远说不完的话题和理想,喜欢轻松过生活,通常是一个很有才华的男人。他懂得生活情趣,也有生活品味,他会是一个感情丰富的多情男子。

他对伴侣的期待,是希望你有如战场上的战友,和他一起对抗一切困难,不过对情绪的敏感程度是很低的,如果你真爱他,就必须先调整自己对两性关系的期待,因为他的爱情神经是很大的。

他是一个有事业野心的男人,喜欢对他事业有帮助的女人,他需要一个精明能干又很有潜力、能帮助他创造幸福人生的伴侣。他的野心使他懂得欣赏各种女人的优点,他希望婚后的妻子能够分担较多的家务和子女教育问题。在感情上,他不是一个轻易放弃和服输的人。

他喜欢主动大胆和衣着亮丽的女人,喜欢主动挑选适当的伴侣,如果女人对他没有长期的助益,恐怕不容易有长期的良好关系。你必须是一个可以满足他野心的女人,而且要对他的人生有所帮助才行。

他喜欢放在皮包里

所谓的安全地带,就是将手机放在背包或着公事包里。这样的男人做事一定深思熟虑、小心翼翼。对自我的要求很高,自尊心很强,姿态优雅,对人亲和却很少采取主动。

第二章 举止无意，细节知心——透过举止读懂男人

他是天生受上天眷顾的宠儿，有着无限潜力，只要一次机运，就有可能平步青云。追求完美的自我要求，也会带给你一些压力，放开心胸做自己，是最快乐的方式了。

他喜欢享受正常舒适的人生，因此认为家庭生活和良好的两性关系才有满足的人生。他十分重视家庭生活品位，尊重和了解家人，重视子女教育，能创造和谐幸福的家庭关系。他有主导家庭的能力，希望得到家人重视。

对伴侣的要求严格，除了喜欢你、爱你之外，最好你还是个各方面完美的女人。这样的性格使他对爱情会有挫败感。

他喜欢温柔、和善、母性意味浓厚、可以包容他有孩子气的女人。喜欢家庭观强烈，能够帮助分担琐碎事物，重视环境干净，手脚敏捷，家庭主妇型的女人。

他喜欢声音动听的女人，贤淑而缓慢清脆的声音，干净整齐的外表，良好的家世和教养，都可以打动这种男人的心。在同他交往时，别忘了向他强调你贤妻良母的特质。

他喜欢挂在屁股后面

会将手机放在牛仔裤或西装裤后口袋的男人，温和、友善，却带着强烈的防卫心，他有着一些不希望别人知道的心理小秘密，对愈疏远的朋友表达反而愈亲密，愈接近他的身边，却发觉他愈疏远。

他对工作抱着很多的理想和抱负，但是常陷在思考的泥沼里，多了一点玩心，少了一点点执行力。如果他的创意能与执行力强的伙伴配合，将会有一番事业。

他喜好自由不受拘束的生活，不喜欢和人斤斤计较，大而化之的行为显出大男人的特质。这种男人喜欢接受人生挑战，十分享受多姿多彩的人生，偶尔会寻找一些刺激。他是一个需要同性朋友的男人。家庭观非常强烈，在家庭中喜欢慈父严母的模式。

在爱情的关系里,他是忽远忽近的。如果你深陷不可自拔,请小心地经营你们的恋爱,听过放风筝的方式吗?要得到他的爱,先让他自由。

他十分厌烦追踪和盘查,也不太喜欢谈情说爱,他心目中的女人应该是小鸟依人型的,在婚后应该有良好的持家能力和管教子女的能力,可以独立照顾家人而不需要问他的意见。

他需要重感情的女人,情感上能从一而终,不应该有太多的爱情经验。你必须懂得为他安排生活,才能有长期的良好关系。

他喜欢挂在胸前

会将手机放在心脏地带(西装的内侧口袋、衬衫口袋),这样的男人做事不急不徐,并且会尽一切的努力让生活朝着他所定的目标前进。因为他的谋略心旺盛,就算现在的他还年轻,尚未到达经理以上的职务,数年之内也是颇有远景的。

他喜欢结交志同道合的朋友,求知欲强烈,但没有适当的机会展现才干,需要适当的工作伙伴培养良好的工作情绪,才能努力工作。他是一个有潜力,喜爱工作的男人,因为重视物质生活而成为一个努力奋斗的人。

他喜欢独立而有主见的女人,不在乎平淡无奇的生活,但是必须有共同的兴趣爱好。他是一个需要展现人生理想和目标的男人,喜欢过一种前卫的生活,因此喜欢两性关系自由和平等。表面上,他不一定拥有两性关系的主导权,但是在内心里,他可是控盘的人。对他来说,爱情与面包的比重是一样重要的。

他对形象过度重视,有时候比你还挑剔呢。你应该是一个时髦的女孩,懂得搭配时髦前卫的装扮,你应该有活泼又和蔼可亲的个性,利用外向独立的性格引起他的注意。你可以主动地邀请他出游,当你们相处时,必须懂得配合他的兴趣。

第二章 举止无意，细节知心——透过举止读懂男人

他常忘了带手机

如果你不了解他的生活目标，不要惊讶，他自己也在迷糊的状态，不过他可是个乐天派的人，生活最好是娱乐寓于工作，凡事别太正经八百，对健康有害。虽然他迷糊，对爱可是很清楚，是典型的嘴花心不花的爱玩男人。

虽然老板常找不到他，却因为他对工作和人的热情，在职场上也是做的有声有色。这个男生是大智若愚的典型，在他的身上，缺点即是优点喔。

读懂他，掌控他

手机是现在最流行、最方便的通讯工具。每个人携带的方式都不一样，而从他携带手机的方式，便可以窥探一个人的内心世界，你不妨一试。

从吃水果阅读他的心

生活中五颜六色的水果确实让人垂涎欲滴。吃什么样的水果又会属于不同的性格。

平时他喜欢买哪种水果给你？他自己又对于哪种有所偏爱呢？

爱吃香蕉的人

吃香蕉能帮助内心软弱、多愁善感的人驱散悲观、烦躁的情绪，保持平和、快乐的心情。这主要是因为它能增加大脑中使人愉悦的5—羟色胺物质的含量。研究发现，抑郁症患者脑中5—羟色胺的含量就比常人要少。

爱吃香蕉的他外表坚强、内心软弱、多愁善感，在意别人对自己的评价。他拥有成为明星人物的物质，对人重情重义，决不会推卸责任。他是被人要求帮忙也绝对不会说 NO 的人，即使吃亏也会将事情扛下来。个性上虽然很任性，倔强，但也决不会轻易表现出来，因为内心渴望被称赞。当遇上

不公平的事情时,也会尽量忍耐,不会因此就口出恶言而破坏自己的形象。

爱吃草莓的人

吃草莓能培养耐心,因为它属于低矮草茎植物,生长过程中易受污染,因此,吃之前要经过耐心清洗:先摘掉叶子,在流水下冲洗,随后用盐水浸泡5~10分钟,最后再用凉开水浸泡1~2分钟。之后,才可以将这粒营养丰富的"活维生素丸"吃下。

爱吃草莓的他开朗乐观,非常有自信,会享受生活,但做事缺乏耐心。他打从心底相信自己是最完美的。他感情很丰富而且善于编织美梦,所以容易让自己沉浸于象牙塔中。他常常没有耐性,一旦事情的发展无法如预期般进展时,就会突然中断放弃,这是应该要改进的。

爱吃葡萄的人

葡萄特别适合"懒惰"的人吃,因为最健康的吃法是"不剥皮、不吐籽"。葡萄皮和葡萄籽比葡萄肉更有营养。红葡萄酒之所以比白葡萄酒拥有更好的保健功效,就是因为它连皮一起酿造。而法国波尔多大学的研究人员也发现,葡萄籽中含有丰富的增强免疫、延缓衰老物质OPC,进入人体后有85%被吸收利用。

爱吃葡萄的他善于交际,组织能力强,而且不会锋芒太露,懂得保护自己,但比较懒惰。有点贪慕虚荣的他,很喜欢别人说奉承的话,不过他确实是一个个性圆滑的社交家,他很少会跟别人发生争执或不愉快。也就是说你是个善于处世的人,而且很容易取得长辈的信赖,因此虽然与大家做同样的事情,却能获得较高的待遇。

他完全无法参与集体行动,但对没人感兴趣的事情却能全心全力地投入,同时拥有绝佳的忍耐力。此外喜欢孤独但却又很怕寂寞,可说是内心充满矛盾的人。

他虽然个性非常的博爱,然而一旦找到喜欢的对象,感情就能完全专一，在个性方面非常的浪漫。

爱吃樱桃的人

樱桃中铁含量很高，有补虚养血的功效。研究人员还发现吃樱桃能明显减轻疼痛感。

爱吃樱桃的人善于理财，但容易感到寂寞，害怕孤独。他是属于那种会偷偷地躲在一旁，为大家贡献出心力的人。有点消极的个性虽然让人感到担心，但他遇事沉着、冷静却能带给大家安全感。你们感情一旦更加亲密，他就会变得有点缠人，又因为容易感到寂寞，所以害怕孤独；而属于樱桃型的另一个特征是，他是一个存钱的高手。

爱吃梨的人

梨是令人生机勃勃、精力十足的水果。它水分充足，富含维生素A、B、C、D、E和微量元素碘，能维持细胞组织的健康状态，帮助器官排毒、净化，还能软化血管，促使血液将更多的钙质运送到骨骼。但吃梨时一定要细嚼慢咽才能较好地吸收。

爱吃梨的人很有才华，精力充沛，认定的事情绝不轻言放弃，但有时过于顽固。

爱吃橘子的人

经常情绪激动会增加患心脏病、高血压和中风的危险。哈佛医学院的专家们建议人们常吃橘子来降低这些患病概率。

爱吃橘子的他属于会透过理论与计算而行动的人，他相当富有理性，凡事都要经过理论证实，所以一旦他开始相信宗教或占卜的时候，就是他心情已陷入低潮的最好证据。

他是用智慧在谈恋爱的人，同时会阅读很多这方面的书籍，以增加女性与恋爱的相关知识。然而一旦真的谈恋爱，其理论似乎完全派不上用场，而经常尝到失败的厄运。

他感情丰富,具有亲和力,但有时非常情绪化,态度让人捉摸不透。他是个感情丰富的人,但有时会显得相当情绪化,态度大起大落让人捉摸不定。虽然一直坚持朝着自己的目标而向前迈进,但是万一无法获得认同的时候就会感情用事,而之所以会有这种举动,全都是因为他希望能借此获得他人的认同。

爱吃柚子的人

柚子是保证人体健康,使心血管系统健康运转的水果。它含有的果胶能降低低密度脂蛋白,减轻动脉血管壁的损伤,维护血管功能,预防动脉硬化和心脏病。研究者还发现吃柚子能明显促进运动中受伤的组织器官恢复健康。

爱吃柚子的人身体很健康、有很好的运动细胞,但自我意识太强、容易急躁。

爱吃苹果的人

每天吃少量的苹果就能预防多种疾病,还让人有饱腹感,不愧是水果中最务实的。美国癌症研究中心特别建议人们常吃苹果来预防癌症,因为其中含量丰富的天然抗氧化剂能够有效消除自由基,降低癌症发生率。

喜欢吃苹果的人务实,做事冷静、有计划,不怕艰苦,但自尊心强,有些守旧。他拥有独特的想法,属于行动派的人,但是行事前会有周详的计划然后才会实际去做。虽然大家都说他反复无常、用情不专,但是事实上他再谨慎小心不过了。他虽然在与周遭朋友的关系上很得宜,但内心实际上是很顽固的,所以也常常会因此无法与人妥协而吃亏。

因为个性很神经质所以做起事来显得一板一眼。若不影响到工作的话还好,但是却常因此造成旁人的困扰,会选择能让自己感到满足的工作,而不会在意薪水高低。

第二章 举止无意,细节知心——透过举止读懂男人

爱吃桃子的人

他热情,占有欲强,决不服输。他深具魅力,虽然外表让人看起来感到有点浮,但实际上却是个拥有光辉灿烂般魅力的人。他可能有时太过于感情用事,常会因此变得有点歇斯底里,大多数情况下很温柔,有时又变得很冷漠,因而让人很难真正掌握你的性格。他的内心一直期望着能成为众人目光注视的焦点,所以你拥有不管遇上任何阻碍,都会想办法克服的,因为他有不服输的个性。

他是属于会重复犯相同过错的人,同时会让人感觉到有点不知天高地厚。但是朋友很多且人际关系良好,因此在他的一生之中应该能充分发展他的才能。

爱吃栗子的人

他坚持己见,绝不轻言认输。坚持己见是他的行事作风,一旦认定的事情,不管前面有任何险阻,也会竭尽心力去克服,绝不轻言认输,但是也因为如此,常被周遭的人认定太过顽固而退避三舍。但是因为拥有的才华多不胜数,所以渴望能因此获得好名声。

他是拥有敏锐感觉的人,因为感受较为细腻,所以行事总是战战兢兢的。因为他杰出的表现,所以称之为才华洋溢的青年也不为过。

喜欢艺术性的恋爱模式,常对女生做一些罗曼蒂克的举动,但因为没考虑到自己的实力,所以常造成反效果。他实际上是个非常塌实的人,问题在于他的性格太过倔强,一旦吵架的话绝对不会主动道歉。但是他对爱情特别专一,所以若是结婚的话,相信一定能成为一个不错的人生伴侣。

爱吃西瓜的人

爽朗、不做作是他的魅力所在,生气的事情绝不放到隔日,这是他受大家欢迎的主要原因。而他最大的特点就是拥有灵敏的直觉,从聊天当中就可以洞悉对方的想法,但是并不擅长表达感情。在处事上非常容易半途而废。

他的恋情可能在极戏剧化的情况下展开,但在中途的时候,他的心又很容易转移到别人身上。

爱吃哈密瓜的人

他个性外柔内刚,很有行动力。他外表看来柔弱消沉,却隐藏着坚强的意志。这种性格特别是在危急的时候,就能充分发挥出来。他虽让人感到孤傲,却不流于俗套,且内心潜藏着只要一掌握住机会,就能完全一展所长。但让人担心的是不知道会闯出什么大麻烦,像一颗不定时的炸弹属于不顾一切的行动派。

拥有正确达成使命的能力,所以能慢慢崭露头角。但不适合独自创业,反而担任幕僚方面的工作,较能有好的评价,同时能慢慢有所成就。

他感觉很敏锐,唯一的缺点就是太爱吃醋,是嫉妒心很强的人。

▶▶▶ **读懂他,掌控他** ◀◀◀

从事性格研究的科学家指出,喜欢吃哪种水果与其性格存在着一定的关联,根据人们日常对某种水果的喜好可以判断出一个人的性格特征。反之,喜欢吃什么水果也可以养成什么样的性格。

这是一个双向作用的过程,无疑对你来说十分有用——通过他喜欢吃什么,你便知道他是哪种人,而如果你想让他变成哪一种人,就多给他买哪种水果,培养他的性情往你喜欢的方向发展就好了,实在是一举两得啊!

观察他照相时的表现

在看照片时,大家都喜欢就姿势和表情做一番评价。一些细心人就会发现,许多人无论在什么背景下,都会摆出类似的姿势。殊不知,除了精心研读出的POSE,以及根据摄影师的提示摆出的姿势,这一张张方寸的映像

第二章 举止无意，细节知心——透过举止读懂男人

却能影射出你当时的地位、心理状态。

双手抱胸

他是生人勿近的防御型。这种人往往事业未或刚起步，对于未来有希望有信心，但并没有万事皆在掌握之中的确定感。这种姿势暗示自我保护、鼓励和支持，并没有攻击性。

双手下垂，微握拳或贴着裤缝边，身体僵硬，背直挺或微往内收

他是小心翼翼的退缩型。这类人或对自己不自信，或是唯恐被周围的人看不起，集体活动时总坐靠后靠边的位置，除非被点名才往众人眼光焦点处靠近。这种人内心很关注别人的看法，但因性格内向，喜欢独处，往往与他人沟通不畅。

下颚上抬，眼神坚定，双脚稳稳站立

这类人照相时一般都是双手叉腰，或手反剪在身后，挺起肚皮，或一手叉腰，一手倚在某个物体上。照相时具有这样习惯的人，通常是指点江山的尊长型人物。他们通常处于事业兴盛时期，人生颇有阅历，对自己信心满满，也很有把握或控制感，为其拍照的人可能是其下属或学生或尊重他（她）的人。

肢体舒展，笑容自然

他是笑对人生的释放型人物。这种人此时可能是对现状非常满意，或许是否极泰来，对人生起伏已能一笑置之。

没有过多的表情，但也不是四肢紧绷、表情僵硬

这样的人是一本正经的谨慎型。这类人可能事业家庭四平八稳，也可能是对事业、家庭认真、谨慎的表现。

读懂他，掌控他

日常生活中的细微举动能揭示人的性格特点，越是微小和简单的动作往往越能揭示真相。而且性格具有连续性，所以他在不经意间就会在镜头

前展露出类似的姿态,从而告诉你他是哪一种生活姿态。

不同的笑容演绎不同的心灵风景

表情乃是动情的一种反应,所谓动情,乃是指一个人的感情、意志等内部的精神活动,尤其是最能够反应情绪的——表面化的动作,也就是所谓的表情了。而在人的表情中,笑是最重要的一种。语言中描述"笑"的名词有很多。微笑、爆笑、大笑、哭笑、冷笑、傻笑、嘲笑、苦笑、含笑、窃笑、假笑、赔笑等等。既然笑的种类繁多,那么人的笑容所表现出的心理状态就绝不是只有一种,人不仅在高兴时才笑,放心,满足,表示同意,甚至是愚弄一下对方,展现威吓、攻击时,都会出现笑容。

心理学家发现,笑和兴奋的情绪一样能刺激大脑的快速思维,同时可以启用还未被使用的脑区,因而有助于开拓思路和自由联想。更重要的是,笑能让头脑清醒而且心胸宽阔,认识、包纳复杂的局面和人际关系。笑也影响着情绪的状态,在做计划或决策时,只要人的心情好,态度也会积极乐观,因而做出的决定也充满希望。

美国杜伦大学一位心理学家指出,笑的类型有很多种,而每个人都有其习惯与特有的"欢笑类型"。要了解一个人的性格,可以从他笑的方式中窥知一二:

表情丰富有时常浮现笑容的人,他的人际关系一向很好,此种人属于容易亲近的外向者的典型。反过来说,表情一向很贫乏,始终不苟言笑的人,在人际关系方面就显得"冷漠而不圆滑",由此就不难判断此人喜欢躲在自己的小天地里面,乃是不折不扣的内向型的人。

小心翼翼地偷着笑的人,他们大多是内向型的人,性格中传统、保守的

第二章 举止无意，细节知心——透过举止读懂男人

成分占了很多，而与此同时，他们在为人处世时又会显得有些腼腆，但是他们对他人的要求往往很高，如果达不到要求，常常会影响到自己的心情，不过他们和朋友却是可以患难与共的。

双唇紧闭、双眼注视对方、略露笑容的人，属于沉郁气质，平日孤独寡言，不善于交际应酬，过多考虑个人利益，讲究现实，不爱幻想，遇事较冷静、理智。

捧腹大笑的人多是心胸开阔的，当别人取得成就以后，他们会真心地祝愿，而很少产生嫉妒的心理。在别人犯了错误以后，他们也会给予最大限度的宽容和谅解。他们比较有幽默感，总是能够让周围人感受到他们所带来的快乐，同时他们还极富有爱心和同情心，在自己能力许可范围内，对他人会给予适当的帮助。他们不会势利眼、嫌贫爱富、欺软怕硬，他们一般比较正直。

笑时鼻子向上掀，神情很轻蔑。这类人看不起每一个人，而自己内心又很自卑，喜欢压低他人而抬高自己，无太多知交好友。在商场上多喜欢在暗中采取低价策略以击败对手。

有的人会笑出眼泪，这是由于笑的幅度太大的原因所致，经常出现这种情况的人，他们的感情多是相当丰富的，具有爱心和同情心，生活态度是积极乐观和向上的。

笑的时候用双手遮住嘴巴，表明这是一个相当害羞的人，他们的性格大多比较内向，而且很温柔。但是他们一般不会轻易地向他人吐露自己内心的真实想法，包括亲朋好友。

笑起来全身神经紧张，有时候中途笑声突然停止，看看别人继续在笑，也跟着再笑。这种人有根深蒂固的自卑感，缺乏自信，但为人并不坏。这样的人在商界要么是刚刚才进入，要么是生意并不尽人意。

在纵声大笑的过程中，忽然收住笑声。这种人家境卑微，感情有过创

痛。虽很聪明,但往往英雄无用武之地,处事为人小心翼翼,时常反思与检点自己的行为,是属于自省的人。

大笑起来全身都动摇的人,一切都会直言无讳,喜爱施予,极受家人及友人的欢迎。

明明在笑,却是一张哭脸的人,一般来说身体状况欠佳,常处于尴尬境地而勉强发笑,笑声中却一片愁苦,无处倾诉。常常带有这种笑的人,生活处境不佳,贫困与愁苦时常相伴,在生意场上也难有很大的作为。

读懂他,掌控他

笑是人最常见的面部表情之一。在人的喜怒哀乐的情绪中,喜与乐的直接表现就是笑。我们知道,虽然是对同样高兴的事,各人的笑却表现出不同的形态。这是为什么呢?当然这也是与不同的性格有关的。

通过笑声判断男人的内心

笑时人各有特点,有的人肩膀会前后摇晃;有人张嘴哈哈大笑;而有的人总保持那种知性温和的笑容,令人印象深刻。人的笑声与笑容都各有其怪僻或特征。

经常纵声狂笑而无法收声的人,平时可能是寡言者,一旦笑起来便一发而不可收拾。他们通常可靠,在公众场合颇受欢迎。

"哈哈哈"型的笑。这种人心胸坦荡,而且往往精力非常充沛。这种笑声给人一种威慑的感觉,常常令人产生警戒。女性发出这样的笑声,一般是属于领导型的人物。

只是微笑,但并不发出声音,这多是内向而且感性的人,他们的性情比

第二章 举止无意,细节知心——透过举止读懂男人

较低沉和抑郁,情绪化比较强,而且极易受他人的感染。他们很有一些浪漫主义倾向,并且会一直寻找一些可以制造浪漫的机会,为此可能会做出一定的牺牲。他们的性情比较温柔、亲切,能够给人一种很舒服的感觉,所以与人相处起来会显得比较容易。

有人笑的时候,习惯"呵呵呵"地笑,这是一种没有完全发出的笑声。这种笑声给人一种缺乏信心或受到压抑的感觉,这种笑声可能是为了掩饰内心的不满,或者是心绪比较烦躁或者身体比较疲倦。与前一种笑声比起来,这种笑声明显底气不足。从发声的特点看,"呵呵呵"的韵母比"哈哈哈"的韵母要小,所以中气自然不能与之相比。

"吃吃"笑的人,多是能够严格要求自己的。他们的想像力比较丰富,创造性也很强,常常会有一些惊人的举动。而且他们很有幽默感,这是聪明和智慧的一种自然流露。

"嘿嘿嘿"型的笑声。"嘿嘿嘿"的笑与冷笑相差无几,对他人有一种批评或蔑视的意思。除了那种已经成为习惯的笑声,而一般情况发出这样的笑声,双方谈话的基础就差不多丧失了。发出这种笑声的人往往心里很不安宁,可能是因为有某种烦恼。这种笑声带有一定的攻击性,其目的是用这种笑声来挫败对方以获得一时的快感。与"呵呵呵"相比,其韵母又要小些,其声音自然更小。

"格格"的笑是一种高声的笑,往往在嘈杂的环境之中也能听到。这笑声显示他不禁制自己,天生便是聚会上的灵魂人物,喜欢讲笑话,当面临一个问题时,勇敢,也很有办法。

有"嘻嘻"笑声的人好奇心很强,对什么事情都想试一试,非常渴望得到周围异性的好感,而这种心情随时随地都在脸上表现出来。这种人的情绪变化很大,有时高,有时低,有时快,有时又很郁闷。

普通而真实的笑不会太过大声,也不因低声而让别人听不到。这类人

喜欢人群,很努力,但不争功,更不居功自傲。有耐性,心地好,善良而且可靠。

读懂他,掌控他

人类的行为与其他动物最大的不同,除了人类会思考之外,就是人类会因雀跃不已而发笑。同时我们也发觉人类的性格与笑的声音息息相关。而在不同的场合,发出不同的笑声,这样的人多是比较现实的,而且随机应变和适应能力比较强。

这几种行为说明他可能出轨

出轨可以说是人类婚姻的"杀手"。男人为什么会出轨?其实,男人并不是天性不忠,男人的出轨"实在有太多的难言之隐!"但是你就真的无能为力吗?有一些行为是男人情感出轨的通常表现,如果妻子能够及时发现并采取有效措施,那么,他情感外遇的可能性就会大大降低了。通常说,当男人发生外遇或发生外遇之前,都会有如下征兆,应该加倍的小心。

不告诉你行踪

当他出差旅行的时候,不告诉你行程、班机或饭店的资料。当你问他去哪里、什么时候回来时,他对你大声吼叫,他会说,你根本联络不上他。他对于自己的行程和他所见的人特别保密。当你对他的私事表现出一些兴趣的时候,即使只是很平常的兴趣,他也会认为这是对他隐私的侵犯。

公司经常加班

原本这一个不能成立的等式,在男人出轨后就会发生。一个男人有了外遇,那么一定会向自己的妻子撒谎了,于是公司加班成了最有力的借口。

第二章 举止无意,细节知心——透过举止读懂男人

坐卧不安

在家里时,你的丈夫总是心神不宁,梦中甚至呼唤着别人的名字,以往对你的体贴一下子跑得无影无踪。

性生活不正常

你的丈夫找些借口拒绝与你做爱,做爱时不再亲昵地呼唤你;不过,有时候也有相反的情况:他突然变得"性"致勃勃,要求变换些新的做爱技巧,甚至花招迭出,而很多新花招都是你不知道的。

别人看你的眼神很特别

当丈夫有外遇时,通常知道最晚的是你自己,同事、邻居、同学或朋友可能先于你知道,当他们亲眼看到或风闻你的丈夫有外遇时,想告诉你又怕你承受不了,所以,他们看你时的眼神总是显得与往常不一样。

不再关心你

出轨的老公不再会温柔体贴地嘘寒问暖,不再主动问你工作是否顺利,不再像过去那样经常赞美你,开始挑剔你的外表,你让他不顺眼的地方越来越多;不再热情地在你从外面回来后一起讨论玩得怎么样,不再像以往一样带你出席朋友、亲戚或同事的聚会和活动……总之对你的一切他不再那么有兴趣。

开始注意形象

开始注意形象,买新衣服装扮自己。以前不修边幅的男人,突然大花心思在自己的装扮上,从来不逛街的他居然也想着要买新衣服了。或者他突然改变了自己的穿着风格,另外特别注意头发是不是乱了,是不是和他的衣服搭配。

悄悄攒私房钱

你的丈夫深陷外遇而不能自拔时,自然要为他们在一起时的花费,甚至为他们以后的结合做打算,这时他的财务不再像往常那样透明。连以前

愿意负担的家庭支出也斤斤计较,甚至不愿支付基本的生活开销。

谈话变得反常

你的丈夫与你的谈话变得越来越少,电视看得越来越多;某个异性的名字突然常在她口中提及或者以往常提的名字突然不提了;开始说些与平常判若两人的观点或笑话。

脾气见长

虽然骂骂咧咧和生气似乎与出轨之间没有必然的关系,但澳大利亚一项研究发现,不忠的男人和喜欢骂骂咧咧的人显示出很多相同的性格。那些更有可能虐待他人的人的人也更容易出轨。

电话很神秘

在他的心目中手机的重要性不亚于一颗定时炸弹,所以他处处小心,随时删除里面的暧昧短信和秘密私语以及通话记录。经常查看手机,与你在一起时经常将手机调为震动或无声。

读懂他,掌控他

其实,夫妻多年生活在一起,在言谈举止,性格特点,生活习惯等方面,都已非常熟悉。如果妻子稍加留意,对自家男人多加关注,还是从中可以发现出轨端倪的。但是切记捕风捉影,无限扩大,这样只会让你的婚姻关系变得紧张。

第三章　衣着雅俗，识其品位
——透过衣着读懂男人

穿衣习惯是由个性决定的

一个人对于服装的选择取向与个性有着密切的关系。人的穿着打扮，不仅衬托了一个人的容貌、气质和风度，更反映了一个人的素质和修养。服饰美是人内在美的一种外在表现形式。服饰是一种不出声的语言，它可以传递人的心态、性格、爱好及身份等多方面的信息。

他有着怎样的穿衣习惯，他的习惯代表着什么呢？

精心挑选

他对服装的研究证明他是个十分注重自我形象的人。他有很强的自尊心，出人头地是他毕生的追求，争强好胜是他性格的主要方面。但是，过分留意自己的仪表又常会使他受到虚荣心困扰。一旦遇到挫折，即会产生一种无地自容之感，好在天性乐观的他很快又会重新振作起来。

听人摆布

穿什么衣服都是听从别人的安排，这说明他喜欢让人照顾。他性格上

十分谦虚,认真听取别人的意见。但是但却因此失去了自我判断能力。听天由命和与世无争的脾性可以让他知足常乐。

反复无常

每天早晨总是为找不到一件合适的衣服而犹豫不决,这说明他是个优柔寡断而又有些神经质的人。他可能是缺乏自信,总怀疑自己,不能很快地做出正确的抉择。但对自己从不满意,这将会成为推动他不断进步的动力。

准备充分

他总喜欢在前一天晚上就准备好第二天穿的衣服,这表明他在生活工作中都非常讲究计划性。沉着、谨慎和有条不紊的作风会使他很容易得到他人的好感和信任。不过,过分的小心会使他坐失一些触手可及的机遇。

只图方便

他常常拿起什么衣服穿什么,很少在镜子前顾影自怜,这表明他对生活抱着顺其自然、随心所欲的态度。他淡泊名利,十分自足,既不强求自己也不强求别人,功名利禄对他而言只是过眼云烟。

不赶时髦

他在穿着方面只一味执著于自己已经形成习惯的颜色或款式,这并不意味着他是个墨守成规的老古董,而是表明他非常自信。他可能并非事事称心,但他一样可以靠踏实和勤勉执著取得最终的成功。

追求时髦

追求新鲜感是他给别人留下的表面印象,也许追求时髦可以促使他努力争取更多的机会。

穿着马虎者

穿着马虎的人一般办事缺乏逻辑性、计划性,但有实行力。这类人是很容易进行判断的。例如,有的人身穿名牌西装,脚蹬名牌皮鞋,脖子上却系着一条非常粗俗的领带,这种穿着不得要领,疏于考究的人,就是穿着习惯

上非常马虎的人。他们的特性就是与众不同。

这类人通常富有行动力,对工作十分热忱。一旦下决心从事某项工作,就会言出必行,有始有终。

喜欢舶来品者

喜欢舶来品的人大都有自卑感,善于奉承人。他们对时尚流行很敏感,另一方面对自己又缺乏信心,就借用舶来品来装饰自己。对于喜欢这类穿着习惯的人,绝不可轻易从外表上判断其为人。有的人在任何场合都喜欢从上到下都是舶来品的装扮,这类人和他人打交道时,一点人情味都没有,是属于冷酷无情型的。即使表面看起来和他人非常密切,事实上他们之间的关系,肯定不乏利害关系的联结。

这种人对钱财上的事情非常敏感。当自己处于不利地位时,会立刻寻找外援,而一旦失手,则会诿过于人。对于这类人,一定要有警惕性。

服饰宽松自然者

喜欢宽松自然的打扮,不讲究剪裁合身、款式入时的衣着的人,多是内向型的。这种人比较自我,融不到其他人的生活圈子里。他们有时候很孤独,也想和别人交往,但在与他人交往中,又总会出现许多的不如意,所以到最后还是以失败而告终。因此他们的朋友很少,可一旦成为朋友,就会非常要好。他们的性格中害羞、胆怯的成分比较多,不容易接近别人,也不易被人接近。他们对团体活动一般来说是没有兴趣的。

服饰雅致者

穿着打扮以素净、雅致、实用为原则的人,他们多是比较朴实、大方、心地善良、思想单纯而又具有一定的宽容和忍耐力的人。他们为人十分亲切、随和,做事脚踏实地,从来不会花言巧语地去欺骗和耍弄他人。他们的思想单纯,凡事都往好的方面想,但绝对不是对事物缺乏自己独特的见解。他们具有很好的洞察力,总是能把握住事情的实质,而做出最妥善的决定和方案。

透过细节 读懂 男人

服饰色彩缤纷者

喜欢色彩鲜明、缤纷亮丽的服装的人,他们多数比较活泼、开朗,单纯而善良,性格坦率又豁达,对生活的态度也比较积极、乐观和向上。他们大多聪明睿智,具有较强的幽默感。同时,他们的自我表现欲也很强,常会制造些小意外,以吸引他们人目光,总给人耳目一新的感觉。

读懂他,掌控他

人们除了用服饰来体现自己的个性外,还往往用服饰来掩盖和弥补自己内心的不足。如果能够把握住人们关于服饰的独特心理,那么在有些方面我们可能会得到意想不到的收获。

法国的服装设计大师皮尔·卡丹就是一位通晓人类心理的大师。他设计的服装之所以能够风靡全世界,就是因为他把握了人类对弥补内心不足的动向,针对不同种性格,设计出不同款式的服装。他深知人类的个性是共通的,他抓住人类心理活动特征,看穿了服装对人类的实际意义,最终获得了巨大的成功。

不同职业年龄和性格的人,对服装的选择也不尽一致。男士们较喜欢冷色调和中色调,这些色调的服装,穿着显得庄重、威武、雄壮、深沉。青年人喜欢活泼、热烈的色彩;中老年人则热衷于沉稳、深厚的色调;医生偏爱干净明快、浅淡清爽的色彩;艺术家则多选择浪漫潇洒、富有古典韵味的仿旧色彩。

现代社会只有一个人把自己的形象塑造好了,才能够得到他人的认可和尊重,信任与欣赏。才能在未来的社交,恋爱,事业等方面建立信心,甩出自己一张得力的王牌。

而通过他不同的穿衣习惯,则可以看出他倒底是何等样人。

他喜欢什么颜色的衣服

我们生活在一个五颜六色的世界,到处都是色彩。每个人都有专属于自己偏好的颜色,也就因此我们常常就在不经意之中,习惯性购买自己偏好颜色的衣服,甚至让周遭同事或朋友很容易就能猜得出你钟爱的色彩。也许你已经发现,不同的色彩会对你的心情产生不同的影响。一个人选择什么色彩的服装与个性有着密切的关系。因为这是和当时的心理活动状态有着一定联系的,所以,从每个人喜爱的颜色上多少可以看出他具有什么样的性格特征。

因为色彩在服装的外观上有着难以言喻的魅力,它不仅能表现服装的质感,更能表现出一个人的个性和风度,是一个人整体形象中最具情感特征的部分。

来看看心理学家们怎么说的——

喜欢红色衣服的男人

爱用红色的人,性格强烈,充满生气、活力,好胜心强,朝着成功的目标而努力,渴望过多姿多彩及丰富的生活。喜欢红色衣服的男人大都是精力旺盛的行动派,但往往缺乏耐性,一遇到挫折便会迅速地丧失原有的热情,情绪变化相当大。由于缺乏耐性,常常稍微不顺自己的意,就会生气。

喜欢白色衣服的男人

你会经常发现在男人们的衣橱里总有两三件白色的衬衫。一个常穿白色服装的人,应该是一个追求完美的人,但又有实际的一面。这种人内心比较寂寞,渴望引起别人的注意和关心甚至爱慕。

喜欢黄色衣服的男人

黄色是一个心灵能量的颜色,喜欢穿黄色衣服的男人对生活很乐观,永远都向前望,一生中大部分时间都只想找寻更大的欢乐。他会纯粹为了"变变花样"而试图改变自己的生活。他希望所有的人会重视及尊重他。

喜欢绿色衣服的男人

爱用绿色的人,往往充满蓬勃向上的活力,朋友较多,意志坚定,不易动摇或改变,偏重于理性,自视甚高,却又害怕独处,喜欢群体的生活,也因此你擅长与周围的人保持良好的和谐关系。

喜欢蓝色衣服的男人

爱用蓝色的人,很需要感情上的安稳,亦需要和平、和谐及满足的生活。个性也比较固执,坚持己见,对旁人的意见缺乏采纳的雅量,而且很有韧性,不达目的绝不罢休。即使遇到令人激动的事,你也能不为所动,保持一颗平常心;有较强的判断力,能看到别人不注意的方面。他们不擅长交际,所以只和志同道合的朋友自组一个小团体。

喜欢紫色衣服的男人

爱用紫色的人,大多数活在梦想世界中。同时也往往是一个观察力和领悟力都极高的人。对事物比较敏感,不太容易控制自己的感情,常常容易滥用感情,以致造成很多不必要的误会。

喜欢棕色衣服的男人

爱用棕色的人,可能生理或心理上正承受着压力。他们个性拘谨,自我价值观很强烈,很害怕因为外来因素的介入而必须改变自己。

喜欢黑色衣服的男人

从表面上看可能会给别人留下神秘、高贵以及专业的印象。在生活中往往表现出异常强烈的独立性,自我保护意识较强,内心深处往往潜伏着很强的孤独感,多是不善于社会交际的人,他们无非是用黑色来掩饰自己一筹,他比较有成就感,你可千万别瞧不起他,他自尊心特别强,什么事都顺着他、以柔克刚他就会被你牵着走!

不固定穿什么的男人

想穿什么就穿什么睡觉的男人,是个十足情绪化的男人。他个性变化莫测,没有定性,责任感较差。他的优点大于创造力和想像力,在工作上,属于开创型的人才,执着于自己的想法与做法,常常会创造出令人大吃一惊的工作表现。

这种男人可能比较花心,他也许会在同一个时期交往两三个异性,因为每一个异性都有他的优点和缺点,十分难取舍,问他到底爱谁?其实他爱自己的自恋型男人。

穿内衣加睡裤的男人

这是为了方便明天上班而预先准备的男人,而且还是个具有满腔抱负理想,却又被传统约束的妥协者。他很想放下一切往前飞,但是,在理智和责任感的压力下,又回到平时的轨道中。

他欣赏和爱慕的对象和自己个性有着极大的差别。他钟情于敢爱敢恨,潇洒自由的洒脱女子。若是选择结婚对象,常常以父母的意见为主,个性上十分矛盾,内心深处又期盼享受脱轨的滋味。

读懂他,掌控他

除此之外,他晾在晾衣架上,忘记收起来的内衣也能显示他的"性"格。

喜欢白色紧身内衣的男人,对自己的身材有超乎常人的自信,内衣越紧,表示他对自己的性能力越得意,你被满足的可能性就越低。

喜欢穿宽松型内衣的男人不喜欢卖弄床上技巧,而只会对你表示无限关注,他会让你觉得,你是世界上最美丽的女人。

内衣不拘一格的男人思想也不拘一格,他的思想自由,行为自由,而且容易被取悦——不管是对你还是他自己。

T恤类型在无意识中暴露个性

T恤是一种几乎适合所有人的服装,它充满青春气息,动感十足,尤其受到青年男女的青睐。

注意他穿哪个类型的T恤,便可从他对T恤的选择上看出穿着者的个性。

无花彩色T恤

选择没有花样的彩色T恤的人大多数性格比较内向,不爱张扬。他不善于自我表现,企图心并不旺盛,属于知足常乐型的人,他可以在人群中默默无闻,甚至可以甘于平凡和普通。但他们非常富有同情心,在自己能力许可的条件下会去关心和帮助他人,常有匿名捐款之类的举动。

无花白T恤

选择没有花样的白色T恤可以说是一种刻意。他们个性比较独立,他可能是保守派,是传统的拥护者,不会轻易地向世俗潮流低头。他们往往具有一定程度的叛逆性,尽管这种叛逆往往并没什么理由,而且他表现叛逆的形式也不是特别的明显和恰当,甚至是令人质疑的。

标语式T恤

这正是他们正在致力于的事业的写照,他们忙于奔走疾呼为自己赢得支持者,但心底里却隐隐希望有反对者站出来,他好大展辩才把对方驳个体无完肤。

这种类型的人颇具同情心,道德观念非常强烈。他们总是在寻觅和选择与自己理念相同的朋友,对与自己意见相左的人根本无法容忍。

第三章　衣着雅俗，识其品位——透过衣着读懂男人

印有明星画像、名字之类图案的 T 恤

喜欢穿印有明星的画像及与之有关的图案的人以追星族居多。他们对那些人有无限的崇拜，将其视为自己成功的自我设定，并且希望自己有朝一日能像他们一样。他们也很乐于向别人表达自己的这种心理。

印有学校、单位名称的 T 恤

穿着印有学校名称或大企业的标志装饰的 T 恤，告诉别人自己就读的学校或所在的公司。这类人对自己所在的单位和企业具有极强的荣誉感和归属感，希望他人知道自己的身份。他们希望能够以此为载体，吸引一些志同道合的人来进行交往。

印上自己名字的 T 恤

穿着印上自己名字 T 恤的人思想比较前卫，极易接受新鲜的事物，对陈旧迂腐的老观念相当排斥。他们创新能力强，喜欢自由自在的生活，不习惯受束缚。他们性格外向，爱结交朋友，为人真诚热情，人际关系非常好。他们的自信心很强，有一定的随机应变能力，懂得自我推销。

印有幽默语言的 T 恤

喜欢在 T 恤衫上印有一段幽默标语的人性格外向，非常具有幽默感的他们总是对生活抱有乐观豁达的态度。他们具有很强的表现欲望，希望自己能够吸引别人的注意，成为众人注视的焦点。

名胜景点纪念 T 恤

喜欢穿着著名景点的风景 T 恤的男人，传达出的是对旅游和冒险的热爱。这一类型的人对旅游总是情有独钟。他们的性格多是外向型的，对新鲜事物有着很强的接受能力，自我表现欲也超过常人，希望把自己所知道的一切都传达给他人。他们性格乐观，乐于助人，对别人对自己的看法不甚在意。

破 T 恤

选择这种另类 T 恤的男人,往往是为了标新立异,他们相对来说思想比较非主流,比较不成熟,他们打扮怪异往往是为了寻求一种优势或彰显一种无所畏惧的精神。他们会对自己在"战场"上留下的伤疤颇感自豪,还会若无其事地展示给别人看,他们不会在意别人不解或是嘲笑的眼光,有时甚至把那当作是一种赞美。

◆ **读懂他,掌控他** ◆

男人的 T 恤,可以说是男人的另一张脸。其实男人的 T 恤并不像我们印象中那么刻板,其中也包含着他们独具特色的表情变化,渗透了他的选择,他的个性,他的品味和追求。

当我们目睹中性风大肆掠过时尚舞台的时候,花样男人变得炙手可热。有趣的是,你不仅可以通过他的外包装来识别他的内在,更可以亲自动手,为他设计外包装。

领带系出的男人的个性

领带是服装中很醒目的佩件之一,系在衬衫领子上并在胸前打结,广义上包括领结。它通常与西装搭配使用,是人们(特别是男士们)日常生活中最基本的服装饰品。领带常能体现出佩戴者的年龄、职业、气质、文化修养和经济能力等信息,在当今的社会环境下,男士的形象就是走向成功的第一步。文雅、沉稳、温情是文明社会对男士的形象要求。领带作为男士服饰的一部分,充分体现了其丰富的内涵,为男士独特而深沉的内心世界做了最好的形象注释。

一个人选择的领带式样会反映出他的个性。那么,你能够由这些人物的领带式样,判断他们所属的类型吗?

喜欢无花纹领带的男性

喜欢红色无花纹领带的男性,非常乐于受到他人的注目,经常希望周围的人都以他自己为中心,属于虚荣心极强的人。此外,他非常善于言谈,但时常轻易承诺,却不太拿自己的承诺当回事情,因此,就算你认为他已答应你的要求,他也可能不会去实际执行。

与这种类型的男性商量事情时,如果不能很仔细地沟通,通常会导致失败。尤其是喝酒之后说大话是他们最大的特征。他在工作方面可谓是信赖度相当低的人。

此外,同样是佩带无花纹领带,但是喜欢蓝色或紫色的男性,属于罗曼蒂克的梦想型。他们有时沉迷于幻想,却不会实行,也是信赖度低的人。

喜欢斜线条领带的男性

这个类型的男性能顺应任何人,颇能引起他人的好感。在工作方面,这也是绝不会失败的安全型。

他们十分值得信赖,而且不会做无谓的冒险,也不想向危险或新的工作挑战,通常是不犯错就好的顺应型和保守派。

喜欢打条纹领带的他常识丰富、处事踏实,生活形态保守,十分重视自己的规则,并会一一遵行。

由于其性格谨慎、诚实,会受到他人的信赖。不过,他很少进行大冒险,有其顽固的一面,可说有长处,也有短处。

喜欢水滴花纹领带的男性

喜欢水滴样式或华丽之花纹领带的男性总是意识到周围的眼光,喜欢受人注目。喜欢水珠花纹领带的他不仅具有罗曼蒂克的思想,也是个稳重的人。重视朋友、家人,对他们相当体贴。

他常给人纤细、优雅的印象,内心对自己也十分自信,判断力也不错。

他不太会对别人下命令或下决断,结果往往会牺牲自己。

喜欢花纹华丽之领带的他好奇心非常旺盛,总是喜欢追求新事物,性格开朗、华丽,但被误解的情况也很多。许多这一类的人都有欲望不满足的状态。

此外,他也具有靡烂的一面,对工作或金钱都有松散的情况,容易受到负面的评价。不过,在约会的场合或宴会上,他很懂得制造气氛。

喜欢蝴蝶领结的男性

在结婚典礼或大型宴会等聚会以外的场所喜欢打蝴蝶结的人,表示自我欲非常强,属于骄傲的类型。

一般而言,蝴蝶领结会给予他人两种印象:一种是餐厅或饭店的服务生,另一种是高雅的贵族。喜欢蝴蝶领结的男性多半有强烈的自卑感。

这种男人对金钱、名誉的追求强烈,希望自己能与众不同。另外,年轻而喜欢打蝴蝶结的男性,可说非常热情,而且性格大胆。

这一类型的人对工作上的任何事都很神经质,拘泥于小事情。关于金钱方面,也是锱铢必较的人,属于吝啬型。当然,他有值得信赖的一面。但是,和他工作时颇难相处。

有卡通人物、动物图案的领带

领带上某处有卡通、动物图案的人,通常是希望用不同方式来显示自己。他们的心态不能用单纯的幼稚来形容。这类人可能曾有过不悦的经历或过于拘泥小节。他们的性格有点别扭,容易对别人进行苛刻的评断。

名牌领带

选择名贵领带的人一般有两种:一种是出于自己职业、职位、个人气质、品位等方面的考虑,选择适合自己的名贵领带,这些人通常在西装、衬衣、鞋子等方面也舍得投资,无论何时何地总是衣冠楚楚,穿着得体;另一种则是出于爱慕虚荣的心理,他们常常选择名牌标记印在显眼位置的领

带,为的就是使别人能够一眼看到,达到炫耀自己的目的。

爱用名牌领带的人总是非常在意别人的眼光。如果能若无其事地系在身上,表示工作上正呈现安定的状态。另一方面,如果领带和衬衫不协调,则表示他具有相当大的野心,但由于过于激烈的举动,往往会导致精神方面的不安定。

读懂他,掌控他

男人系领带的学问很多,他们依靠领带的花样表达出了不一样的个性:方格代表智慧;圆点代表倾慕;而斜条则代表洒脱;红色代表炙热,爱恋和关怀;蓝色代表含蓄、飘逸和诱惑、而黑色则代表深沉、稳重和执著。

将领带结打得规矩、端正的人,精神上非常安定,工作方面也很顺利,可以规规矩矩地处理任何事。相反地,把领带打得歪斜的人,代表他的精神状态很疲劳,处于消极状态,在工作方面也无法发挥实力。

此外,在商谈中频频摸自己领带的打结处,好像很在意的样子,这是此人不安、焦躁、紧张的证据。

关注一下他的鞋子

看男人不光要看面容和衣着,也要注意他穿的鞋。男人的品位如何就体现在男人的鞋上。

俗话说,男人的头,女人的脚。谁都知道女人穿鞋花样多,其实男人也不例外,原因是男士也要穿鞋,而且越来越多的男人知道:绅士风度始于足下。

他的鞋子如果是普通常见的型款

说明他经济条件一般。穿这种鞋的男人可能是对于生活非常有计划性,

喜欢精打细算的人。因为一个会过日子的人从另一方面来说很善于把最有利用价值的事情做到最好,所以这双鞋子会是很干净而且相对比较工整,这种男人结婚后一般很会持家过日子,也就是传说中的居家男人。他也可能将来并不能给你非常富贵的物质生活,但会给你一种舒适安宁的温馨生活。

另一种情况就是他工作条件一般化,个人生活混着过,朋友不多,交际不广,上进心不强的人。因为朋友不多,他也就没必要去打理自己,因为懒,他的事业也不顺,这样的男人的鞋子基本上是臭气熏天。

再有就是不拘小节不爱惜自己也不懂得爱惜女友的类型。这种人很可能是事业型,且是那种尚处于奋斗中的事业型,他爱事业如生命,不懂得享受浪漫,如果你爱上他,就要容忍他对你的漠视和对事业的狂热。

如果他的鞋是高档品牌货,保养得不错

那么他可能是个经济条件不错又有品味的人。就是传说中的事业成功型钻石王老五。另外的可能则是他爱慕虚荣,更可怕的是,他可能自恋非凡,极度爱惜自己的表面形象。也许他做任何事情都只考虑自己的感受,自私到极点。还有可能就是,这个幸福的男人后面已经有了一个爱他又天天照顾他的妻子了,这样的男人,你再喜欢也要放弃了。

重复购买固定式样鞋子的男人

这种类型的男人是很念旧的男人。对于自己习惯的人、事、物,总有一份深深的依恋,就算他的情人无理取闹、任性、孩子气,他也会以一种包容的心态去待她,直到她渐渐成熟明理。他的老朋友很多,对朋友十分讲义气,他会为朋友出头且适时伸出援助之手,让老朋友觉得他是个值得信赖的靠山。因此,你若是爱上了他,不妨多倾听他的烦恼,多体贴他的生活细节,彼此的情感要以稳定成长的方式进行。

节俭穿鞋的男人

买一双鞋子之后,他就非常珍惜它,希望鞋子能穿久一点,可以节省一笔置装预算。而他鞋柜中的鞋子,"鞋龄"都很长。在个性上,他是属于拘谨、放不开的保守型男人。在为人处事上,不够圆滑,常常会得罪人而不自知;在人际关系上,周旋的格局较小;在专业领域中,他会因默默努力,而有成功机会。因此,你若是爱上了他,小心!他可是一位"内心热情"的男子。第一次约会时,心中就对你有着无限的遐想,希望能早日和你变成情人,能一拍即合,亲密无间。但他那拘谨、保守的个性,又压抑着他内心,不敢向你表白。所以你不妨主动一些,多制造机会让他可以表白。

随便穿鞋的男人

这种类型的男人不在乎自己穿什么鞋子,乱穿一通。有的时候鞋子与衣服一点儿也不相配,哪怕是鞋子早已破损、式样过时,他也无所谓。甚至不穿袜子、袜子已破损、穿错,他都可以忍受。在个性上,他是个不拘小节的男人,常常眼高手低。私生活没什么条理,又喜欢做白日梦,相信总有一天自己可以一步登天,容易过着自欺欺人的生活。你若是爱上了他,会发现他的感情世界纷乱复杂,常常是忘记不了旧爱,又拒绝不了新欢。三角恋、四角恋纠缠一起,而当一切纷争引爆时,他会选择"逃开"。

爱穿正统黑皮鞋的男人

这种类型的男人习惯穿正统黑皮鞋,并且把鞋子擦得亮亮光光,绝对不能忍受自己穿双脏鞋子或旧鞋子出门。这种类型的男人,若是连休假或约会都习惯穿他那正统的黑皮鞋,你可要有心理准备,他肯定有不折不扣的大男人主义倾向,而且对母亲的意见十分看重。你若是爱上他,可别有想左右他的想法,他有一套属于自己的待人处事原则,绝对不会因为你而修改。

爱穿休闲鞋的男人

这种类型的男人是注重休闲生活和生活品位的男人。对于鞋子要求很高,不但要舒适,而且更注重鞋子的款式,还要搭配合适的服装。在个性上,他喜欢掌握主动权,主观意识强,对自己的要求很严格,对异性的要求更是挑剔。在生活上,是个有规律的计划者。和他约会时,你可以感觉到他是个十分体贴的好情人,态度温和有礼,言谈风趣幽默,他也是个十分了解自己喜欢什么样女孩的人。所以和他约会时,即使你不合他的理想,他也会很亲切,别以为他对你有好感,他只是有绅士风度而已。

另外看他放鞋方式也能看出他个性中的一些端倪。

晚上下班以后,拖着疲倦的身躯回家,在屋门口脱下了鞋子。他放鞋子的方法,是以下的哪一种呢?

鞋尖朝入口处排好

"先苦后乐型"。凡事都要准备万无一失,是追求完美的人。

他个性理智,会压抑内心感受,喜怒不形于色。他有极强的道德感,遵守礼仪,是遵守社会规范而行动的人。但是,这种人防卫的盔甲太过坚硬,即使自认为是为了社会为了公共利益而做的事情,也容易引起他人的误解。他们是精神分析学上的那种"自我相当强烈的人",也就是道德心和伦理感相当强烈,所以这种人最好稍微卸下肩膀上的负担,不然会活得相当累。

鞋尖朝进来的方向排好

他们同人交往十分注意方式方法,是能够取得社会平衡的人。在现实生活中,也是办事周到的人。就精神分析学来说,是"自我、超我和本我都取得平衡,调整得很好的人"。也会给人以成熟的感觉。

鞋还是脱掉时的样子

他们完全不考虑社会上的礼制和规则的类型,是以追求自我欲望为中心,做事不计后果的人。他们行动力强,但是个性比较冲动,喜欢自由奔放的生活方式。就精神分析上来说,是"本我较强烈的人"。

这种人是为了追求欲望而行动的类型,仍然持续幼儿时期的性格。如果往好的方向发展,当然很好;但是,如果往坏的方向发展,就会变成"任性"。但是,更加任性的是由同住在一起的人帮他脱的人。

第三章 衣着雅俗,识其品位——透过衣着读懂男人

比起随便一脱、也不摆好的第三种类型的人,更加任性。与其说是任性,倒不如说是被宠坏的小孩。

▶ 读懂他,掌控他 ◀

鞋子和穿鞋的习惯可以表示出男人的性格,其象征意义不仅仅涉及到鞋本身,也涉及到买鞋这一行为。比如从行为方面来说,固定购买同一式样鞋的人,往往有一种比较念旧和稳定的个性。穿鞋是可以表示一个人的生活条件、身份和性格的。

除了鞋子,还有什么更容易让男人露出"马脚"?有个电影名叫《闻香识女人》,不妨"看鞋识男人"。喜欢不同鞋子的男人性格各有不同,从他最不经意的选鞋和穿鞋习惯,你能更进一步地了解他内心深处对待生活和爱情的态度。

鞋子对于表达一个人的生活、精神面貌和性格所起作用的因素中还是占有一定比例的。当然,每个人的具体情况是不一样的,不能将鞋与人们的性格生硬地挂上钩,还须具体问题具体分析。女人对男人的鞋保持一点敏感,总是不会吃亏的。

帽子透露男人品位

随着时代的步伐,衣服饰品的实用功能已经更多地转移到时尚的功用上,帽子的功能早已不再局限于防寒、保暖,而是能够显示出一个人的品位、地位等许多方面的信息。它也可以作为一种装饰品,使一个人的个性得以展现在众人面前。

男人爱戴的帽子风格不同,其性格也各有千秋。

透过细节男人

爱戴礼帽的男人

戴礼帽的人其实有一颗自恋的心，都自认为自己稳重而有绅士风度。他们想给人沉稳和成熟的印象，而他们的行为处世也一副老派绅士做派。他们经常表现得热爱传统，喜欢听古典音乐和欣赏歌剧，有时他们甚至站出来反对那些他们看不惯的、自认为是糟粕的东西。甚至会上书政府明令禁止。

他们仍然生活在旧时代的才子佳人模式里，他们欣赏一个男人穿西装打领带，一个女人穿套装旗袍，对那些袒胸露背穿超短裙的女人不屑一顾。

无论在什么时候，他们所穿的皮鞋总是擦得锃亮，而且所穿的袜子也一定给人以厚实的感觉，即使是炎热的夏季，他们也讨厌穿着凉鞋和穿着拖鞋走路。

由于他们看不惯很多东西，所以他们心底很清高，有些自命不凡，认为自己是干大事的人，进入任何一个行业都应该是主管级的人物。可惜他们过分保守并且缺乏冒险精神，循规蹈矩，按部就班，因此实际成就并不大，事业也不是非常的顺心。

在友情上，他们的朋友会觉得他们保守、呆板、不容易掏真心话，不知变通，甚至城府颇深。他们的朋友多是表面上的泛泛之交，和任何一个朋友之间的友谊都不能保持应有的深度。他们有时也会试图努力去改变，但他们天生的性格使他们难以表达自己的心思，有时反而会弄巧成拙，适得其反。

爱戴旅游帽的男人

旅游帽纯粹是用来作为装饰的，既不能御寒也不能抵挡太阳的照射。戴这种帽子的人多半想以此来给人某种气质或形象；在某些情况下，戴上它还有别有意图，用来掩饰一些他们认为不理想或者有缺陷的东西。由此可见，他们可能不太愿意向人坦露真实的自己，凡事喜欢遮遮掩掩，不肯以

第三章 衣着雅俗,识其品位——透过衣着读懂男人

真面目示人,是善于投机的人。因此,真正了解他们的人很少,一般人看到的只是他们的表面。

这种人往往十分聪明,甚至可以说过度聪明,或者叫"精明",他们往往恃才傲物,自以为是,处事精明圆滑,在别人面前既唱红脸又唱白脸,结果往往适得其反,以为自己做得天衣无缝,其实别人早已看出他们是个不可深交的人。因此他们真正的朋友不多,即使有也多是在做表面文章,面和心不和。

在事业上,这种男人也惯用他们那套投机之术去钻营各种空当。虽然有时也会收到不错的效果,但终究不会有大的成就。

爱戴鸭舌帽的男人

戴鸭舌帽的人希望能给人以稳重、忠实的形象。他们严谨务实,特别注重实际,从不虚华,面对问题时,不会因为小节而影响整个大局。

他们自我保护意识强,处世老练,在与别人打交道时,喜欢兜圈子,即使把对方搞得晕头转向,也不直接说出他们的心思。这是因为他们想留给对方神秘的印象,不愿轻易让别人了解他们的内心。他们不是攻击型的人,但很会保护自己。他们很少伤害别人,但也绝不容许别人伤害他们。

在生活中,他们比较会敛财聚物,是理财型的人。他们不相信能不劳而获或少劳多获,而是恪守一分耕耘、一分收获的信条,艰苦创业,从不懈怠。他们认为他们所拥有的财富来之不易,所以他们从不乱花一分钱。

爱戴彩色帽子的男人

这类人对色彩敏感,清楚在不同的场合、穿着不同颜色的服装,应该戴不同色彩的帽子,属于天生会搭配且衣着入时的人。

他们喜欢色彩鲜艳的东西,对时下流行的东西非常敏感,每当出现新鲜玩意,总是最先尝试,是那种"敢为天下先"的人。他们希望人家说他们的生活过得多姿多彩,懂得享受人生,并且总是以弄潮儿的身份走在时代前

列。

同时,他们有着一颗不甘寂寞的心。他们精力旺盛、朝气蓬勃,经常邀请伙伴们一起玩耍,尽情玩乐。尽管如此,却也难以抚平他们那颗不安的心,他们的内心依旧充满空虚感。

对于工作,他们的热情和消极是成反比例的,这样有时会为他们带来一定的好运。当他们热情起来时,就像有使不完的劲,一旦感到无聊时,空虚感马上袭满他们的心头。

爱戴圆顶毡帽的男人

他们纯粹是一副平头百姓的派头。他们对任何事情都非常感兴趣,却从不直接表达自己的看法,即使有看法也是附和别人的观点,与其说他们很没主见,不如说他们对自己没有自信来得更真实。从某种程度来讲,他们并不是没有主张的人,而只不过是不愿随便得罪任何一个人罢了。

这种男人是个忠实肯干的人,追求平衡踏实的生活。他们不贪慕外在的浮华,追求生活的真谛。在他们平和的外表下,有自己执着的观点,他们相当痛恨不劳而获的人,认为付出才有收获。他们有着正直的金钱观,相信君子爱财、取之有道,他们从来不让不义之财玷污自己的手指。

这样的人对认定的每一件事情都会全力以赴,投入巨大的精力和热情。对于报酬,他们只拿属于自己的那一份。可以说,他们是以自己的美德赢得尊重的。

在选择朋友方面,他们表面随和,其实颇为挑剔,他们坚信"道不同不相为谋",因此除非对方和他们有类似的看法和观点,否则他们是不会考虑深交的。

总之,无论世界各地,当你出入任何一家娱乐场所或大型酒楼餐馆时,都会看到衣帽间的牌子,这说明帽子对于一个人来说,有着很重要的用途,它可以帮人建立某种形象,使人的个性在众人面前得以展现,所以,要了解一个男人就观察一下他的帽子吧。

读懂他,掌控他

从每个人戴帽子的方式,也可以观察出一个人的个性。

将帽檐往上或往后退,把额头露出来的人性格比较轻佻高傲,容易自满和放纵,日常生活无常理,缺乏恒心难有大成就;帽子用力向前拉,使眉毛和眼睫毛都被帽檐遮住,这种人的个性不是深沉而忧郁,就是暴躁火辣很难与人和平相处;将帽戴的端端正正,四平八稳的人的性格正直,富有进取心,做起事来认真细心肯负责任,不容易犯错;当帽子戴好后,再向左拉或向右拉的人个性活泼开朗,富有幽默感,是乐天派。

了解到这些方法后,我们就可以"以帽观人",一窥他们的性格了。

通过"随身包"解读他

随身背包是人的心性的写照。和他身上的服饰一样,随身背包同样可以显示出他的的个性气质,爱好禀性。随身背包的颜色、质地、款式、品牌,无不蕴藏着主人的情趣和境遇。

现下,随身包已经是男生最贴身的必备行头之一,其中放置的东东往往可以体现出背包人的一些生活习惯和兴趣爱好,甚至可以投射出这个时代的流行元素。

它们在一定程度上可以向外界传达人的个性信息,让外界通过随身包来了解它的主人。

喜欢大众化随身背包的人

他们的性格也比较大众化,没有什么特别鲜明的、属于自己的个性。这类人思想平庸、狭窄,成就不大。

喜欢独树一帜、标新立异背包的人

他们通常拥有很强的个性,看事情都能够从自己独特的思维、视觉等角度出发,凡事喜欢理性思考,经过分析后,再做出选择。这一类型的人通常具有浓厚的艺术细胞,喜欢我行我素,不被人限制,同时他们还具有敢冒风险的精神,有胆有识。如果不出现什么意外,自己又肯努力,将会在某一领域做出一定的成绩。

喜欢具有浓郁的民族风格、地方特色的随身背包的人

具有较强的自主意识,是典型的个人主义者。他们个性突出,往往有着与他人截然不同的衣着打扮、思维方式等等。他们在人际交往过程中,不善于营造和谐、融洽的气氛。

喜欢超大型随身背包的人

他们性格多是那种自由自在、无拘无束,容易与他人建立某种特别关系的人,但是关系一旦建立以后,也会很容易破裂,这或许是由于他们的性格使然,他们对待生活的态度多表现为散漫,缺乏必要的责任感。虽然他们自己感觉无所谓,但却并不是被所有人都能容忍和接受的。

偏爱休闲式随身背包的人

他们的性格平和,喜欢无拘无束,喜欢从事伸缩性较强、自由活动空间较大的工作。这类人大多懂得享受生活。他们对生活的态度比较随便,不会苛刻地要求自己。他们比较积极和乐观,也有一定的进取心,能很好地安排工作、学习和生活,做到劳逸结合,在比较轻松惬意的氛围里把属于自己的事情做好,并会小获成功。

喜欢把随身背包当成一种装饰品的人

喜爱这一款式随身背包的人,多是生活阅历比较浅,没有经历过生活磨难的洗礼的人。他们比较脆弱,一旦遭遇挫折将不堪一击,容易妥协或做出让步。不过选择这种包也说明这个人对生活的态度是非常积极而乐观的,对未来充满美好的期待。

喜欢中型肩带式随身背包的人

他们个性比较独立,但在言行举止等各个方面却相对比较传统和保守。他们有一定的自由空间,但不是特别的大,交际圈子比较狭窄,朋友也不是很多。

喜欢金属制随身背包的人

他们多是有较敏感的时尚观念,能够很快跟上流行的脚步,他们对新鲜事物的接受能力也是很强的。但是这一类的人,在很多时候总是吝啬于付出自己的财力、物力、情感等,而总是希望别人的付出能够多于自己。

喜欢中性色系手提包的人

其表现欲望并不是很强烈,他们不希望被人注意,目的是减少压力。他们凡事多持得过且过的态度,比较懒散。在对待他人方面,也喜欢保持相对中立的立场。

喜欢把手提包当成购物袋的人

他们做事急于求成,很讲效率,却没有一定的规则,很多时候适得其反。这类人性格多比较随和亲切,有耐性,满足于自给自足。在他们的性格中感性的成分重,做事有些喜欢意气用事。独立能力比较强,不太习惯于依赖别人。

随身包是公文包的人

能从侧面反映出包主人的工作性质。他们可能是某个企事业单位的普通职员或高层管理人员。选择公文包可能是出于工作的一种需要,但在其中多少也能透过一些个性的特征。这样的人大多办事较小心和谨慎,他们不一定非得要不苟言笑,即使是有说有笑的人也会相当严厉。当然,他们对自己的要求往往更高。

不习惯于携带随身背包的人

要分两种情况来分析其个性特征：可能是因为他们比较懒惰，觉得带一个包是一种负担，太麻烦了；还有一种可能是他们的自主意识比较强，希望独立，而手提包会在无形当中造成一些障碍。这两种情况有一个共同特点，就是都把随身包当成是一种负担，可以间接反映出这种人的责任心并不是特别的强，他们不希望对任何人任何事负责任。

读懂他，掌控他

仔细观察，从一个人的手提包中也能看出主人的某些性格。

比如，有的人将手提包塞得满满的，一旦要找某件东西，总是得把手提包翻个底儿朝天。持有这类杂乱型手提包的人多属于大大咧咧的人。这类人一般不会体贴人，不够谨慎，办事不可靠，工作不够细致。这种人易于接近，也易分离。因此。在工作中，具有高度责任感的人很难同这类人合作。

有些人的手提包里应有尽有：比如眼镜、镜子、梳子、首饰盒、指甲刀、电话号码通讯录等等。这种人往往很能持家，心地善良，对人体贴入微，并且富有远见，但同时也表明他过分拘泥细节。

有些人的手提包款式朴素大方，色调偏于温和静雅，包内的物品放得井井有条，层次分明。这种人大都有虚荣心和上进心。这种人一般办事认真可靠，生活有条理，善于待人接物，有组织才能。此外，这类人大都很自信，并且善于安排生活，对工作有高度的责任感。

此外，一个人手提包或手提箱的款式也能暗示出他的职业性质。总之，认真观注细节，你会收获良多。

第三章　衣着雅俗，识其品位——透过衣着读懂男人

喜欢的饰物透露出来的个性

都说男人是粗线条的，但是粗线条的男人也常有细腻的一面，他们经常把玩怎样的小物件？

喜欢红色饰物的人

他们个性积极进取，充满活力，朝气而又富有热情，对人生充满希望，不断激励自己迈向人生一个又一个的成功阶梯。即使跌倒，还坚强地站起来继续向目标挺进。总而言之，这类人喜欢在挫折中前进。

喜欢绿色饰物的人

对新奇的事物充满兴趣。对朋友多会表现为热心过度，帮助别人之时，常常给人留有好管闲事的印象，让人觉得不能忍受，惹人生气。但他是一个懂得享受生活的人。

喜欢灰色饰物的人

拥有很强的责任心，从来不会把分内的工作推给别人，无论多么辛苦也尽量独立完成，品味与众不同，并拥有自己的一套做人做事原则，不过有时做事过于激进，缺乏周详的考虑。

喜欢黄色饰物的人

向往过富丽堂皇的生活，重面子，讲究排场，并以此为目标激发自己不断上进，成功与胜利的祝贺经常在耳边，使其对人生充满期待。

喜欢黑色饰物的人

善于思考，思维清晰且具有很强的理性，乐于帮助人，同时又是一个理想主义者。

喜欢棕色饰物的人

重视名誉与尊严,总喜欢在平淡的生活中为自己设定目标,待人宽厚,从来不会和朋友计较过多,喜欢安分守已,是个平凡可靠的人。

喜欢紫色饰物的人

喜欢具有挑战性的生活,渴望刺激,懂得不失时机地表现自己的魅力,热情又好奇,总能让生活变得多姿多彩。

喜欢蓝色饰物的人

是个典型的实干家,具有很强的执行能力,喜欢出席各种社交活动,但此时要注意关心周围的人,否则可能会因为出席活动过多而忽略了对方的情感。

读懂他,掌控他

现代人越来越注意饰物的选择与搭配,随着生产工艺的不断提高,制作小饰物的材料日益多元化,花样也更丰富,因而为人们提供了更多的选择,同时也为它赋予了更丰富的内涵。而通过他身上配带的、手里把玩的小东西,可以准确地告诉你他是怎样的人。

手表透露出他的性格和观念

随着社会化程度的加深,"时间就是金钱"的理念越来越为大众所接受,而且激发人们创造出越来越多的财富。时间是一种无形而又抽象的事物,手表的出现将它转化为可视,于是时间与人们的距离越来越近,人们由性格支配的种种习惯不知不觉地体现在手表上。手表的样式多种多样,价格相差悬殊,而展现出的性格更是各具特色。

第三章 衣着雅俗,识其品位——透过衣着读懂男人

戴电子表的人

喜欢液晶显示型手表的人,在生活中多比较节俭,知道精打细算。而且他们的思维比较单纯,对简洁方便的各种事物比较热衷,而对于太抽象的概念则难以理解。他们在为人处世各方面都多持比较认真的态度,不是显得特别随便。外人很难进入他们的内心世界,更无法窥透到他们讳莫如深的喜怒哀乐,所以不愿主动接近他们。

戴机械表的人

具有很强的独立意识,有能力实现自给自足,而且凡事事必躬亲,不喜欢他人参与进来。他们性格急躁,喜欢从事那些马上或在极短时间内就可以见到效果的工作。讨厌不劳而获,也不喜欢轻而易举获得荣誉,他们追求的是用辛勤汗水换来的褒奖,所以对来自家庭的庇护、照顾以及宠爱常常采取排斥态度。

戴金表的人

通常有着丰厚的物质基础,可以过衣食无忧的幸福生活,这主要是因为他们具有长远的目光和打算,而且能够不为已经到手的蝇头小利而停下前进的脚步,通常能够成就很辉煌的事业。他们思维灵活,反应快捷,具有很强的判断能力;目光敏锐,能够透过事物的表面现象观察到事物的本质;讲义气,注重家庭和睦是他们的生活焦点。

戴怀表的人

终日紧张得马不停蹄,却能够在繁忙的诸多事务中挤出时间从事自己喜欢的事情,这说明他们有很强的自控能力。此外,他们的适应能力也很强,能够调剂自己的心态和生活习性以适应外界环境的变化。善于怀旧,喜欢收集老旧的东西。文化修养一般都很高,言谈举止处处显得高雅脱俗,为他们的生活蒙上了一层浪漫色彩。

戴潜水表的人

喜欢像潜水手表等这样的有一定高级感而且性能也不错的人,虽然不清楚是头脑派还是行动派的,但是可以确定的是他们一定是精力充沛的人。

戴显示不同时区手表的人

他的手表显示出世界各地不同城市的时间。虽然他计划到许多地方去,但实际上却什么地方也没有去。他是个白日梦高手,即使他在档案柜前查资料,心里也还想象着自己看到了异地一片片青葱。其实是否到过那些地方并不重要,他的"世界"手表给了他一个逃离现实的机会。

戴闹钟型手表的人

严于律己,不允许自己有半点的松懈,时刻准备奋力出击。他们在工作和生活当中按部就班,有一定的规律性和原则性。在向着目标前进的过程中,他们会制定出切实可行的计划,做到有条不紊。他们富有责任心,经常有意识地加强这方面的培养。还有出色的领导和指挥才能,具有领袖的魅力。

戴没有数字的手表的人

这一类型的人抽象化的理念较为强烈,他们擅长于观念的表达,而不希望什么事情都说得一清二楚。他们很在意对一个人智力的锻炼和考验,他们认为把一切都说得太明白就没有任何意义了。他们很喜欢玩益智游戏,而且他们本身就是相当聪明和智慧的。他们对一切实际的事物似乎并不是特别在意。

喜欢戴发条表的人

这一类型的人大多独立意识多比较强。他们自给自足,很多事情都坚持一定要自己动手。他们乐于做那些可以立竿见影就见到成果的工作,如干某一次体力活。他们最看重的是自己所获得的那种成就感,但在这个过程,他们又不希望一切都是轻而易举就获得的,这样反而没有了意义和价

第三章　衣着雅俗,识其品位——透过衣着读懂男人

值。他们并不希望得到他人过多的关心和宠爱。

不戴手表的人

有着强烈的独立个性,不喜欢别人在身边对自己指手画脚,也难以有人能驾驭他们。他们最喜欢干自己喜欢的事情,而且能够持之以恒。头脑灵活,善于随机应变,能够克服各种困难;乐于助人,身边的朋友通常很多。

有人一坐在桌子前就会马上取下手表,这样的人多是不想被时间束缚的人,将表放在可以很清楚看到表盘的地方的人,"虽然不想被时间束缚,但是又不得不好好做"的意识很高。

某些人有很多手表,可以根据衣服或者心情更换,他们很时尚很有钱被人羡慕得不得了,但是如果将和收入不相符的钱投入买手表的话就可以看成是相当虚荣的人了。

读懂他,掌控他

一个人对时间持什么样的看法,这很大程度上是由他的性格决定的,而时间对人具有什么样的影响,很多时候又通过所戴的手表传达出来。这两者之间有着非同一般的关系,所以,要想了解一个男人,就先从观察他的手表开始。

男人的手套体现他的性格

认真地对待手套是经典生活的象征。这不仅仅只是爱护自己的手,虽然这也非常重要。手套用得高级向来被视为是贵族化的、优裕的、体面的。手套讲究合体与柔软、当然这也就有了温暖,或许它会比打火机、手机、包等硬物更体现你本身。看见他的手套,或许像见了他的手及手姿一样。特别是从手上脱下来的手套,它像活的一样。固定了你手指的弯曲度、是真的像

有生命。而不戴时,也是一种装饰品。

戴白色手套的人

任何一种自我标榜都有欲盖弥彰的嫌疑,也就是说,这种人的所作所为并不像他所戴的手套一样洁白无瑕。

这类人好面子,有强烈的虚荣心,做事情采取急功近利的态度。希望少劳多得,甚至不劳而获。这种人与人相处时,言谈之间表现总是显得很开朗,好像自己是个心无藏物之人,实际上他所讲的话中水分特别多,喜欢夸大本身,比如明明是租房或分期付款买房,硬说成是一次性付款买下的,月薪不过三四位数,却说成五六位数;银行存款没有上千元甚至出现赤字,却经常告诉别人自己花大笔金钱出国旅游。

在工作和事业上,这种人也是采取急功近利的态度,想付出少收获多,甚至是不劳而获,专摘胜利果实。即使做了一点点事也想马上得到回报,总是希望投之以桃报之以李。因此,这种人没有耐心以踏实的表现去等待上级的赏识,时常转而走别的途径。在他们的一生中,注定要多次跳槽。

戴黑色手套的人

黑色的背景是沉静和神秘,在众多颜色的挑选中,如果一个人唯独选择黑色手套,这表明他是个稳健持重的人,不轻易表明自己的意见,他在考虑事情时总爱往消极的方面想。无论是在工作还是人际关系方面,这种人稳重的作风都会受到别人的称赞。但他有可能意识不到,在这个崇尚自我炫耀的社会里,他的存在很容易被忽略。

这种人亘古不变的个性从好的方面讲是稳重靠得住,说得难听点就是个顽固不化的套中人。这种人不是个寻欢作乐的人,灯红酒绿之地根本不会有他的踪影。他不是个追赶时尚的人,只有在最沉闷的会议室里才会见到他的影子。

第三章 衣着雅俗,识其品位——透过衣着读懂男人

戴色彩鲜艳手套的人

喜欢色调明快的人一般来说都是年轻人,当然也要因人而异。喜欢鲜艳色彩的人,他的性格特征也是相当突出的。总的来说,这种人为人豁达大度,对任何事情都持乐观态度,很少优柔寡断,遇到某件事情时会从不同的角度去看待,从而解放自己,使自己不受拘泥。他们也不去钻牛角尖把自己赶入死胡同,即使在遇到挫折时也会从好的方面想,认为这个世界多姿多彩,值得欣赏的东西太多了。况且条条大路通罗马,又何必为了一点挫折而使自己愁眉不展呢。

戴棉质手套的人

喜欢棉质手套的人是朴实无华的人,为人脚踏实地,如果能在街边大排挡吃同样美味可口的食物,就不会以数倍的价钱进酒楼或餐厅。在工作中,他不会刻意表现自己,但也不容许上司或别人忽视他对公司的贡献。只要他认为自己的劳动和公司赋予的酬劳是相当的,那么他们会一直在公司待下去。

在生活中,这种人对亲人朋友体贴有加,容易获得别人的信任,更重要的是他认为知足常乐才是人生的真谛。

戴丝质手套的人

喜欢质地轻巧的丝质手套的人,希望别人觉得他是个会享受人生的人,从而注重生活中的每一个细节。这种人热情奔放,追求物质,崇尚虚荣,所以他的整个生活都沉浸在各种名牌中,衣食住行全是使用名牌货,甚至他希望他所接触的人也具有一定的知名度。

当他的朋友指责他爱慕虚荣过于势利时,他对此供认不讳。他觉得人是分三六九等的,每个人都有自己的位置,自己生来就是该享受、有地位的人。这也会波及他对事业的追求,他特别注重自己的职位是否在工作中起到举足轻重的作用。这种人过于追求地位,以至于他对工作的热情程度不

高,不愿意关心能否对社会做出大贡献。

戴绘有图案花纹手套的人

如果是成年人戴着绘有花纹的手套,那他还是童心未泯,是个常常以游戏人生为乐事的人,从某方面说他是老顽童也不过分。这种人对周围的人也是一副乐呵呵的样子,他不会对任何人构成威胁。如果这种人是从事艺术创作行业的人,他肯定会取得一定的成就的,因为他的想象是奇特的。

有另外一种人,即使是寒冷的天气,出门办事时也不喜欢戴手套。显然,他们是有意志力的人,能够经受常人不能承受的压力。他觉得自己是办大事的人,所以无论他做任何事时,都保持应有的冷静,这也是他的人生哲学。这种人从不依附于人,坚持自己独立办事的本色。他一直坚持培养这种坚忍不拔的性格,相信天将降大任于斯人,所以他有向自卑和困难挑战并且最终战胜困难的勇气。

读懂他,掌控他

手套的款式多种多样,质量精美,如何选择手套视一个人的性格而定。面对柜台上琳琅满目的手套时,他会选择什么款式和颜色的呢?那就是你了解他的最佳突破点。

他用什么手机显露他的个性

兵家曰:知己知彼,方能百战不殆。每天面对他们,你是否能真正地了解他们呢?别着急,本书今天教你一招:从手机看男人。

手机的款式

喜欢功能简单、使用方便的普通机型的男人,易于沟通,朋友很多,朋友也给他们创造了更多的人生机会。但是,他们的从众心强,不知道什么是

第三章 衣着雅俗，识其品位——透过衣着读懂男人

自己真正的需要，经常迷失在朋友的意见里。在他们的头脑里没有明晰的原则，分不清自己的所爱，所以他们只有在朋友和家人的支持下，才能顺利恋爱。

为工作需要，用什么手机都行的男人，工作至上，只有工作着，才能感到自己的价值。一旦失去了工作，或者没有喜欢的工作，他们就会质疑自己的价值。敬业是他们最大的优点。在恋爱方面，属于那种慢热型，如果没有足够的热量擦亮他们爱情的火花，也许他们一直以为自己是一个对爱情生活很不注重的男人。

喜欢用滑盖手机的人，通常很积极，会对未来做很好的规划与努力。在旁人的眼中，他们的一举一动以及所用的手机都会表现出他是一个不平凡的人物。对待任何事情都自我分明，自我意识极强，同时向往一种破坏的快感。

喜欢追随潮流使用流行机型的男人，喜欢轻松自在、为人善良、真诚、爽快，喜欢赞美别人，包容别人的短处，有很多朋友，但是，他们的心思过于浅显，别人不是很重视他们。在感情方面，他们从小到大都有不少恋爱的机会，却没有一次能够长久，不能够深入发展，因为他们不懂得关心别人，不知道别人需要什么。

喜欢直板手机的男性，个性积极、充满斗志，对流行资讯感应敏锐，多涉事不深，情感世界丰富，很容易被打动。他们喜欢按自己计划行事，一旦无法实现便觉不顺心，会有猛烈反弹的举动。他们多数情况下不会直接用语言去表现，而是用行动来赞赏或抵制别人。

喜欢翻盖手机的男人，喜欢挑战自己，遇强越强。他们是具有丰富想像力并且害羞的人，能非常迅速地接受新生事物，愿意尝试新东西。

喜欢全手写或者旋盖手机的男人，他们有强烈的权利欲望，不会受任何外来因素的限制，随意手写驾驭机器的感觉对他来说具有无比的诱惑

力,而全键盘的便捷输入也使他显得与众不同。在爱情方面,他们有强烈的占有欲,绝对不允许自己的爱人有一点的背叛。

手机的颜色

喜欢用黑色的他看似老实忠厚,其实并非外人想象般老实,他亦有迷惑人的一面。他的安全感全部来自金钱,钱愈多愈觉得安心。黑沉沉的手机最附和他口味,因为他认为手机只求实用,外表并不重要,所以会吸引到懂得欣赏他内在美的有缘人。

喜欢白色手机的人,用"执著"两个字形容绝对没错,他执着于完美,不承认自己有缺点,因此最需要白色。使用白色手机并非表示他纯洁无暇,而是坦白和宽恕。他变得有能力面对真实的自我,在与情人的角力赛中不再担当失败者。

喜欢银色手机的他天生爱玩,对任何事物都充满兴趣,一刻都不能安静下来。他拥有双重性格,有时怕出风头,有时又怕太招摇,所以选择华贵而实用的银色最合适不过了,更有机会遇到多"银"的伴侣。

喜欢用金色的他是天生的勇士,面对困难绝不退缩。他很喜欢搞气氛,有他出现的地方就充满欢乐,可是有时又会毫无节制地搞个 party。金色可以缓和他火爆的个性,令异性觉得他更可爱。

蓝色属于沉郁的颜色,本来不适合多愁善感的人,不过配合具有忧郁美的他,却产生了"负负得正"的效果。多用蓝色手机,可找到内心真正的快乐,触发连自己都不知道的一面,心灵得到慰藉后,这份平静的美态更能吸引异性对他的注目。

对于他来说也会有如鱼得水的快乐,因为他总是喜欢挑战,喜欢刺激,不甘心平庸安稳的生活。

第三章 衣着雅俗,识其品位——透过衣着读懂男人

读懂他,掌控他

　　为什么会有手机?如果你将这个问题抛给身边的别人,那么除了得到他的讪笑外,或许你还会得到一些甜言蜜语。可是,你总是觉得,有关手机的问题,没那么简单……那么,有空的时候,拿出他的手机仔细观察一番,不是让你偷看他的来电记录,而是通过手机的类型对照他的个性。

第四章　本性难移，习惯识人

——透过习惯读懂男人

嗜好是了解一个人最好的切入点

男人视嗜如命，以吸烟为例，尽管科学家严重地警告说每吸一支烟令人缩短 5 秒钟的寿命，但嗜烟的男人依然悠然地燃烧生命。

男人重嗜薄情，以足球为例。大凡甲 A、英超、世界杯等降临，嗜球的男人们便绝情地大量制造"足球寡妇"。

在高科技时代，男人们又迷上电脑，于是，"电脑寡妇"又应运而生。在一位女士致网虫丈夫的一封信中，他如此写到：

"你有 1G 内存，就是存不了我俩结婚纪念日和我的生日；你宁愿在聊天室和'峨嵋大侠'、'白毛女'侃个不停，就是不愿和我多说几句；你宁愿半夜起床去回 QQ，但是白天我发的信息却常常遇上你手机关机；每天晚上等到深夜你才上床，一上床你就呼呼大睡不已；而且，手指还不老实地一个劲在我身上乱点，我的身子不是键盘，我的鼻子也不是鼠标；没有办法交流只好用文字去沟通，但你宁愿去浏览素不相识的人的主页，就是不愿看一看

第四章 本性难移,习惯识人——透过习惯读懂男人

你最亲近的我写给你的信……亲爱的,我仍爱你,但你总不能连吃饭也要我通过 E-mail 来叫你吧?我们应该明白我们彼此的责任和感情,难道虚幻的电脑世界比我们在一起更精彩吗?"

其实不明白的是女人。正因为男人很清楚他的责任和感情为何物,他才执迷不悟地坚持他的嗜好。男人活在嗜好中才是最精彩的。

生命之于男人是一种责任,而感情之于男人更多是对女人的一种承诺。两者都强制男人要付出而把自己的搁置起来,只有嗜好是完全属于男人自己的。

嗜好是男人在生命与感情中唯一的一块自留地,他在上面可以肆意耕耘种瓜得瓜种豆得豆,甚至可以吸烟得肺癌酗酒得肝病。要为男人的嗜好下一个注脚,就是四个字,随心所欲。

能供男人嗜好的东西天高地阔包罗万有。肯花大成本的可以迷上开飞机;成本小专供平民百姓的可以打扑克下棋打麻将种花养鱼;完全不花成本的可以逛街看靓女,等等。男人寻找嗜好,就像进入了人生的超级商场,精美货品应有尽有,丰俭由人,你尽可以按自己的性格爱好能力随意挑选,没有人会干预和干扰你,逛超级商场的快感就是男人嗜好的快感。

男人一进入自己的嗜好可以旁若无人原形毕露地张扬自己的个性,这就是为什么嗜球的男人在观赏激动人心的球赛时总是张牙舞爪或沉重叹息或高声喝彩,这是因为此时男人的情绪阀门全部打开,喜怒哀乐骂自由表达,更是因为球场上你死我活的拼搏高度满足男人那种竞争好胜的心理要求,而这种要求在社会上在情感里是通常难以实现的。

男人的性格在嗜好中自由展现,车是男人的一大嗜好,但是以为车之于男人仅是展示实力提高身份,那就错了。男人的实力和身份是出于社会的要求,是为别人而设并不是属于他自己的。男人天生有征服欲和控制欲,男人爱车完全是为了满足这种欲望。一个人钻进驾驶室里,操纵着生命的

方向盘,让力量和速度完全受个人意志的控制,还有什么状态会比这个时候的男人更男人?还有这样的一些男人,可能是因为自身条件所限泡不到靓女,或者是家有娇妻但不如己意,而社会和道德的规范又令男人不能满足欲望,于是上街看靓女便成为一大嗜好,既不花成本又不受制约。这时候男人们可以让自己的灵魂出窍,为所欲为地从感觉上占有任何一个他喜欢的漂亮女人。男人在嗜好中可以完全自我,嗜好中的男人才是原装男人。

嗜好也是男人在生命和爱情中退守的唯一一道防线,事业失败和情感失落的男人会躲进嗜好里获得精神上的平衡。因为在嗜好里,无论什么样的男人都一律平等,所有人都能在自我满足之中拥有自信和自尊。很多人都认为男人之所以结婚是因为他需要有一个有安全感的窝。其实男人真正的归宿是他的嗜好,因为婚姻也会有变数,家庭也有烦恼,唯一只有嗜好才能让男人自由地把握自己而获得真正的安全感。嗜好与男人同生共死,白头到老,所以男人们甚至说,养子防老还不如养嗜防老。

嗜好中有男人的真实。嗜好有好有坏,从嗜好中也可以辨别男人本质的好与坏。无数道理去教女人们怎样与男人谈恋爱,就是没有一个教义启发女人要从男人谈恋爱,就是没有一个教义启发女人要从男人的嗜好中去判断男人值不值得爱。这一点必须予以补充。

读懂他,掌控他

在西方不少青年男女中,你有你的圈子,我有我的游戏。有冲突的时候,你玩你的,我玩我的,彼此更多一些独立空间。而我们历来对彼此接纳的要求度显得更高一些,要求彼此融入得更加密切,对自己喜欢而对方不喜欢的,我们会试着减少,而对方喜欢自己不熟悉的,我们也会试着去尝试,慢慢融入彼此的生活。不同的方式其实都是为了一个相同的目的——让一起的生活更有意思、更加长久。

第四章 本性难移,习惯识人——透过习惯读懂男人

所以对于他的嗜好,如果不能改变,那就一起玩吧,也许两个人一起培养的嗜好,更能玩出花样来。

睡前习惯了解男人

男人在大多数时间里都把自己深深地隐藏起来,让人无法窥探他们内心的秘密。不过百密必有一疏,男人在临睡前那短短的时刻里,他们最自我的生活方式、心境均表现无遗。

睡前会先去泡一会酒吧的男人

他是个心情起伏落差颇大的男人,喜怒哀乐皆鲜明。不过为了让大家看到他的成熟内敛,他会悄悄地隐藏自己的情绪,而到酒吧里宣泄出来,寻求心理上的平衡。

对于爱情,他有着两极化的原则:不排除一夜情,但仍会交往一个稳定并要谈婚论嫁的女子。他需要固定的关系,来让心情有所依恋,但短暂的激情又是他另一种情绪的出口。所以当你爱上这种男人要有心理准备,他是个跟着"心情"和"感觉"走的男人。

睡前爱看电视的男人

他是个爱面子又有点空虚的男人,他在工作上力求表现,希望能一鸣惊人,获得大家的鼓励和羡慕,所以会以十足的毅力和努力来充实自己,在别人眼里他是个十足的工作狂。尽管他在工作上或是自我期望上,都有着强烈的优越感,但当一个人时,却有种说不出的空虚和寂寞,因而以多姿多彩的电视情节,来排遣自己的空虚。

对爱情有着丰富的想象和标准,他是个心动之后要考虑很久才行动的人,除非对方是个完全合乎他标准的梦中情人,他才会抛开面子,积极主动

地向她示爱。

临睡前爱吃宵夜的男人

他有颗脆弱而敏感的心,在工作或人际关系上,情绪会有压抑、隐藏,无法宣泄出来,长此以往他会习惯性地靠一顿丰富的宵夜来满足自己受委屈的心。如果你爱上这样的男人,不妨做他温柔的倾听者,让他舒服地诉说,让他把心中的压抑倾泻出来。

对于爱情,他希望另一半不要是女强人,或会控制或批评他举止的人,因为喜欢温柔小女人的他,渴望自己敏感的心能遇上一个体贴的爱人,彼此平和相恋相许。

他是个企图心十分旺盛的男人,对于自己的期望很高,对于生命更充满着自信心,希望终有一天能达到自己的目标。爱上这样的男人,你要有心理准备,他是很难被改变的,因为他有自己的想法,且坚信必定成功,不过如果你希望他有所改变的话,必须要以柔克刚的态度和充分的理由,让他心服口服后,他才会对你刮目相看。

对于爱情,他喜欢自己扮演"猎人"的角色,如果看上了某个美丽的"猎物",他会运用各种方法去追她,所以你千万别主动追求他,令他只会觉得你没有一点挑战性,让他失去追求的冲动。

睡前看书又听音乐的男人

他是个既按部就班又内敛的男人,对于自己未来的方向,心中早已有了蓝图。对生命有着热情,对工作也相当执着,最重要的是,他会反省自己的优缺点。你爱上这样的男人,只要细心经营彼此的感情,除了日常生活要培养默契外,心灵的成长、对事情的判断等,都需要你平时就用心多看书,多和他讨论,千万不可停止成长,最后会令他忍无可忍而离开你。

他是个讲究品味的男人,爱情的质比量重要,宁愿和相爱的人天长地久,也不愿交一大堆女朋友来满足自己的虚荣。

第四章 本性难移,习惯识人——透过习惯读懂男人

睡前有洗热水澡习惯的男人

洗澡可以让人放松身体,而且对良好的睡眠也有益处。这类人比较注意讲究清洁与舒适,他们喜欢这样干干净净、轻轻松松的钻进被窝。在日常生活中,他们的谈吐举止通常都表现得温文尔雅,因而较容易获得别人的好感。他们在工作中总是有条不紊,并能使一些麻烦的工作变得轻松愉快。

读懂他,掌控他

睡眠是消除大脑疲劳的主要方式,是人们每天都要做的事情。而在睡觉之前,人们总是要为正常的睡眠做心理准备,尽可能地让自己平静下来,听一段优美音乐,或用热水泡泡脚,或在室内来回走动,进而使自己感觉疲惫。

心理学家认为,通过人在睡觉之前的行为习惯,可以了解他们的真实性格。再精明的男人,也有放松戒备的时候,你应该抓住机会,在他放松警惕的时候多多观察,才能更真切地看透他。

有机会参观一下他的房间

男人一天到晚像骑士一样戴着副铁盔东奔西突,根本看不出他们的真面目。但是就如同一身金钟罩的家伙,他身上照样也有最柔软的罩门。男人最柔软的部位就是他们的卧室,在那里,你会看到各种各样的大男人面具后的真实表情。

把卧室当办公室

如果这个男人最私密的空间里仍然充斥着无穷尽的工作,那么他无疑在事业领域非常优秀,不过太优秀的男人都容易自恋,他生活在与世界隔绝的、只有他自己和工作的另一个空间里。让工作狂狂热地爱上女人恐怕很难,在这样的男人眼中,女人要么是洪水猛兽,要么就是他喜爱的一件东

西，阿猫阿狗均可，仅此而已。

虽然工作狂类型的男人很难搞定，但是仍有很多女人为此前赴后继。很多女人就是带着一种殉道的心情嫁给那些被工作麻痹了神经的家伙。

如果两个人都是工作狂，那么没有什么比两个工作狂的爱情更加完美了。如果恰巧你不是，你也要试着去"以毒攻毒"，恐怕只有你比他还忙，才有可能让他因为有点发蒙而停下来好好想一想。

卧室像香闺

他的卧室比你的都要精致整洁，梳妆台上面堆满了胭脂香粉，床上是鲜艳的花床单，窗帘是白色的带流苏的轻纱，还充满了香气……有谁不小心坐在了床沿，他立即会去拉直弄皱的床单。这样的男人的阴气太盛，没有阳刚之气。他们往往敏感而脆弱，对艺术充满了热忱，喜欢带男人气的女人。

其实比起那些邋遢的臭男人，他有太多优点，和他在一起你简直太省心了。只是在此基础上，你最好适当为他添置一些阳刚气的摆设中和一下气氛。

卧室像垃圾间

这种男人从来都不收拾，家里尘埃满布，来了客人几乎找不着地方坐，家里从不开窗见太阳，推门进去就有一股异味。这样的男人没有多少情趣可言，他们对生活毫无见地，而且责任心也不强，在某些方面，他们还没发育成熟。

如果你看上了他，也许你需要花一生的时间和他斗争，谁让你爱上了这样的邋遢男人呢？你要在最开始就对他发起猛烈的战争，绝不可让泛滥的母性遮住自己的眼睛！务必要让他从你们俩认识开始就养成从小没养成的整洁卫生的习惯。

卧室像迷宫

他们的卧室同样也是一片凌乱，但是乱中有序。比如，音响书籍挤作一团,有的都被挤在了地毯上,墙上又是镜框又是各种招贴画,但是你仔细留心就会发现,他的东西都是按他自己明了的类别错落放置,所以看起来虽然杂乱,但是仍有章法,他也可很顺利地在需要时找到它们。

这样的男人就是属于那种"蔫坏"型的。他非常独立,有自己的一套生活逻辑。

与他在一起,你一定要放弃改造他的想法,与他最好的相处方式是给他自由空间。你如果看不惯他的凌乱,帮他收拾他的东西,反而破坏了他原有的秩序,他对自己的东西的位置充满了严格的界定,搬动了他的东西,就是撼动了他的世界。

卧室当健身房

把卧室做成健身房的男人是超级完美主义者,他们对身材的追求近乎苛刻,当然他们同样能通过一套复杂程序将爱情设计进去。他们都是典型的大男子主义者,如果他们对自己的身体要求都如此苛刻,那么对女人就更不用提了。

完美主义者其实都有一点自卑,不过正是这一点推动他们不断完善自我。如果想让他们对你动心,你要足够强悍。

对这种主动进攻型男人来说,千万别主动,他们喜欢驯服一个小野猫。你不妨给他几鞭子,再发几声嗲然后跑掉,不过如果你真的中意他就不要跑太远,要在他爪牙所及的范围内,然后你就等着瞧他身上燃起的熊熊征服欲吧。如果你没有足够的野性和灵性,可不要招惹这些家伙。否则只会引火烧身。

卧室像书房

在枕边放满书的男人,一般都是思想力超强、行动力较弱的人,他们原则性强,过于相信知识的力量。他们拥有丰富的知识、深刻的见解,懂得生活趣味,善于规划人生。与他相处如沐春风,在他身边绝不会有冷场。

虽然他对生活的控制力可以达到70%,但是过于理智会使得他们看起来似乎缺乏活力,过度的思想妨碍了行动。过于嗜书其实也说明自信心的缺失。

他们也有完美主义的倾向,甚至有时为了避免不完美的结局,他们往往宁可停止追求。

他们就是传说中梦想完美爱情的男人,如果你真的爱上他,最好主动出击,并做小鸟依人状。很多时候,当他逡巡不前时,你要主动踏上一步。同时还要小心伤了他有点书呆子气的自尊心。

把卧室当主题公园

你进了他的卧室,会发现好像进入了一个主题公园,飞机模型摆满了整面墙、一书柜的爵士乐唱盘……恋物癖的男人,其实在幼年都受过某种不同程度的伤害,所以,他们将兴奋点转移到更容易控制的物品身上,并从中获得安全感。

你进入他的生活其实就是一种解构,你要么做他的附属品、他的第二爱好,要么把他从越来越痴狂的收集中拯救出来,或者也把他当成收集品的附赠。

看住他的眼睛告诉他吧:"有个爱好当然很好,但世界上好玩的还很多,比如爱情……"

把卧室当枪械室

他的卧室充满了血腥的味道,墙上挂着军刀,桌上摆着骷髅,床单是骷髅旗,窗台上摆着头盔……

其实这个男人是个很软弱的人,他这样做无非是想给自己一些心理暗示,让他恍惚中也有一种"壮士"的感觉。但如果他的书架上都是一些比较血腥的书籍,你则要小心了,也许他是个嗜血动物,崇尚暴力。

他们往往都曾有自己的远大理想,但残酷的现实让他无从实现理想。

第四章 本性难移,习惯识人——透过习惯读懂男人

他们性格很不稳定,但因为繁杂的工作奴役,让他们被迫戴上成熟内敛的面具,在爱情上,他们是感性的,需要固定的关系,阅读恐怖书籍,原来是一种挑战,后来是一种偏执。

在他成为一头野兽之前,你要用爱唤醒他,破除他那些暴力美学。你尽量将他所崇尚的那些行为贬低为肮脏丑恶,并告诉他什么叫真正的女人心中的男子气。

因为大部分这样的男人的暴力情结都是叶公好龙型的,一旦发现无人喝彩,他们会自动撤下那些恐怖的东西。

把卧室当唱片间

如果他的卧室里摆满了发烧音响,说明他是典型的"音乐虫子"。一个喜欢在音乐中入睡的男人,喜欢自由随性的生活,无法忍受一丝一毫的压抑和约束。当然他们绝不会非常极端,面对糟糕的境遇,往往会勉强忍耐,但最后还是会选择离开。

他已经精确到根据不同心情选择音乐的地步,而且他们也会按照音乐的结构和节奏安排自己的生活。其实在他的内心深处非常渴望得到别人的肯定。

总的来说,他是那种身体健康、感情丰富的合格情侣,即使偶尔有些荒唐的春梦,也大可不必计较,那只是可怜的性幻想而已。只是不要把他的一时忍耐看成理所当然,就像CD里可以有比较烂的歌,但如果整盘都是烂歌,他就会毫不犹豫地换掉。

读懂他,掌控他

事实证明,把袜子到处乱扔的男人和把袜子按颜色放好的男人是两种不同的生物。后者把挑剔当成乐趣。对你的最高期望就是整洁。

比较而言,一个屋子里乱七八糟的男人更像男人,他也许散漫,但是思想开放,对你的要求也不局限于家务。不过,如果他的屋子里连一个像样的

扫把和一个擦鞋刷也找不到,这个男人极有可能非常不成熟,或者很懒。

他喜欢什么类型的运动

众所周知,运动锻炼有助于保持身体健康。但鲜为人知的是,人的心理健康状况也受运动的影响。

一个人喜欢做什么运动,往往会反映他的"人际关系"以及"工作态度"等讯息。

所以下次当你认识一个新朋友时,可别忘记了问他"你最喜欢什么运动?"然后再慢慢印证他的"生活形态",保证会有意想不到的收获。

喜欢打篮球的"哥儿们"

喜欢打篮球的人多半具有强烈的团队精神,他们热衷的不是运动本身,而是参与所得到的乐趣。

如果你的男朋友最爱的运动正好是打篮球,劝你最好先做好心理准备:他那些哥们儿在他心里的分量可能会比你"重"那么一点点:也就是说女朋友的话可以不听,哥儿们的话却必须照办。"没法子,谁叫他是我兄弟"。

若非你非得与他的兄弟争排名,那大概哭成"桃子眼"都没人理,还会被贴上"小气女人"的标签。

好在,除了"哥儿们比女朋友重要"这小毛病以外,喜欢打篮球的人通常人际关系都是蛮不错的(他们已被锻炼得很有合群观念),而且工作起来也会百战不懈。一次做不成会加足马力再做一次;就像在球场上,第一次球没进网,多半会试图再补进一球,直到得分为止。

第四章 本性难移,习惯识人——透过习惯读懂男人

迷恋高尔夫球的"挥杆族"

很多人以为爱打高尔夫球的人也一定会热爱大自然,其实不然,许多挥杆族打球的时候只看得到小白球,完全没有大自然。众所周知,打高尔夫的人必须早起,原本早起是好习惯,偏有些丈夫(男友)会以此为借口逃避履行义务,使不少太太(女友)成为了"高尔夫寡妇"。要重就获得幸福有两个法宝:一、一起去打球;由于球伴难觅,是有些男人能忍受女人的烂球技的;二、自己去找乐,与其"对牛弹琴"不如"放牛吃草"。

在所有运动中,喜欢高尔夫和保龄球的人都有一个共性,就是喜欢和自己比赛,自我突破的欲望特别强烈,真正让他们着迷的不是"挥杆的乐趣"而是"战胜自己的快感"。除了这特性以外,打高尔夫的人挥杆时多半会选择三个"最有利的位置",同样,工作时候他们也会选择一个对自己"最有利的情势",不会贸然行事的。

爱踢足球的"防御者"

一般来说,爱踢足球的人攻击性都比较强,最痛恨别人侵犯他的领土。因此,工作时候,他们会清楚划出自己的职权范围,最讨厌有人抢走他们的功劳。谈恋爱的时候,他们会昭告全世界"这是我的人",绝对不允许有人抢走他辛苦追求的女友。

爱打壁球的"发泄者"

打壁球不但能健身而且可以宣泄上班时候积累的不快,有益身心平衡。正因为壁球有发泄效果,让许多自觉被管得死死的人越打越来劲。对喜欢打壁球的人最好不要给他们压力,以免有一天他们受不了了,会把你像壁球一样砸向墙壁。

爱打桌球的"研究生"

大体上说,喜欢桌球的人都属于"智慧型"运动员,他们会为了打好球而参考许多书,观摩许多录像带。

或许是花了太多精力去研究打法,绝大部分爱打桌球的男人会很注意自己打球的姿势优不优雅,技巧纯不纯熟。打球时候只在乎姿势好不好看的人,交女朋友时候也很谨慎,因为他们脸皮特别薄,深怕被别人看笑话。

爱上健身房的"自恋狂"

通常喜欢锻炼肌肉的人都有点自恋倾向,他们最大的乐事就是向人们展示他们傲人的肌肉。

爱潜水的"固执家伙"

在所有休闲运动中潜水大概是最麻烦的一种,不但要拜师,而且只有取得执照以后才能下水,要想欣赏到美丽的海底世界还得背负沉重的氧气罐,身穿密不透气的潜水服。能够忍受这么多麻烦而不打退堂鼓,热爱潜水的人在爱情上都有点"固执",爱上了就不回头。他们违反原则的事不答应,投机取巧的事不做,做事一丝不苟,不强人所难,只求能自得其乐。

爱散步的"耕耘者"

走路可以说是最不时髦,最不激烈,最不希奇,加上最不花钱的运动了。但是,它却是最有益的运动。一般来说,喜欢走路的人多半很有耐心,对自己的做事能力也很有信心,他们无论做什么都会对自己说"我能做得到"。就和走路一样,喜欢走路的人是最不爱出风头的人,更不爱引人注意。假如你的男友是一位喜欢走路的人,千万不要小看他,他的成就可能会出乎你的意料。

读懂他,掌控他

喜欢跑步、游泳等单人运动的男人,喜欢独处,并享受其中。喜欢足球、篮球、棒球等团体项目的男人,喜欢竞争——不管是在运动场上还是事业与生活中,喜欢随时随地与周围的人一决雄雌。那些根本不喜欢运动的男人,喜欢独立思考,敏感。

第四章 本性难移,习惯识人——透过习惯读懂男人

他有哪些坏习惯

常说人无完人,金无足赤,人从诞生之日起,各种习惯就开始或早或晚地在人们的大脑中扎根。那么他有哪些坏习惯,如何通过他的这些坏习惯来一眼看透他呢?

拖延成性

跟人约好两点见面,两点一刻还见不着他人影,三天的工作总要四天才能完成,说他没有能力吧,其实他能力也不比人差,有时还能冒出点让人刮目相看的小才华,但他就是时间观念太淡薄。这样的人生活多半没目标,得过且过,做一天和尚撞一天钟。

不愿倾听

不论是生活还是工作,都离不开交流。交流无外乎他说你听或你说他听。可是有些人就有一种习惯,只可以让别人听自己的,他却很少听别人的。与这样的人在一起,你只有听他讲的分,真可以说没办法交流。时间长了,这种习惯让他自以为是。自以为是的结果就是停滞不前,最终自己把自己打败。

懒于改变

这样的人总是喜欢走老路,因循守旧,做什么事情总是老一套。以前的方法未必就有效实用,他也明白得很,但是他总是懒得改变,因为习惯的力量已经让他对之前的行为方式轻车熟路了,找新路走他会觉得好累。其实,在他冷静的时候他也知道他应该有所改变,可是一到关键时刻就向自己的习惯缴械投降。一说到这个问题,他会有一堆理由等着你,总之,改变对他来说就是灾难。身上的筋许久不抻就缩成一团了,不思改变的人恐怕是没

有出路的。

不可取代

有些人总是以为自己的作用大得不得了。总以为他自己举足轻重,地球离了他就不转了。有这种习惯的人通常缺乏一种危机感,一旦危机来到眼前,就是哭天抢地也来不及了。

斤斤计较

这种人有了事情斤斤计较,不仅计较多少报酬,还计较别人的态度,甚至念念不忘别人猴年马月曾经因为一件芝麻绿豆大的事还得罪过自己呢。究其原因那就是没有宽容的心态、博大的胸怀。这样的人或许会得到一时的利益,但必定是因小失大,捡到芝麻丢了西瓜。

不动脑子

有些人说话办事不动脑子。报纸上曾经多次报道街头兜售假元宝得逞的案子,被骗的人大脑无一例外地缺根弦。股神巴菲特有一句名言:他不相信报纸怎么说,只相信常识是什么。有的人喜欢人云亦云,没有自己的主见;有人做事从来不动脑筋,随随便便。这确实省了不少"麻烦",但在关键时刻有时会让你付出惨痛的代价。

缺少准备

有些人总是习惯于临时抱佛脚,比如要考英语了,就弄两个通宵;会上要他发言了,站起来结结巴巴,不知说什么好;要评职称了,赶紧央求别人发表文章的时候署上自己的名字。

有一句话说"机会是留给有准备的人",这类缺少准备的人,平时没有知识、才干、心理素质上的储备,所以即使机会降临,他们通常也把握不住。

尽是幻想

有的人平时不学习、不看报、不储备知识、不苦练"杀敌"本领,可是做起事情来总是希望一鸣惊人,那只能是空中楼阁。既然没有实力,又想成功,唯一的办法就是靠幻想。他们总期盼天上掉馅饼。要知道,自信没有基础就成了幻想,没有根据的幻想是靠不住的。

人有幻想是好事,但不可过多,应在平时的工作和学习中,多积累自己的知识和能力,少幻想多做事,少评品多践行,让周围的人认可你的才能,自然而然你的机会就会到来。否则意想不到的事情来临时,往往就有一种措手不及的感觉。

害怕冲突

走向工作岗位,绝大多数人都是想干好工作的。工作的同时有一件事是躲不掉的,那就是跟人交往。衣分五色,人分五等,一旦跟别人有"过意不去"的时候,一味怕事,怕冲突往往适得其反。在现实生活中小心翼翼当然好,但如果一味地迁就逢迎,做任何事都不敢越雷池半步,这也不敢说,那也不能做,那么事业必定是一团死水,毫无生机。

做任何事都要面对矛盾和冲突,但不要主动挑衅。人不可以无事生非,但也不可胆小怕事,要学会没事不找事,有事不怕事,如果实在躲不掉,就要勇敢面对。

容易沮丧

有些人遇到困难,总是心情沮丧,好像这个世界就是跟他过意不去。在单位不得志怪领导不赏识,学习成绩不优秀怨老师不好好教,收入没有他人多嫌工作没前途,凡此种种,一大堆不良情绪积累下来,不沮丧才怪呢。

要知道,世界不会因为谁而改变。当你不能改变世界的时候,就要主动去适应它,只有这样才有可能实现你的人生目标。

倾倒"垃圾"

垃圾是情绪中给人以不良影响的东西。有些人一有事情就喜欢跟别人倾诉,这种倾诉是必要的。然而,一旦不良情绪的倾诉成了常态,不倾诉就不能调整自己,这就有问题了。倾诉之后他说完舒服了,可是如果他的倾诉

里尽是抱怨或者愤恨,对于他人而言无异于垃圾情绪。如果他动辄向他人倾倒垃圾情绪,那么想必他的人际关系也不会有多好,谁对于祥林嫂不是敬而远之呢?

缺少恒心

做什么事情都是不容易的,都是需要时间和汗水的。爱迪生就说过,他的成功中百分之一是天才,百分之九十九是汗水。可是有些人却缺少这种持之以恒的意志品质。古人说:不积跬步无以成千里,不积小流无以成江海。就是告诫后人持之以恒的道理。如果他做起事来总是三分钟热度,三天打鱼两天晒网,那么必然不会成什么大器。

读懂他,掌控他

男人可以有很多坏习惯,抽烟、喝酒、不顾体面、不讲卫生,换下来的臭袜子随地乱扔,脏衣服起码堆3天以上才会洗……这些都是生活小事,却是能影响男人和女人的感情大事。对于这些生活习惯,男人认为是无关大局的琐碎小问题,并不放在心上,女人认为生活就是一个一个的细节。成天唠叨成性,其实,他不把你的意见放在心上,并不等于他不爱你。

我们看透了他的坏习惯,并不是要就此证明他多么无药可救,应该遗弃了之,而是为了证明他在这些小懦弱,小懒惰之外,仍然有值得我们留恋和依赖的地方。爱情,也是一种习惯。当你和这个有着无数坏习惯的男人习惯性地相依在一起,那么,你就要看透他的"恶习",适时加以指导纠正了。

通过抽烟的习惯了解男人

抽不抽烟可以说明这个人的心理状况与生活质量。在众多的烟民中,他是不是其中一个?他抽烟时有何种表现呢?

第四章 本性难移,习惯识人——透过习惯读懂男人

夹着烟到处走的男人

男人习惯于这种方式抽烟,一路走,手臂一抬一放,烟灰也随走随弹,自以为是,目中无人,怎一个"潇洒"了得。其实,这样的男人缺乏起码的公德意识和环保理念,这样的男人容易给人留下自负的印象。

散烟的男人

特别喜欢散烟,是一种豪爽、洒脱的个性使然吗?不是!在中国烟民中有这一种说法:烟酒不分家;烟搭路,酒搭桥。似乎只要点上一支烟,关系一下子就亲近几分。于是,只要有三五男人聚拢一堆儿,这烟啊就在彼此间传递。那些频频主动散烟的男人要么有求于对方,点头哈腰、一脸谄笑,要么是生性木讷,不善言辞。当然,更多的时候是因为男人在一块堆儿,每个人都在那里吞云吐雾,倒是可以掩饰话题匮乏的尴尬。

如果聚拢的人数多于一定的量,一些人在抽烟的时候,就像作贼一样,悄悄地从口袋里摸出一支烟,用手掌遮住,点上;甚至假借离开,返回时,嘴上早已叼上一支烟了。这些都足以说明中国男人的虚伪和娴熟的一些雕虫小技。

蹭烟的人

有些男人极为热衷蹭烟,自己烟瘾极大,却很少买上一包,见有抽烟的人就往上凑,接过人家散的烟,还很享受地对上火,如果再有人散烟,这人不仅不会客气,会很自如地夹在耳朵上,留着。或者,抽上一口烟后,很内行地说,这烟不错。

这样的男人并不鲜见,凡有公款吃喝,酒桌上都会摆放几包好烟,这些人一上座,忙不迭地就将烟揣进口袋里,像是占了多大便宜一样。

这样的男人就是喜欢占便宜,为人生性委琐、阴暗,令人生厌。这种男人是不可深交,但又不可不交的,因为他很容易在一个圈子里小人得势,冷不防给你一暗箭。

透过细节男人

抽闷烟的男人

当下,来自生活、家庭、事业等方方面面的压力让男人力不从心,于是,许多男人靠烟来缓解压力,即所谓抽闷烟。这样的男人一般形容枯槁,目光呆滞,皮肤干燥,四肢无力,他们缺乏解决问题的能力,对身边的一切没有太多的兴趣,什么事情都缺乏主动和热情,唯独喜欢一个人独处。他们耷拉着脑袋,一支一支地抽着烟,或者,烟蒂都燃出好长一截,也无动于衷。似乎如此能让烟雾将自己隐藏起来,能够麻痹自己。可是,回避是解决不了问题的,抽闷烟的男人之所以如此,其实就在承认自身的不足,宣布自己是个失败者。

"饭后一支烟,赛过活神仙"

酒足饭饱,点上一支烟,深深地抽上一口,那舒服的滋味难以言表,因此,都"赛过神仙"了。中国男人崇尚的"老婆孩子热炕头"可谓是幸福生活的最高境界,你想想看,腆着大肚子,打着酒嗝,看着一桌的残羹剩菜,这种自足的滋味真叫爽!这就是中国男人小富即安的真实写照,这样的男人缺乏进取精神,他们犹如井底之蛙,没有太多的欲望,平庸而令人窒息的生活在他们看来是如此活色生香。

除此之外,还有人喜欢旁若无人地在公共场所抽烟,从不在乎旁人感受;喜欢蹲在厕所里抽烟;也有将几十甚至上百元一包的烟来作为一种身份炫耀等,凡此种种都与男人的素质有关。

除此之外,就拿大部分的男士常做的动作,也可看出他性格中的一些蛛丝马迹。

把烟整齐地放在一起

他是那种不管是内衣裤、袜子等小东西都整整齐齐排列好,讨厌紊乱的感觉;最夸张的是,连毛巾的挂法、正反面商标,都要求面对同一个方向,真是伤脑筋。

第四章 本性难移,习惯识人——透过习惯读懂男人

把香烟捻成人字形

他是个成熟的大男人,平时交际手腕绝佳,对于喜欢的女孩会想出很特别的追求方式,让对方不自觉地爱上他、崇拜他。

毫不费力地将烟放入烟灰缸中央

轻松地把变短的烟蒂放在烟灰缸中,让它自己熄灭,属于干脆、不喜欢勉强的那种人,他们向来不太去关心别人的私事,所以,也很讨厌别人干涉他。

抽完烟随手丢在路上有水渍的地方或水沟

他是没有公德心、自私自利的家伙。自以为潇洒、不在乎,内心却相当自卑、怕打击,这样的男人多半不会让女孩子喜欢。

吃饭时间抽烟的

那是对食物和同桌人的大不敬,特别是有长辈的情况下,说明这个人从小家教不严,生活上小毛病肯定多,不可找这样的人。

在公共场合抽烟的

不要以为那是帅,其实那是在污染空气,并且对于被迫抽二手烟的他人来说是损害健康的杀手,这样的人说明没有环保概念,没有爱心,不懂得尊重他人,所以也不可以找这种人。

被亲近的人说了很多次还是不加收敛

说明他要么是记忆力有问题,要么就是自私自利,没有考虑过他人的心情,也不懂得照顾人,这样的人也最好别找。

读懂他,掌控他

抽烟有害人人知道,事实上越说自己知道这句话的人越爱抽。其实抽烟是一种心理不成熟的表现。但是问题在于,尼古丁有毒害而且会上瘾,一部分人因为没有正确的世界观价值观没有理想,对自己放纵,而使自己的

情况更加糟糕,同时心情更加恶劣,抽烟变本加厉,慢慢成隐君子,想戒也戒不掉了。

各位姐妹们多加观察就可以知道,并不是说抽烟的人就不可以找,而是说,你喜欢的人烟瘾大,说明他心里有不安全感,你要用适当的方法关心他,鼓励他。让他树立自信,积极地面对人生。他也会很感谢你,和你一起努力地幸福生活下去。

通过他的日常小习惯来了解他

你的他,每天早晨醒来之后习惯第一件事做什么?别小看了这些生活习惯,它们能暗示他的内心世界,便于你从中了解他的需要。

按掉闹钟继续赖床

明明是星期一的早晨,等待他的有满满一周的工作和你准备好的早餐,可是闹钟和你已经叫过他3次了,他却还赖在床上迷迷糊糊地央求你:"5分钟,5分钟以后我马上起床。"

调查显示,有25%的男人在清晨会有赖床的坏习惯。这样的人很难开口拒绝别人,做什么事情都喜欢一拖再拖,不到最后关头不会采取行动。生活中,他是一个轻松随性的男人,很多时候在你面前流露出孩子气的一面。他不喜欢生活和工作有太大压力,重视友情多于爱情。你需要有时做他的妈妈、有时做他的姐姐、有时做他的保姆,总之能够关心照顾他的一切角色都是值得你去尝试的,因为他对你的爱就是建立在你对他好的基础上。

一起床就刷牙漱口

有16%的男人会这样做,没穿好衣服并不妨碍他们含着牙刷到处走。这是他们晚上上床前要做的最后一件事,也是清晨起床后要做的第一件事。

第四章 本性难移,习惯识人——透过习惯读懂男人

这样的男人不仅讲求实际,且行动力十足,是言出必行的可靠对象。不过,这并不代表他们在感情方面是不懂浪漫的无聊男人,他们很可能是处女座男人,有很多精致的追求。他们在工作中有原则、讲计划,不管多爱你都不希望你打破他的生活习惯。他不喜欢你插手他的事情,同样他会把工作时间和给你的时间分得很清楚。

你需要永远关注他所关注的事情,比如近期的热门事件、足球赛事,你可以不感兴趣,但不能不懂。两人之间是不是有共同话题对他来说很重要。

占领浴室洗头洗澡

26%的男人有这一良好习惯,每天要洗两次澡,早晨洗澡主要是为了彻底清洗头发,周身散发着男士洗发水的味道。清晨沐浴不只反应他爱干净,还说明他对待事物有积极乐观的态度。懒惰一词绝对不适合形容他!

他也许带一点大男子主义的倾向,不过值得庆幸的是这种男人十分专一,他虽然有点自恋、有点洁癖,对待感情拿得起放得下,很容易动情也很容易厌倦。他喜欢特立独行、有自己的见解和思维方式的女人,讨厌纠缠和回头恋情。

你需要一切以他的感觉为主,人前给他面子,人后小鸟依人。给他空间和自由,想得到他更多的爱,前提是先做一个独立自信的女人。

去洗手间抽一支烟

抽烟对男人来说可不只是坏习惯那么简单,一支烟的时间足够男人思考很多事情,比如计划一天的工作安排,总结刚处理完的事情,偶尔也会想想你们的晚餐吃什么——只是这个问题不会花在清晨这支烟的时段。

这是一个心思缜密的男人,他不会把所有的想法说出来,却在内心自有分寸。他们非常注重细节,并善于以细节入手进行推理,比较念旧。

你需要给他适度自由的时间和空间的同时,不要把自己的世界完全展现给他,一点点神秘感和惊喜对他来说很重要。

读懂他，掌控他

习惯是经年累月长期积累的结果，习惯是人性的一面镜子，所谓"习性"即指习惯与性格，可见二者之间有着天然的联系，所以要看一个男人的性格如何，通过他的日常习惯来了解，这是再简单不过的方式了。

打电话方式：见证不同男人的性格

他都在什么时候打电话给恋爱中的你呢？如果你仔细留心，就会明白他倒底是怎样的人，他是怎样看待你们之间的关系。

想到就打

你们可以在对方身上，找到自己所需要的，而且，即使你们一边热恋，还可以一边照顾友谊，决不是有了异性，没了人性的情人喔？但要给你们一点建议，长时间的爱情热度，容易看不清对方的缺点，因此，若他心中有何不满，一定要鼓励他随时提出，否则积压久了，容易以火山爆发的程度揭幕，到时可就麻烦啦！基本上他信仰爱情，对浪漫也有一份期待，他坚信纯洁的爱是难能可贵的，而真情必须等待。

睡觉前打电话

他是标准的"爱情动物"，基本上你对感情的态度偏向感性，他认为只要对方对他是真心的，便会掏心掏肺的对人家好，只要你提出要求，他都会尽力满足，他愿意把一切与你共享。只是爱情有时不是一场公平的游戏，付出与得到并不是绝对，因此他可能也需要一个爱情顾问，以安抚他那颗不时敏感的心。

上班中打电话

他是典型的"爱情生活实践家"，他很少会有浪漫的甜言蜜语，因为他认

第四章 本性难移,习惯识人——透过习惯读懂男人

为,爱情是生活的一部分,因此他虽然注重爱情,却不会有被爱昏了头的情形。最适合他的恋爱开始方式,便是先从朋友做起,等双方都熟识之后,爱情自然的升华。你可不要在交朋友一开始,就心猿意马,那只会把他吓跑。

马路上打电话

跟他恋爱决不乏味,他可是最会在生活中找乐趣的"爱情情趣魔法师"。他能在生活中的细微之处找到打动你的窍门,同时,他也很注重双方的沟通,他需要时刻明白你现在要的是什么。虽然他很受异性欢迎,但一对一的恋爱,才是最适合他的,因为他的心思实在无法一心多用的分给许多人。

刚睡醒打电话

他的爱情观很主动,遇见好机会一定会好好把握,是属于"爱情斗士"型的情人。通常他在爱情中很乐意为对方付出。他对你体贴入微,尽量满足对方的需求。即使付出与回收不成比例,他也少有埋怨。跟他恋爱真是一件幸福的事情。你不要把他对你的好,视为理所当然,感情可是需要彼此互相交流的,因此,你要绝对地心地善良,懂得珍惜他,这样爱情才会长久。

除了打电话的时段之外,他打电话时许多无意的小动作,也能体现出有心人的"身心"。从以下打电话的不同类型中,你也可以大致了解某些人的性格特点。

打电话的姿势悠闲舒适

这类人用电话时舒舒服服地坐着或躺着,一副泰然自若状。他们生活沉稳镇定,泰山压顶面不改色。

拨号时以笔代指型

习惯于用手中的圆珠笔等去拨动号码。这类人性格比较急躁,经常处于紧张状态,而且不让自己有片刻的空闲。

边行边谈型

他们通电话时从不喜欢坐立在同一位置,喜欢绕室而行。这类人好奇

心极重,喜欢新鲜事物,讨厌任何刻板性的工作。

以肩代手型

他们喜欢把听筒夹在手和肩之间。此类人生性谨慎,对任何事情必须先考虑周详才作出决定,他们处处小心从事,极少犯错。

心有二用型

通电话的同时,常常要做一些琐碎的工作,比如整理文具、擦抹台桌等。此类人富有进取心,珍惜时间,分秒必争。

电线绕指型

打电话时不停地玩弄电话线。此类人生性豁达,玩世不恭;天塌下来当被盖,非常乐天知命。

信手涂鸦型

一边通话,一边在纸上信笔乱画。这类人大多具有艺术才能和气质,富幻想而不切实际。不过他们独具的愉快及乐观性格使他们经常可以较容易地度过困境。

抓紧下端型

通话时紧持听筒的下端。这类人外圆内方,表面看似怯懦温驯,其实个性坚毅,无论对事对人,一旦下定决心,永不改变。

平平无奇型

此类人无特殊习惯,一切动作出于自然。他们生性友善,富自信心,对自己的生活操纵自如,能伸能屈。

读懂他,掌控他

如果你的约会对象更喜欢发邮件,而不是打电话给你,他可能不善言谈。如果他善于言谈还要用电子邮件来和你联系,说明他是一个有自我保护倾向的男人,他总是试图修正那些可能表露自己真实想法的句子。

第四章 本性难移,习惯识人——透过习惯读懂男人

喜欢打电话的男人,把书籍当成人生指南,有些老派,但并不代表他们会拒绝尝试新鲜事物。

联系前女友的方式看男人

我们虽然常说以貌取人,但是在爱情中,品质才是能够经得起考验的真金。当爱的激情褪色后,真正能够支撑平淡日子的东西既不是相貌和才华,也不是金钱和地位,而是一个人内在的品质。

有句老话,"欲知他如何待你,先看他如何待人",这是一个很好的尺度,教你如何判断并把握男友的品质。

从男友对前女友的态度上可以判断其品质,让我们来看看如下情况。

不愿谈及前女友,却背地里来往

"背地里"和前女友有来往的男人大抵分两种,一是内向仁慈型,二是惧怕责任型。

(1)**内向仁慈型男人** 他认为是那是他的过去,属于他的个人隐私,更重要的是,具有仁慈之心的男人大都害怕他的过去会伤害新女友并影响他和新女友的关系,所以,在新女友面前他一般对过去保持沉默。这说明他是重情重义的男人。给他点时间,让他慢慢忘记。而他之所以保持与前女友的联系,不外乎以下几种原因,他发现自己对前女友仍有所眷恋,不愿放弃她,哪怕做一般朋友。当前女友需要帮助时,他通常不会拒绝,还会尽最大努力,但他不愿因帮助前女友而影响他和新女友的关系。他有较强的个人自律。一旦"隐情"暴露,他会真诚地坦白恋情,求得女友的谅解。在坦白恋情的过程中,他不会为取悦于新女友而诋毁前女友,也不会因为维护前女友而伤害新女友,相反,无论在何种矛盾和冲突前,他都会挺身而出,承担

责任。

很多女人似乎不易谅解这种男人,认为这种男人"花心"、"坏",实际上,男人因着普遍喜新不厌旧的特点,他们从一开始就没有女人那种绝对的爱情观;尤其一个仁慈的男人,因为怜香惜玉之情,他对两份感情都难以割舍,但在感情上仍是很少像女人那般"忠贞不二"。

如果你爱你的男友,当该自觉摒弃传统女人的狭隘,以自我进取和谅解他人的宽宏来开启男友的个人自律。

(2)**惧怕责任型男人** 这种男人在对待前女友的态度上和前一种男人有许多相似之处,但由于缺少真诚,惧怕责任,他的个人自律较差,并在关键时候表现出患得患失和自私自利。所以,女孩们应该仔细观察他是否有以下种种表现:他的个人自律较差,有时候可能胡来。一旦隐情暴露,他或许会编造谎言,以逃避个人责任。即使不得不坦白恋情,他还是难以丢弃谎言,要么为取悦于新女友而诋毁前女友,或因维护个人利益而伤害新女友,总之,无论在何种矛盾和冲突前他都不会挺身而出,而是想方设法逃避责任,以开脱自己。

诋毁或夸赞前女友

现实生活中,女人的上当受骗通常起始于她们对谎言的轻信,对赞美和谎言失去了应有的鉴别力:当男友在你面前诋毁前女友时,你以为那就是他对你的忠诚;当男友为开脱自己而文过饰非时,你坚信那就是他动人的爱情故事,从而不辨是非黑白。对于这点,女人应该学会用理性武装头脑:当男友对你夸赞前女友时,你应从他对别人的赞美中看到仁慈和真实;当他在关键时刻为前女友挺身而出时,你应懂得,只有一个勇于承担责任的男人在未来多变的生活中值得你的信赖。相反,若你仅仅只沉湎于他诋毁旁人的乐趣,你将来也有可能遭到同样的诋毁;若他不敢在你面前捍卫从前的爱情,他将来也很难在另一个女人面前捍卫你。

第四章 本性难移,习惯识人——透过习惯读懂男人

坦白了前女友,并公开有来往

公开和前女友来往的男人也分两种:一是襟怀坦荡型,二是玩世不恭型。

(1)襟怀坦白型男人 这种男人的特点是,为了爱可以赴汤蹈火,在所不惜。正因为如此,他也无视一切戒律和道德,不遵从传统和条条框框的约束。

若你碰巧和这样一位男人相遇,你一定要弄清楚,自己是否能驾驭得了他,要知道,他可是匹野马:你需要真心认同他的真诚,能够看到他"轻浮"背后情感的厚重。同时,你需要具备对他人的宽宏,若你不善待他的前女友,即使他爱你,也不会因为对你的爱而允许你伤害另一个女人。你还需要具备随时接受变化的达观和能动。为此你需要有自己的工作和独立思考。因为他是个钟情于变化的男人,惟有追上他的变化,你才能具备驾驭他的本领。

(2)玩世不恭型男人 俗话说物以类聚,人以群分,如果你不幸爱上了这样的男人,说明你身上可能有这类男人喜欢的特征:玩世不恭、爱慕虚荣、拜金主义等等。

这类男人在追求你一开始都会投其所好,若发现你和他臭味相投,他不但会对你炫耀他的过去,还会以开放的诱饵诱惑你进入他的圈子。

这类男人会在你面前毫无顾忌地夸赞前女友,不是为夸奖女人,而是为炫耀他的本领。他也会在你面前不顾一切地诋毁前女友,不是为让你高兴,而是为让你对他言听计从。一旦在快乐时光发现前女友的纠缠,他会毫不留情地辱骂她或甩掉她,尽管在你面前他会说那是为了爱你。

若你仍想寻找真诚的爱情,最好远离这样的男人。听他如何夸赞前女友,若他仅仅只夸赞她的相貌,说明你眼下吸引他的也是外表而已,而相貌于爱情不过是暂时的诱惑。他对前女友的公然辱骂和抛弃应被当作前车

之鉴,只要他这样做过一次,他随时都有可能为了更新鲜的诱惑辱骂和甩掉你。

从一开始隐瞒过去,却在两个女人之间周旋

这是典型的游戏型男人。他们一切以自我为中心,对女人的感情完全出于实用的目的,即使他选择娶你也并非出于爱情,而是出于某种实际利益,为此他不会放弃原先的女友,或者因着世俗的原因他不能娶她为妻,但也不愿轻易放弃她,毕竟她对他言听计从,可以廉价地供他享乐。

这种男人大都对自己的过去保持沉默,即使被问及,他也会巧妙躲闪;一旦隐情暴露,他会想方设法在两边行骗。

这种男人因为从一开始就充满心计,所以他对前女友有较周密的安抚计划。同时为了躲避新女友的耳目,他从一开始就装扮出正人君子的样子,以至于很多女人竟婚后多年才能发现丈夫的隐情。而为了感谢前女友的牺牲,他会不遗余力地满足她,尽管这样,一旦前女友不再言听计从或节外生枝,他都会毫不留情地终止物质给予,并在任何关键时刻都会顾及他的名誉,以至生命。

如果他真的伪装得特别好的话,如何判断这样的男人?你尽可以从他对待周围人的态度上来判断他的真伪,衡量他的品质。要知道,纵使一个经验丰富的游戏男人,只要他存有自私自利之心,哪怕他伪装得再好,总会暴露出来,靠谎言生活的男人不可能长久,因为谎言不是真实,一旦谎言发生撞车,必然穿帮。

这就需要你平时多留心观察,看他如何对待家人、父母和朋友:是慷慨大方,还是自私自利。看他平日喜欢什么,若他仅只喜欢金钱和物质,他不会真正爱任何一个女人。看他如何谈及前女友,一旦你问到前女友的话题,若他答非所问,说明他想糊弄你;若他异常烦躁,说明他想回避你;若他骂你多管闲事,说明他想镇住你;若他若无其事,说明他非常老练;若他突然待你好过平日,说明他心中有鬼。

读懂他,掌控他

男人忘不了前女友,通常有两个方面的原因:一是有很深的回忆,或是一些忘不了的经历。也正好可以说明他是重情重义的男人。给他点时间,让他慢慢忘记。二来,从某种意义上说他无法忘记前女友是因为你的原因,也许他感觉空虚失望心理需求从你那得不到真正平衡,也许他感觉选择你就是对你抱有某种期待及被包容的依赖,但是发现你没有前女友做得好(或者是他认为没有那么好)。

他与前女友保持联系,并不是件多么不妥当的事。其实很多情况都是男友主动去打探前女友的信息,而不是他们之间宛如朋友间互通有无的关心。不管他采取什么方式打听前女友的信息,需要确定的是,他对现在的你有多好。

你应该有充足的自信!他选择你,证明他现在爱的人是你。而不是那个前女友。当然以上说述不代表男友跟前女友搞上床、复合等特殊情况,真有那些事,直接跟他说分手就好。

从与女人分手看男人

爱情中的两人难免有磕磕碰碰,分分合合,而他是如何对你说分手的,看他分手时的表现,你就可以明白,你对他应该挽救还是抛弃。

先给你个信号,然后让你自己引爆

他公然地带着另一个女人在你面前晃来晃去!你哭你闹,你抓狂,这正是他渴望的,你的野蛮和失态,会成为他提出分手的一个很好的借口。

这种男人的分手方式属于市井走卒式,有勇无谋,大不了鱼死网破,老

透过细节读懂男人

死不相往来。这种男人是俗人,脑子里只有一根筋,不懂得掩饰,更不会顾及你的感受。他们好比是熊市的股票,见好就要抛。

他拼命冷淡你,等你说分手

他总是在忙,两个星期也见不到一面,你打电话,他说他在工作,你发信息,他只会打"哦"或"嗯"。即使见了面,他也没有话说,他的沉默让人觉得他很痛苦,渐渐你就知道,他痛苦的根源正是你,他的沉默是希望你自己离开,分手他不会说的,他有非常强的耐力等你去说,要不就耗着,看看谁的青春更值钱;

这种男人前怕狼后怕虎,连说分手的勇气都没有,唯取中庸之道,让时间去解决一切棘手的问题。这种男人是庸人,也可能是伪人,用沉默来掩饰一切,其实是发自心底的懦弱。

这种男人人堆里一抓一把,他的智商绝对比你高不了多少,对于这样的男人时间长了他就变成了鸡肋,食之无味,弃之可惜。

小题大做,推卸责任

他虽然想分手,但是你对于一切仍然蒙在鼓里,因为他同过去一样,仍然宠你、爱你,可是每次吵架他都会找到很好的理由去解释,于是你本来觉得自己是原告的,最后却成了被告。也许某一天,你哪根神经不对,骂了他一句"滚",你们就莫名其妙分了手。

你可能仍然在等着他跟你道歉呢,以为这不过是跟平时一样的玩笑话,而他却以迅雷不及掩耳之势已然投入了另一个女人的怀抱。可是你日后想起,还是会原谅他,因为是你不要了他,不是他抛弃了你,是你做的不对才失去他。在你的心中,他永远是个好男人。

这种男人懂得运筹帷幄,拿捏分寸,不愠不火,表面上可以称兄道弟,背后却会给你下毒酒。这种男人是伟人,也可能是奸人,善用权术,借刀杀人却能泰然自若。

第四章 本性难移,习惯识人——透过习惯读懂男人

这样的男人,他的智慧就是大海里的海绵,你累死也挤不干他,所以要想驾驭这种男人,你可要先把自己修炼成精。

读懂他,掌控他

当他忽然同之前判若两人,当他忽然忙得脱不开身,当他不再像从前一样对你嘘寒问暖,当他开始满世界地挑你的刺,无论你做了什么,他总是不满意,他让你的生活中充满了挫折和沮丧,姐妹们,擦亮眼睛吧,不是你不够好,他只是找借口和你分手而已。

你们之间倒底是关系稳固到不再需要激情来点缀,还是他的心已经离你远去,相信你可以分辨这其中的差别,如果爱情已经走失,收拾好你的背包,上路去寻找另一段风景吧,不要再为一具不属于你的躯壳浪费时间了。

从签名习惯上透视人心

一个人的签名就代表自己,这是显而易见的事。就法律观点而言,每个人的签名都是独特的;而就心理学的观点来说,签名方式真正代表了一个人的个性。

下面介绍几种签名方式与个性的关系:

下降式签名

逐字下垂的签名表示他容易疲劳,甚至觉得自己连维持一天的起码能量都没有。总而言之,他的生活中有挫折、沮丧和疲惫,他似乎很快便倒下去。他的签名仿佛在说:"为什么这么麻烦?为什么还要继续下去?"或"为什么我不干脆消失算了?"

上升式签名

只要他继续走下去,就会愈走愈好。上升式签名代表了他的野心和必

胜的决心。他计划登上爱和成功的阶梯,而且绝不放弃。他的签名并没延长、逐步消失的意味,它继续在向前走、向上爬。这种正面的自我形象,使他的一生不断有股好运道在身后支持他。

把最后一笔当作底线

他的底线强劲、笔直、不夸张,就和他的为人一样。这表示他非常有自信,具有不屈不挠的精神。这股固执坚持,由他在签名时把最后一笔拉回名字的起点可以看出来。他是一个不轻言放弃的人,即使必须从头开始才能把事情完成,他也会努力去做。他内在的冲劲都在流畅和大胆的底线上表露无遗。

字小,又挤在一起

字都挤在一起,表示他想把最小的空间作出最大的运用,也显示出他是一个十分精打细算的人。他知道如何擅用一块钱。他家的茶袋总是一再重复使用,一直用到茶袋散开为止。他喜欢在廉价商店买衣服,老是剪些食品优惠券。不过他其实并没省出多少钱。

大形大写字、花体字、装饰字

为了克服心中的无力感,他把名字签得比真正的形象还大还夸张。虽然他的签字似乎很有艺术感,但他不过是佯装一副艺术的模样,并不是真正发展自己具备的天赋。例如,他可能花钱租一辆高级轿车、一件昂贵的珠宝或一幢乡村别墅;然而,这么做也不过是企图让其他人协助他膨胀罢了。

签名向左斜,其他字向右斜

假使他连其他字也向左斜,那可以说,他就是那种喜欢违反本性的人。不过,假使他签名向左斜,但其他字右斜,那表示,他只想留给他人冷淡而缄默的印象。在这些佯装的外表下,真正的他其实相当友好、善于交际,也许个性外向,并不会因为他人在场而觉得不自在。

第四章 本性难移,习惯识人——透过习惯读懂男人

签名向右斜,其他字向左斜

他和签名向左斜、其他字右斜的人不一样,他是一位社交高手,经常一开始就成为宴会上的灵魂人物,因为他热情、诙谐又迷人。然而,在这样开放而自然的外表下,真正的他却不认为自己是团体的一份子,而且很可能为了唱反调而反抗任何外来的压力。

签名字体比一般字体大

假使他的签名字体比一般字体大,那他有自我膨胀的倾向。他希望别人只记得他的外表,而事实上,别人也经常只记得他的外貌。多年来,尽管他的成就实在不如他所设计的形象,但他的确已经学会让别人清清楚楚地记得他的外貌。

签名字体比一般字体小

他的个性和上一种人完全相反,他觉得自己渺小而没有影响力。虽然他的构想可能很有价值,可是他就是觉得一点儿价值也没。他常常刻意避免接受自己应得的荣耀,为人吹毛求疵、自贬身价。找个人激励他,就是把心中焦虑表现出来的最好方法。

难以辨认的签名

对世人而言,他是个谜。可能对他自己来说,他也是个谜。别人无法了解他,因为他们所得到的线索都与他的真正个性恰恰相反,但他并不在意这些。他早就学着成为一个矛盾的个体,久而久之,也就习以为常了。不过,当个谜样的人物也有好处,他得到不少关注,因为那些人企图解读他的诸多心境、怪僻和神秘的言论。

波浪形底线

波浪形底线象征海洋,而他是一个软木塞,能够乘风破浪。他之所以有办法生存下去,是因为他深谙如何顺随潮流之道。无论是一个平和的鸡尾酒会,或暴风雨似的团体政治,他都有一套高超的技巧,让自己保持在水面

上,不至于没顶。

画圆圈式签名

他很孤单,不过这种放逐是他强加给自己的,是种故意的行为。外在的世界很快便封闭起来,而他相信必须筑起一道围墙,来保护他本人和自己的生活方式。他是一个孤僻的人,很讨厌别人干扰。他家外围的铁丝网都是通了电的。

一如学生时代的签名

他现在签名的方式仍和小学四年级的时候一样,字体缺乏明确的形式和流畅、大小排列不一。这一切显示感情上他还停留在青少年时期,也许智力上也同样停留在那个时代。他无法适应成人的世界,而且很可能等他四五十岁的时候,仍与双亲住在一起。

图案式签名

整体看来,他的签名高雅而有节奏感,事实上也的确如此,他的人就像他的签名一样,独特而有艺术气息。大写字、转折、一笔一画,以及平稳的力道,表示他对个人的品位有信心。他的签名一气呵成、中途不停顿,同样地,他对于自己的好恶,总是直言不讳。他有创造自己流行风格和生活方式的天赋。

读懂他,掌控他

名字,是一个人一生当中写得最多的几个字。一个人的签名,如同自己的身体语言,往往显示了这个人在公众面前的自我评价。它是笔迹心理学研究的一个重要方面。"字如其人",就是这个道理。签名无意识中反映体现了一个人的性格,想了解他吗? 不妨让他签个名看看。

第四章 本性难移,习惯识人——透过习惯读懂男人

从笔迹可以洞悉他的心路历程

我们常在信件和文件上签名,殊不知,笔迹是能展示写字人的个性。不过,笔迹总归是后天形成的。写字人的字迹是根据诸如年龄、职业和性别等的不同被塑造而成的。

字体垂直者责任感强

写字字体垂直的人注重实践,独立自主,头脑理智、清晰,根据自己的分析判断来做决定,一旦做出决定后,就不容易改变。自我控制力强,行事谨慎、有节制,认真,忠于职守,责任感、原则性强,情感反应不强烈。

字体右倾者偏好社会互动

写字字体向右倾的人积极进取,能动性强,不怕困难,独立自主,思想开放,展望未来,对精神领域的东西感兴趣,并渴望自己能在精神领域里有所发展。待人友好,性情开朗,为人慷慨大方,有同情心,利他,有奉献精神,集体观念比较强,偏好社会互动。如果字体向右倾斜,而行也向下倾斜,反映书写者好内省,但意志比较薄弱,容易受他人影响。

字体左倾者情感压抑

写字字体向左倾的人在社会生活中小心谨慎的、细心的,好内省的,关注自己,对周围环境反应冷漠,情感压抑。观察力敏锐,可能是个好的倾听者,不容易与人产生正面冲突。自立更生,独立自主。

细小字观察力好

习惯于写细小字的人有良好的观察力和专注力,办事认真细心,但过于谨慎小心,警觉性很高,容易受外界环境的影响,非常在意别人对自己的看法。如果字迹细小,并且越写越往上,表明书写者注意力非常集中,喜欢

做一些细致的工作,理智、冷静,善于分析判断,做事耐心,仔细。注重家庭,以家庭为核心,能自我牺牲、自我奉献。如果字迹细小,但是越写越往下,表明书写者性格软弱,顺从,自信心不强,气量比较小,多疑多虑,过于在意别人对自己的反应。

小字不喜欢引人注意

习惯于于写小字的人通常是喜欢内省的、不喜欢被别人注意的、谦虚的、朴素的、羞怯的、注重细节的、谦卑的、恭顺的。

大字好表现

习惯于写大字的人喜欢引起别人注意的,好表现的,做事比较迅速但有些鲁莽的,以自我动机为行动导向的,做事有目的、有计划,不注重细节的、也是以自我为中心的。

中等字注重实践

习惯于写中等字的人,对外界环境适应能力强的,注重实践的,理性的、现实的、实际的,工作中与人相处友好的。

正方形字为人正直

习惯于书写这种字体的人品行端正、为人正直,责任心强。尊重传统,遵守纪律和法规,原则性强,不屈从权威。办事稳重踏实、细心谨慎。自我控制能力强,情感不容易外露。

圆形字性情随和

习惯于书写圆形字的人,一般性情比较温和,心地善良,善解人意,通情达理,重感情,性格坚韧,社会现实适应性强,为人处事采取中庸之道,不偏执一端,不喜欢与人产生正面冲突,自我克制能力强,行事审慎,考虑周全,但过于克制自己本能的需求,行动不够果敢,做重大决定时常常犹豫不决。

长方形字勇于开拓

习惯于书写这种字体的人一般自信心强,积极进取,富于行动性,处世

第四章 本性难移,习惯识人——透过习惯读懂男人

爱憎分明、态度明朗。具有反传统、反习俗和勇于开拓的精神。

如果长方形的字体向右倾斜,反映书写者性情豪爽、心胸宽广,乐观向上,喜欢竞争。性格张扬外露,容易得罪人。

扁形字具有顽强的毅力

书写扁形字体的人有坚定的信心和顽强的毅力,不容易受外界环境的影响,甚至固执己见,爱钻牛角尖。做事认真、负责,行事有条理,有计划,但有时刻板僵化,缺乏弹性。如果扁形字向右倾,反映书写者有理想、有抱负、积极进取,勇于开拓,为人热情,热爱生活,乐于助人,容易与人相处,敢于冒险和做新的尝试。如果扁形字体向左倾,反映书写者具有叛逆的性格,上进心很强,能吃苦耐劳,做事持之以恒,坚韧不拔,写这种字体的人清高孤傲,不屑于世俗的事,对现实社会常感愤懑不平,胸怀理想却觉得壮志难酬,内心充满矛盾斗争。交友范围狭窄,但亲密的朋友则深交。

读懂他,掌控他

笔迹是思维的轨迹,因为笔迹的显现,完全出自执笔者的一只手,其姿势、轻重、缓急,无不受到手的活动和脑的指使。写字时的一笔一划,无不表达出书写者的内心世界。

就像人的指纹各有千秋一样,人的笔迹——书写时的一弯、一拐、一点、一划都能够表达书写者独一无二的内心世界。

从笔迹心理学可以分析出一个人是否有门户之见,是否冷漠无情,是否骄傲,是否有偏见,是否目中无人,是否凡事顺从,是否心性不定,是否一板一眼,是否胆小,是否顽强固执,是否备受压抑,是否反叛心强。

西汉文学家扬雄就曾说:"书,心者也。心画形而人之邪正分焉。"性格刚强的人一笔一划都显得干净利落、方正坚硬;而性情软弱的人,则字体就相对无力、柔弱得多。从一个人的字迹我们大致可以分析这个人的性格。

阅读方式由性格决定

爱读书的男人是有内容的男人,他可以由他所看的书来阅读他本人。

他如果爱读罗曼蒂克类的小说

他肯定感情较为丰富,对直觉深信不疑,感觉生活充满着七彩阳光。难能可贵的是,在陷于困境或者面对失败时他能顽强抗争,不会萎靡不振。

他喜欢看传记体裁的书籍

他肯定是一个深思熟虑的人,既有雄心壮志,又脚踏实地。谦虚好问是他的最大特点,在作出某项决定之前会思考再三,从不轻率冒险从事。

他对小型报纸爱不释手

他的性格显得乐观快活,感情也较为外露。特别爱聊天,并以此作为一大乐事。在一起谈话的几个人当中,他必定是一个当仁不让的中心发言人。

他如果很欣赏戏剧性的图书

忧愁痛苦和烦恼一定和他无缘,因为他是一个乐天派。笑口常开,青春永驻,具有潇洒的风度和风趣的性格,任何困难或阻力都无法使他为难。

他常读报纸和新闻性刊物

足以说明他关心国内外大事,眼观世界风云变换,时时处处使自己的言行跟上时代步伐,不愿当一名落伍者。他思维敏捷,对新东西能做出迅速反应。

他对画报或大型画册兴趣盎然

他肯定热情好客,结交好友,同事、亲戚、好友都愿意到他家里造访。在家庭举办的宴席上他是一位十分称职的主人,能使在坐的每一个客人乘兴而来,满意而归。

第四章 本性难移,习惯识人——透过习惯读懂男人

他爱看侦探或破案一类的书籍

爱动脑筋和解难题必定是他的一大特点,在许多人看来似乎是束手无策的题目,到了他手上却能轻而易举的解开。而且对于一些令人望而止步的怪题,他却兴趣倍增。

他对科幻类的图书如获至宝

他一定思维发达,想象丰富,创造性强,总想将自己担负的工作完成得更出色,把自己的一生变得更美好。

他喜欢阅读财政经济一类的书报杂志

可以看出他是一个自尊自重的人,崇拜那些卓有建树的杰出人物,并且希望能充分发挥自己的竞争力,登上冠军的宝座。

他对一些流行的时尚杂志格外青睐喜爱

他很有可能比较多地关注自己的身份和地位,有时甚至脱离实际地拔高自己,常常下不了台。

他如果特别喜欢读诗歌

他一定是热爱生活的人,大自然的蓝天、大海、高山、流水、飞禽和走兽是那样的美好,令他心旷神怡。与此同时,他有意识地在诗的熏陶下,进行反思,使心灵得到净化。

他倘若读历史书籍津津有味

他尊重事实、讲究实际和重视效果是他待人处事的原则,他的时间都用在工作或学问上面,从来也不会在那种毫无意义的闲聊场合里露面。

他要是醉心于恐怖故事

他或许对生活感到厌倦而心情压抑,为了摆脱内心的空虚,用刺激使自己得到解脱,因此他对这一类书籍颇有好感。

读懂他,掌控他

阅读,一般而言无处乎两种形态:生存阅读和性情阅读。

所谓生存阅读,是指为了工作学业、自我发展在专业方面的学习;而性情阅读是指为了陶冶情操而进行的消遣式阅读。当然这两种形态也有相重合的地方,比如说在专业学习中也有感到是消遣的时刻,在消遣式阅读中也会对自己的工作学业带来帮助。但是大部分时候,你想要了解他的品性志趣,当然要靠他在性情阅读时的表现,而不是看他猛啃专业书的样子,虽然那也能表示他是一个好学上进的大好青年。

总而言之,一个爱好读书的男人应该不会差到哪里去。

通过借书看透他的性格

看他对于别人借书要求的反应也可以读到他的一面,他的好朋友向他借一本他很喜欢的书,他会怎么应对呢?

不假思索,马上答应

如果他是不假思索就随便借人,表示他这个人是个很不会拒绝的人,而且对于人的防备心不够,很容易就被别人骗得死死的。基本上他是个对人不设防的人,对朋友的概念也是唯心的,只要感情好,甚至是赔上命也在所不惜。他的心态可能是不敢得罪人,也可能是不想树敌,所以在潜意识中对任何人都不设防。像他这种人在朋友心中是如假包换的大好人。

怕对方不还,绝对不借

他会怕对方不还,基本上不是不相信朋友,而是不相信所有的人。这是他的个性使然,不知道是什么原因使得他对人很不信任,由于这种个性,他的人际关系始终卡在一个瓶颈。他的性格是属于比较自我中心型的人,朋友对他来讲其实是可有可无,如果交个朋友对他无害甚至是有点小利的,他当然不会拒绝。如果交朋友还要他付出很大的代价,那他就会考虑考虑

第四章 本性难移,习惯识人——透过习惯读懂男人

了。他是个疑心病很重的人,这世界上他唯一可以信任的人就是他自己。

要求对方,要限期还书,而且不能有损坏

他是属于比较理智的人,而且是懂得保护自己权益的人。其实他这种人要做到要对方限期还书,想必在心里也有一段挣扎的历程。他会评估书该不该借给这位朋友,同时他也会评估这样做会不会伤害他们之间的交情。如果这位朋友是比较难沟通,他就会以低姿态来要求对方;如果对方是比较讲理的,他就会以理来说服对方。总之,他对朋友的定义是大家互相尊重,彼此体谅,谁都不占谁便宜为主。他这种观念,颇适合现实社会的人际运用。

如果有损坏,要求对方赔偿

他是属于亲兄弟明算账型的人,对于自己的利益和别人的权益分得非常清楚,是属于他的,一分一毫也不能少,不是他的,一分一毫也不会要。因此,他和朋友之间的关系经常是泾渭分明,不容易和朋友打成一片。不过,照他的原则来讲,也是一种处理朋友间权益问题的好方法,否则到了后来大家的权益一团乱,双方多少都会有一点被占便宜的心态,而影响了朋友的感情纯度。

读懂他,掌控他

从一个人对往出借书的态度可以窥知一个人的性格,而从借书不还的行为,也可以探知一个人的心理。"借书不还者"潜意识中有儿童的心理,他们往往记性不好和自我界限不明。记性不好就容易忘事,自我界限不明就会分不清你、我、他。也就是说,借书者不还者很多情况下借小孩子一样,不能正确区分哪些东西是自己的、哪些东西是他人的。他们把纷繁复杂的世界分作截然不同的两块,一块是"我的",一块"不是我的"。对于"我的"那一块,就比较爱怜,另一块就根本不加考虑。他们之所以借书不还,是因为他把你当作他自己的一部分了。

他的口味如何

行为心理学证明,一个人对饮食的偏好也与其性格有着密切关系。他一定经常与你共进晚餐,那么,他对于吃的有什么样的特殊兴趣?

喜欢吃清淡食物

注重交际,善于接近别人,个性随和,但独立性不强,不愿意单枪匹马地行事。

喜食清淡的人往往新陈代谢相对较慢,因此不属于思维特别活跃的类型,处事多能泰然处之,但缺乏统帅才能和决断力。

喜欢吃酸味食物

有事业心,但性格孤僻,不善交际,遇事爱钻牛角尖,没有知心朋友

酸性食物多含有较高的非金属元素,如硫、氯、磷等。正常人体的血液应为弱碱性,血液如呈偏酸性,不利于人的正常思维活动。过多的酸性食物的摄入形成的"酸性体质"极有可能是性格孤僻甚至"孤独症"的直接成因。

喜欢吃咸味食品

待人接物稳重,有礼貌,做事有计划,埋头苦干,但比较轻视人与人之间的感情,有点虚伪。

盐类富含金属元素,如钠、钾、钙、镁等阳离子,金属离子是神经传导的重要递质,也可以说是理性思维活动的重要环节,因此喜欢高盐食物的人更具工作的计划性和条理性,但往往感性思维不够,因而相对比较冷漠。

喜欢吃大米

经常自我陶醉,孤芳自赏;对人对事处理得体,比较通融,但互助精神差。有点自得其乐,常自我陶醉,且不爱帮助别人。

喜欢吃面食

能说会道,对事物容易渲染,意志不很坚定,容易丧失自信。

喜欢吃煮、炖食

性格温和,和谁都谈得来,常富于幻想,但不愿表现自己。

喜欢吃烤制品

比较专心致志,上进心强,性情急躁,欠温和,爱出主意但又缺乏当机立断的气魄。

喜欢吃油炸食品

勇于冒险,有干一番事业的愿望,但受到挫折,即灰心丧气。

喜欢吃生冷食

对大自然有浓郁的兴趣,比较坚强,但不愿表现自己,不太好接近。

喜欢吃酱菜

较稳重,善于埋头苦干,做事有计划,一般不太看重人与人之间的感情。相反不喜欢吃酱菜的人多富于亲和力,没有架子,容易接近,有钻研精神,且能吃苦,兴趣易因受挫折而消失。

偏爱桃子

爱吃桃子的人与周围的人关系非常协调,是个善于交际的人,不过解决困难的能力很可能不高。

偏爱梨

有节制,谨慎,善良有礼,实事求是而不浮华,能配合他人,但保守又消极,有时过于消极而失良机。唯有多接触外界才能进一步充实自己。

偏爱橘子

温良,有协调性,苦在心中也不忘笑在脸上,注重家庭生活,喜欢与知心好友聚餐交谈,虽因好好先生而吃点亏,但大都人缘不错。

偏爱香蕉

具行动力(因香蕉热量高),但有时流于任性与莽撞,而让他人觉得为难,男性社交性高,女性有男性化的特质,对于金钱与工作都很积极。

偏爱樱桃

优雅,有锐利的审美观,对时尚有独到的见解,但想的比做得多,因为羞怯,不善于自我推销。在爱情路上,容易显得比较幼稚。

偏爱菠萝

热情有劲,做的梦也蛮大的,好刺激与变化,遇事都会全力以付,但不愿被束手束脚,对人爱恨分明,所以往往以第一印象决定对人的好恶。

偏爱哈密瓜

优雅而含蓄,心中有远大梦想,不喜欢人云亦云,有坚持自己理念的执著,金钱欲特强,进取心亦然。

偏爱西瓜

爱吃西瓜的人脾气好,善于忍耐,从不抱怨,也不争吵,关心体贴别人。缺点是缺乏自己的原则。

偏爱草莓

喜食草莓的人乐观、热情,懂得与人相处,更懂得珍惜眼前美好的一切。她们易满足,不妒忌,心境平和,缺点是少些进取心。爱孤独,爱把自己关在自己的壳子里,但善于保守秘密;有强烈的美感与诗的幻想,不过给人有冷漠难以相处的印象,除非经年深交,难窥内心。

偏爱李子

爱吃李子的人不能接受别人的批评,跟别人相处难融洽,还爱挑剔。

读懂他,掌控他

饮食是人的生命中不可或缺的一环,饮食比其他习惯更容易泄露一个人的个性,因为饮食习惯是无意识的,是从童年时期就已经形成的,所以它

第四章 本性难移,习惯识人——透过习惯读懂男人

更容易展露一个人的性格特点,你一定经常和他一起吃饭,所以想由此读懂他,对于你来说简直手到擒来。

他喜欢点什么菜

和同事朋友出去聚聚隔三差五"腐败"一次是谁也难免的日常交际,当他和朋友到了酒店时,他都是怎么点菜的呢?

不管别人,只点自己想吃的菜

这类人是乐观、完全不拘小节的人。做事果断,但是否正确却难说。先看价格后,迅速做出决定的人是合理型的;选择自己想吃的人是享受型的;比较价格与内容才决定的人,为人吝啬。

点和别人同样的菜

这种人多是顺从型的,做事慎重,却往往忽视了自我的存在。对自己的想法没有自信,常立刻顺从别人的意见,是易受人影响的人。

先说出自己想吃的东西

这类人性格直爽、胸襟开阔,难以启齿的事也能轻而易举若无其事地说出来。待人不拘小节,有时说话尖刻,但不会被人记恨。

先点好,再视周围情形而变动

这类人小心谨慎,在工作和交友上易犹豫,给人软弱的印象。他们想象力丰富,但太拘泥于细节,缺乏掌握全局的意识。

犹犹豫豫,点菜慢吞吞

这类人做事一丝不苟,安全第一。但这种谨慎往往是因为过分考虑对方立场所致。他们能够真诚地听取别人的劝说,在处事时如果能有自己的想法,将会是事业上很好的助手。

先请店员说明菜的情况后再点菜

这类人自尊心强,讨厌别人的指挥,在做任何事之前,总是坚持自己的主张。他们不容易相处,但在工作中却能提供具有创意的意见。

另外选择不同的国家的佳肴,也代表了他的个性。那么,他对于哪种菜系更加偏爱,情有独钟呢?

中国菜

他是一个喜欢与人分享喜悦的人,中国菜的一个特色就是筷子,用筷吃饭不但放慢了吃的节拍,可以和朋友边吃边谈,而且中国菜的菜式亦有很多选择,但是当吃中国菜时会比较喜欢和一些较亲近的朋友一起吃。

日本菜

日本菜是一种注重美感的餐饮文化。偏爱日本菜的他在生活上会十分注重环境或是人的外表,而且亦十分要求吃的东西要新鲜、拥有美感,因此在为人上,他有时会对身边的人要求过高,你特别不能忍受那些身上有异味的人。

法国菜

喜欢法国菜也是因为它那种细致享受的感觉而已。在法国,吃饭是一件隆重的事情,人们会为一顿晚餐而作精心的打扮及布置。喜欢法国菜的他是一个与众不同、拥有着过人品味的人,他会十分清楚自己的人生追求的是什么,并且会不遗余力地去实现它。

再者,许多人爱吃零食,据研究,爱吃什么样的零食可以反映一个人的性格特点。

雪糕

大多是富有罗曼蒂克情趣的人,他们喜欢生活上有刺激性的事物,但当计划受挫时,情绪就有大波动。

第四章 本性难移,习惯识人——透过习惯读懂男人

水果

能自我控制者大多选择苹果、柳橙等天然食物当零食。他们了解生活中需要什么,具有创造性,有大发明家的潜质。

烤馅饼

喜欢耗体力的活动,特别是以球队形式比赛的活动。他们喜欢周围有人旁观,常是社交生活的佼佼者。

卷形饼

是能干又有上进心的人,能把事情迅速做完,追求目标时能克服任何障碍。

饼干或蛋糕

具有社交能力,给人东西超过接受别人的东西。他们爱听别人讲话,也善于他人沟通。

巧克力

处理问题时富逻辑性、组织性和系统性,对新事物的或新思想的出现常持谨慎的态度。

此外,喜欢吃肉和土豆的男人稳定可靠,但不太喜欢冒险。点菜时总是喜欢尝试新事物的男人在生活中也同样热爱冒险,他对稳定的关系(像婚姻)有着明显的抗拒。

读懂他,掌控他

盘子里的食物可以被视为进食者当时情绪的指示器:当一个人需要调整情绪时,会通过选择不同的食物来达到目的。人生气的时候就会偏爱有嚼头的食物,只有大口咀嚼坚硬的食物,才能让其得到满足。而人沮丧的时候就倾向于选择有刺激性的食物,如甜食和咖啡等。如果一个人对食物有极度的嗜好,他就应该是性格外向、思想开放、充满热情的人。嫉妒心强的人常常会在自己的碗里堆满任何可以吃的食物。而精神压力过大的人就

喜欢盐分大的食物,如油炸土豆片,因为这时候人体内分泌应激激素的肾上腺会发出需要盐分的信号。至于那些性生活不和谐的人就钟爱碳水化合物含量高的食物,特别是饼干、脆饼以及面包,这些食物可以使胃部迅速充满并让人满足。

从一个人爱吃什么食物,可以看出其性格和情绪。

从吃鸡蛋的方式对他加深了解

鸡蛋是日常生活中最常见的食品之一,鸡蛋具有很高的营养价值,而且价格十分低廉,因此成为人们日常餐桌上的必备食品,而从一个人选择吃鸡蛋的方式也能看出他的大致性情。

喜欢吃炒蛋的人

多善于交际,他们也能与其他人很好地相处。他们不拘于小节,对人对事能持比较宽容的态度。他们不喜欢张扬,也不太希望引起他人更多的注意,但善恶是非多是分得比较清楚的,别人对他好一分,他会回报别人十分,可是如果别人对他恶一分,他可能会回敬别人十分。

把蛋煮得过了火候,喜欢吃很硬的鸡蛋的人

一般多把自己隐藏保护得很好,他人不会轻而易举地就走近、了解他们。要想认识这一类型的人需要花费很大的力气,慢慢来。这一类型的人,在外表上看起来给人的感觉很冷酷,其实走近他们以后就会发现,他们的内心也很坚硬,并不会随便地就被什么东西所感动。这类人见的世面很广,或许是见得太多,遭遇得也太多,所以才导致他们缺乏温情吧。

喜欢吃煮得半生不熟的蛋的人

在外表上看起来虽然很固执,但他们的内心脆弱,易向别人妥协。他们

第四章 本性难移,习惯识人——透过习惯读懂男人

的性情是热情而又温柔的,一点小小的事情,可能也会让他们感动不已。

喜欢法式煎蛋卷的人

多是开朗而神秘型的人物,他们的外表也许很严肃很呆板,但内心却与外表存在着很大的差距。他们总是能够隐藏一些秘密,然后吸引别人来探个究竟。对于所谓的秘密,他们会不费什么事就说出来,但在开始总是要故弄一下玄虚。

喜欢吃单面煎的鸡蛋

这一类型人的性格多是乐观的,充满了积极向上的精神,对未来有着无限的向往,并且抱着很大的信心,相信自己能够开创出一番事业来。同时他们也会很努力地脚踏实地地去做一些事情。

喜欢吃两面煎的蛋

这也是一个积极乐观的人,但是他们在为人处世方面要相对地谨慎小心得多,不会不加分析和思考就莽莽撞撞地去做某件事情。正是由于这一点,他们避免了许多麻烦和失望的产生,他们多能够很好地有计划地安排自己的生活。

喜欢吃煮荷包蛋的人

多谦恭有礼,不招摇,行为举止也很恰当得体。但他们会经常被一些麻烦缠身,甩也甩不掉,不是他们制造麻烦,而是麻烦经常光顾他们。

蛋白牛奶酥是把蛋白打散,然后烤得又松又胀,而蛋黄则放在一边不用了。

这样的人多有比较漂亮的外表,很能吸引他人的目光。但是通过接触就会逐渐地发现,他们只是空长了一副皮囊,其实并没有什么内涵。

读懂他,掌控他

除了以上种种,你还可以从他先吃什么后吃什么看出一些端倪,比如,先吃蛋白的男人是个想法很有逻辑的人,很有创意,但是有时会很冷酷甚

至是有点自私;先吃蛋黄的人心肠软,很难拒绝别人的要求,永远都不懂得在适当时说不;两样一起吃的人自我中心很强,不多理会别人的感受,不重视他人的意见。

漂浮在咖啡里的内心意识

如今咖啡已经成为俊男靓女的一种日常功课,成为一种腔调的代表,那么他对于咖啡有怎样的嗜好呢?

喜欢拿铁咖啡

爱情的稳定性,对他来说最重要。即使对方条件再好,如果不能带给他安全感,他死也不会爱上,更别说是陷入爱河啦。他的确如同大家印象中那般冷静理智。

喜欢卡布其诺咖啡

朋友多多的他,爱情是生活的点缀品,友情还更重要几分。他喜欢两人轻松自在的关系,拒绝成为粘在一起的双人橡皮糖。

喜欢三合一即溶咖啡

他最容易因为渴望爱情,而去谈场事后想起来很莫名其妙的恋爱。可是他对于爱情没什么耐性,如果不给他肯定的答复,或是对方追求者众多,他很容易就会放弃。

喜欢低咖啡因咖啡

他喜欢享受咖啡的味道,但是却又害怕咖啡因的危害。爱情对他来说,也是如此,他既想又怕,向往爱情的甜蜜,却又不想负责任,是最容易同居不婚的族群。

第四章 本性难移,习惯识人——透过习惯读懂男人

喜欢即溶咖啡的人

缺乏足够的耐性,总是力求不浪费自己一点的时间,即使结果不怎么完美,他们有时会忽略效率和品质,他们容易暴躁发怒,但他们善于自我开导,以恢复精神,准备更好的去迎接另外一件事情。

喜欢和冷冻咖啡的人

他们对自己在别人心目中的形象和地位很重视,别人对他的评价可能会直接影响到他的情绪。他们对新鲜的事物很好奇,喜欢刨根问底.他们对自己的期望很高,并常会迷失自己,对于别人的一些行为,他们很喜欢模仿.

喜欢用酒精灯煮咖啡的人

他们都有些怀旧的情节,喜欢浪漫主义情调,常常会制造出那种很朴素但又很和谐的怀旧气氛,他们的价值观比较传统,行为也比较保守,所以他们有很多大胆新奇的想法但都无法付诸实践,变成现实。

喜欢新奇的混合式咖啡的人

他们喜欢把自己塑造成一个与众不同的人物,并且为此花费大量的时间和精力也不会觉得可惜,他们不满足于普普通通、平平凡凡,他们希望自己的观点和行为方式都很独特,这样就可以吸引他人。

喜欢磨咖啡豆的人

他们中的大多数人都具有非常鲜明而独特的个性,非常相信自己,总是认为社会上能和自己相比的人几乎没有,对于这一点大家都会感到吃惊,甚至心里极不舒服,但却会记住他们,这种人很勤劳,做事情循序渐进,尽量达到完美.

喜欢滤式咖啡的人

他们的生活品位比较高,为了付出后得到更多的回报,他们往往会让满足感延后来,他们追求完美,对于那些想拥有的东西.就一定是要最好的。

读懂他，掌控他

咖啡具有特殊的风味与魅力，很容易令人上瘾，而许多人也视咖啡为一种气氛与浪漫的代表。一个人爱喝什么样的咖啡，多少能反映出一点性格，所以看一个人品味如何，看他喝什么样的咖啡吧，除非他从来不喝咖啡，他只喝茶，那就是另一个需要讨论的话题了。

从旅游方式看懂他的内心

心理学家研究发现，从一个人最喜欢的旅游方式，可以揣测出他的性格。

欣赏风景

他拒绝被局限于斗室，刻板式的工作令他感到烦闷。他是精力充沛的人，而且赋予幻想，生活中的新鲜事儿会令他感到兴奋。

留恋海滩

他的性格显得保守、孤僻，有一种离群独居的冲动。

探访朋友

忠心是他最大的优点，探访亲朋好友能够给他带来充实感。此外，还显示出他是个实事求是的人。

参加旅游团

他是个有理智的人，做事情喜欢计划得井井有条，不太喜欢有过多的意外。此外，他的个性豪爽，喜欢和别人一起分享他的一切，而且当别人欣赏他的时候，他会分外高兴。

露营

他是个传统思想的忠实拥护者。不过，他的个性仍然充满独立，富于创造性,他拥有一个崇高的道德标准。对于生活,他的态度是比较现实的。

爬山

虽然他爱好户外活动,但他并不是一个赋予幻想的人,他充满活力,往往自觉自愿地肩负起责任,但不善于自我表现。

读懂他,掌控他

心理学家认为,假日是观察判断人们性格的好时机。这是因为,一个人在有组织的情况下的工作学习,其性格特点会受到制度和集体意识的约束和影响,外露程度相应较少;而由自己支配的节假日思想放松、无所顾忌,能较明显地表现一个人的性格特点。如果你们是一对恋人,更要趁次机会对他(她)做进一步的观察了解,切不可放过,看他如何度假,喜欢哪种旅游项目来消磨他的假日时光,是你的必做功课。

从约会场合洞察他的处世方式

日常生活中,朋友之间的约会,最能反映一个人心情的最佳指标。不论男女,从他选择与好友约会的场所可以看出其性格。通常情况下,你的男友会约你在何处碰面?

车站,站牌

他是一个清纯的人,这样的爱情有点像是纯纯的学生爱情,就他而言,细水长流的爱情才是他想要追求的。

在饭店大厅里

这种人多数胆量大,不在乎自己的隐私被其他人窃取,即使别人对自己构成了威胁,他们也有十足的把握来解决出现的问题,这是他们智慧超众的表现。

透过细节读懂男人

百货公司门口
就像是百货公司一般的，你们的爱情就好像是拥有丰富的物质一样，正代表著你们是重视实际并非注意外表。

公园，电影院
他是属于比较害羞的人，喜欢拥有属于自己的空间，且较具有隐密性的地方，由于个性的使然，常常会让他将事情放在心里，而错失许多的机会。

茶艺馆里
这种人通常都极为谨慎，认为茶艺馆中的人都是等闲之辈，对自己不构成威胁，即使听到了自己说出不该说的话也奈何不了自己。他们做任何事情都很小心谨慎，认为混在茶艺馆中可以掩饰自己的庐山真面目，所以电视剧中的地下党多在茶艺馆中联络和碰头，贩毒分子也多在茶艺馆中进行交易。

餐厅或咖啡厅
属于感情较稳定的类型，除此之外，你们也是属于比较浪漫的恋人。

在家等
你们的关系大概像是一对小夫妻了，你们并不需要借着外界的力量来维系彼此的感情的强度，而且会在家中约会的人，只想真真实实的拥有对方，像对夫妻似的。

俱乐部或酒吧
这种人大多数沽名钓誉，认为这种场合能够满足对方的很多欲望，而且名正言顺，以休闲和娱乐为目的。同时，还可以提高自己的身份和影响，有利于自己目标的实现。

办公室
这种人对人多半十分有诚意，因为办公室是一个单一性质的场所，不

第四章 本性难移,习惯识人——透过习惯读懂男人

允许也没有其他人或事情影响谈话内容和气氛,自己可以和对方进行最实际的谈话。他们对工作充满了自信,认为工作可以帮助自己解决很多甚至所有的问题,所以办公室成了他们最信任的地方。

宽敞场所

这种人多为心胸开阔、乐观直爽的人,但性格当中也有怯弱的一面。因为宽敞的场所通常人很稀少,他们选择在这种场所聊天完全可以不用担心隔墙有耳,给自己留下什么麻烦。他们以男人居多,一般志向远大,目光长远,居安思危,给人一种沉着稳重的感觉;也善于掩饰自己的真情实感,别人,有时包括亲人也无法理解他们。

家门前

选择在家门前的人。这种人性格外向,毛毛糙糙,不太成熟独立性强,不会做事。但人比较老实。

读懂他,掌控他

要留心对方的爱好,假如对方是个电影迷,邀请他去看电影应该是进行约会的良好开端。当然参加各种文化活动,到美术馆、博物馆参观,到公园游玩,到图书馆去借书等,都是不错的约会方式。

第五章 言为心声,察言窥心
——透过语言读懂男人

他的话语和声音透露他的性格

"闻其声,知其人。"在说话过程中,人的内心感受直接影响声音,而另一方面,声音大小、韵律、语速、语气等也是内心活动的外在表现。声音通常会反映个人的特点。从谈吐方式和声音的类型,可以大致了解对方的性格或人品。

高亢尖锐的声音

男人发出高亢尖锐声音者,这种人个性比较狂热,容易兴奋也容易疲倦。这种人对女性会一见钟情或贸然地表白自己心意,往往会令对方大吃一惊。高亢声音的男人从年轻时代开始即擅长发挥个性而掌握成功之运,这也是其特征之一。

温和沉稳的声音

男人带有温和沉稳声音者乍看上去显得老实,其实有其顽固的一面,他们往往固执己见绝不妥协,不会讨好别人,也绝不受他人意见所影响。作为会谈的对象,这种人刚开始难以相处,但他们却是忠实牢靠、值得信赖之人。

沙哑声

男人带有沙哑声者,往往是耐力十足又富有行动力的人,即使一般人裹足不前的事,他也会鼓足劲往前冲。缺点是容易自以为是,对一些看似不重要的事掉以轻心,结果贻误良机。还有,具有这种声质的人,会凭个人的力量拓展势力,在公司团体里率先领头引导众人。越失败越会燃起斗志,全力以赴。具有这种声质者中屡见成功的有政治家、文学家、评论家。

口若悬河滔滔不绝的人

这种人的性格特征是说起话来像是连珠炮似的滔滔不绝。口若悬河的男人,有时因不会接纳他人的意见,过于主张自我而惹来麻烦。他们自认为好的事却常常是旁人感到厌恶的事。这种人给人的第一印象虽不佳,却能在交往一段时间后慢慢化解彼此间的误解,而让人发现其个性品位。这种人也很容易引起异性的误解。

粗而沉的声音

发出沉重的有如自腹腔而出声音的人,不论男女都具有乐善好施喜爱当领导者的性格。喜好四处活动而不愿静候家中,随年龄的增长,这种人的体型可能会变得肥胖。有这种声音的男人通常会开拓政治家或实业家的生涯,不过,其感情脆弱又富强烈正义感,争吵或毅然决然的举止会使日后懊悔不已。这种人还容易比较干脆地购买高价商品,属于那种行动型的人。

娇滴滴而黏腻的声音

这种声音往往是由女性发出的,但男人若发出这样的声音,多半是独生子或在百般呵护下长大的孩子。这种人独处时感到非常寂寞,碰到必须自己判定事物时会感到迷惘而不知所措。他们对待女性非常含蓄绝不会主动发起攻势。若是一对一地和女性谈话时,会特别紧张。因此这种人在他人

眼中显得优柔寡断。

读懂他，掌控他

声音的确会表现性格、人品，有时也是预测个人前途的线索。

从脸部表情、动作、言词用语而无法掌握心态时，往往可从声调去揣摩其喜怒哀乐情绪变化。一般来说，可根据以下三个方面的特征来分析声音：声音的高低（音频），声音的大小（音量），声音的韵律（音律）。

高昂的声音中如果尖锐响亮，通常是无法抑制自己的感情而愤怒的时候，同时也是感到紧张的时候。所以，与别人谈话时，当对方发出这种声音，你一定要特别留意。相反，情绪平和安详，觉得对方的身份比自己低时，音频会放低而带有沉重感。当对方充分理解自己所说的话时，语调也会渐渐变沉变低。换言之，声音语调的高低是判断对方紧张感的关键。

语速反映出的心理特征

人类是最高级的动物，人和动物相区别的主要特征之一就是人有自己的语言。语言是一套音义结合的复杂系统。人在说话时，不是动物的怒吼，不是一种本能的释放，而是在进行思想的交流，同时也是心理、感情和态度的流露。人在说话时也是心理、感情和态度的流露，其中，语速的快慢、缓急直接反映着说话人当时的心理状态。

一个人的说话时的语速可以视情况而定，当面对一篇优美抒情的散文时，会用一种舒缓、悠扬、抑扬顿挫的口吻来读，从而表达心里对文章意境的解读；如果是一篇富有战斗力的激情散文，又会语速加快，借以抒发一种紧急、战斗的激情。

生活中，每个人都有自己固定的语速，比如有人说得慢，有人说得快，

第五章 言为心声,察言窥心——透过语言读懂男人

还有人说话比较适中。

通过分析一下人的不同语速,可以看出他长期以来形成的性格特征。

语速快的人

这种说话的人特征就像打机关枪,根本就容不得别人有插嘴的机会,一般是一口气说到底。性格比较外向,思维敏捷,应变能力强,并且口才比较好,见什么人说什么话。能说会道,善于交际,很会迎合对方的心理,因此在交际场上如鱼得水,总能轻而易举地达到自己的目的。在他们的心里,藏不住任何事情,他们想到什么就说什么,有时候甚至将自己认为比较可笑的事情讲给大家听。但是这类人性格比较暴躁,容易生气、发怒,遇事武断,可能会一意孤行。

语速平缓的人

这种人说话的语速相对比较慢,这种人属于慢性子,说话通常是不紧不慢,即使有比较紧急的事情,他照样雷打不动地用他那种独有的语速来叙述给别人听。这样的人大多温柔、善良、为人宽厚而仁慈,富有同情心,能够关心和体谅他人。这类人思维细致,善谋划,能够吸取别人的意见,但又不失自己独到的见解。他们思想比较保守,对新鲜的事物有排斥倾向,原则性很强,思维不够敏捷,做事情总是犹犹豫豫,缺乏魄力。

语速极慢的人

这种人语速非常慢,而且不稳定,慢慢吞吞,很可能性格软弱,内向,缺乏自信,有点木讷。

突然转变语速的人

如果一个平时伶牙俐齿、口若悬河、语速很快的人面对某个人时,忽然吞吞吐吐,前言不搭后语,反应迟钝、语速慢了下来,这时有两种情况:一是他可能不满对方,或者对对方怀有敌意,二是他可能有事瞒着对方,或者做什么事情,心虚,底气不足。一位平常说话慢慢悠悠、不急不忙的人,面对一

些人对他说出不利的话的时候,如果他用快于平常的语速大声地进行反驳,那么很可能这些话都是对他的无端诽谤。

在平时生活、工作中,每个人也都有自己特定的说话方式、语言速度,我们可以根据一个人说话时的语速快慢,判断出他当时的心理状态。比如,某男偷偷地暗恋着某女,他在别人面前都能够谈笑自如,幽默风趣,保持着平常惯有的语速。可是,一旦面对着那个他喜欢的女生,他马上变得不知所措,不知道要说什么,说起话来也仿佛嘴里有什么东西,含含糊糊,一点都不连贯流畅。这样的信号就给了我们以暗示:他喜欢她。

读懂他,掌控他

讲话慢给人的感觉是自信、笃定、内涵、好脾气、稳重、策略型的、宽容的、倾听型的、思考型的;讲话快给人的感觉是聪明、好表现、自信、争取型的、主动的、创造力强的、攻击型的、脾气急躁的、执行力强的。总之语速可以很微妙地反映出一个人说话时的心理状况。留意他的语速变化,你就留意到了他的内心变化,交谈时的语速可直接反映着说话人的心理状态。

他对你的称呼和他对你的态度

对有的男人来说,所有的女人都只有一个称呼"亲爱的",这种男人可能有很多女人,统统用一个称呼,以示亲近,又避免混淆。

称呼你为"XX小姐"或"XX女士"的男人有绅士情节,以此显示他的高贵及与你的疏远。

称呼你名字中一个字的男人热情,不喜欢和别人有太远的距离,并不一定对你一个人这样。

总之,看他对你的称呼便可以看出你们的关系亲密程度和他对你的态

第五章 言为心声,察言窥心——透过语言读懂男人

度。

那么,他是怎样称呼你的呢?

老婆

据说是最通俗最顺口的叫法。只是比较少听见女生叫男生"老公"的,大概"婆"为扬声而"公"为平声,或者女生的脸皮比较薄而男生的比较厚。

娘子

比较古典而且诗意的叫法,不知道是不是为文学院男生的专用。

不过随着周杰伦这个新的 R&B 之王的《娘子》的流行(虽然他唱法含糊不清快得看不清盗版碟上错字一大堆的歌词),应该会慢慢兴起才是。

全名

一般比较适合那种超级厚脸皮并且拉不下脸去表现两个人的暧昧关系的死爱面子派,适合大男人大女人在公众场合红着脸的互相吆喝。

最后一个字

比较暧昧的关系,比较亲密。但适合那种不太肉麻恶心比较正常的男生。

笨蛋

应该是来自于《一吻定情》的超级美男子之口的那句带着宠溺的"笨蛋",其中真是甜蜜心自知。不过奇怪的是,难道男生们不怕自己的女朋友因此比较而更加迷恋美少男?

喂

最装模做样的爱面子的男生。比较大男人主义的,有些相似于叫全名。

那个女人

在兄弟面前为了表现自己的男子汉气概,为了面子而叫的,不过谁知道在他们背后在她面前是怎么肉麻兮兮温情脉脉的呢。

透过细节读懂男人

宝贝/乖乖/亲亲/甜甜

大概是温柔似水小鸟依人的那种女生比较适合这样称呼。如果对着凶巴巴的女生这样叫那真的真的是非常,有独特的品味。

读懂他,掌控他

从称呼上可感觉到你们之间的距离。亲密的朋友和彼此有好感的朋友,才会亲切地以小名或昵称相称呼。与男友交往已久,若他对你名字的叫法不曾改变过,则表示他和你还有段距离,甚至可能他无意娶你为妻。就算他为人和善,刚认识时便亲热地叫着你,但如不再进一步的亲切化,则表示你们的关系毫无进展。就像公司同事间的称呼便是这种道理,口头上虽叫得很亲热,但感情非常平淡。所以女性读者,千万要注意男友对你的称呼一直没有变化,就意味沟通不够,必须想办法改善。

从打招呼中观察对方的性格

常听到人们这样说:"有的人连句招呼的话都不敢说""稻穗愈成熟头会愈下垂",意指成功者非常有礼貌,与别人打招呼的方法也非常高明。"亲密的人之间也需要礼貌",连父子之间,也需要维持礼貌。我们与他人见面时都会打招呼、即使是初次见面,也不会抱着完全无所谓的心态,通常都会产生某种感觉或印象。招呼用语表示的是打招呼人与被打招呼人之间的一种交往关系。如果遇到熟人不打招呼或者别人给你打招呼你装作没听见,都是不礼貌行为。俗话说:"良言一句三冬暖,恶语伤人六月寒。" 招呼的方法因人而异。这边向对方打招呼时,对方没有回答或有时勉强回答;相反地,有人经常用很开朗的声音,向对方打招呼。在打招呼时,包涵着欲求不满和纠葛等会在脸上表露无遗。快乐时就作快乐的打招呼,悲哀时就作悲

第五章 言为心声,察言窥心——透过语言读懂男人

哀的打招呼,不高兴时连招呼都不打等等,心理状态一一呈现在脸部。由此看来,打招呼不仅仅是个礼貌用语,通过每个人不同的打招呼方式还可以洞悉人的内心世界。

你和他认识的第一句话从打招呼开始,那么,他平常都是怎么打招呼的?

扬手打招呼

他不会只以语言为满足,而更重视表情和动作。与人交往喜欢照顾别人,内心有不愉快,也能立即忘记,属于社交型。由于他的亲切和开朗,即使第一次见面的人,也会立刻与他成为好朋友。

鞠躬打招呼

打个招呼,道声"你好",略微自然弯身鞠躬的他会将日常生活习惯原封不动地表现出来,属于容易注意到其他人的淳朴类型。即使有想要的东西,他也会忍耐,因此不会招致他人厌恶,属于思想保守型。

只动嘴巴,表情不变

他会维持目前的生活方式,讨厌麻烦。对人的好恶表现得相当明显,不会勉强自己与不喜欢的人交往,属于现代型。在日常生活中,常会发出不满的声音。

拍拍对方的肩膀或手臂,说:"你好!"

强烈希望与人接触的他会利用夸张的动作与人亲近。很多政治家与中小企业的老板属于此类型。如果是年轻人,则属于个性开放,能博得大家好感的人。

打招呼时与对方保持一定的距离

在人们打招呼时,从对方对自己所保持的距离可以洞悉到别人的内心世界。从心理的角度看,如果下意识地保持距离,说明对对方的疏远、警戒,造成对自己有利的气氛,而会使对方的心理状态处于劣势。如果对方在打

招呼的时候,故意后退两三步,从表面上看这是一种礼貌或者表示谦虚,然而这种小动作往往让人误解是冷漠的表现。

打招呼时凝视对方的眼睛

在打招呼时,有的人会一直凝视着对方的眼睛,目的是想利用打招呼来测试对方的心理状态,并含有对对方的戒心,企图比对方优越的自尊表现。对于这样的人,要对其保持诚意,且不能暴露自己的缺点,不然会被对方小瞧。同时,和这种人交往应向时间要结果,不能操之过急。

注意对方的眼睛打招呼时,尽管对方不看而做应答招呼,可能是对方怕生而胆小,或有强烈的自卑感,并非自傲、瞧不起人。所以,此时另一方要保持冷静,抑制自己的不平心态。

初次见面就很随和地打招呼

初次见面就很随和地打招呼的人,不仅会使人大吃一惊而且会给人一种轻浮的印象。缺乏常识,其实是因为这种人很寂寞,非常希望与别人接近。假如某人和你打招呼时,毫不顾忌地拍你的肩膀,这种动作,正好表示他对你丝毫不畏惧,并想以此显示出他的优势地位,造成"无声夺人"的局面,使你的心理状态处于劣势。

千篇一律地打招呼

对常见面的人,千篇一律的打招呼,这多是自我防卫、表里不一的人。这种打招呼类型的人具有自我防卫的性格。这种人多占据重要的位置,所以自己的言谈不能太随便。在工作场所,除与工作有关的事情外,其它废话不必多说。

打招呼时不同的常用语提示不同的性格

常用"你好!"来打招呼的人大多头脑冷静,刻板,对待工作勤勤恳恳,一丝不苟,能够控制自己的感情,能够处变不惊,深得朋友们的信赖。

习惯用"喂!"来招呼人的朋友开朗大方,天真活泼,精力充沛,直率坦

第五章 言为心声,察言窥心——透过语言读懂男人

白,思维敏捷,具有良好的幽默感,并善于听取不同的见解。

喜欢用"嗨!"的人腼腆害羞,情绪化,决断力不够好,做事总是思前想后,经常由于担心出错而不敢做出新的尝试。但有时也很热情,讨人喜爱。当跟家里人或知心朋友在一起时尤其如此,晚上宁愿同心爱的人呆在家中也不愿外出消磨时光。

喜欢用"过来了!"打招呼的人办事果断,乐于与他人共享自己的感情和思想,好冒险,不过能及时从失败中吸取教训。

习惯用"看到你很高兴!"打招呼的人性格开朗、待人热情、谦逊,喜欢新鲜刺激。看到别人需要帮助绝不会袖手旁观,这样的人开朗活泼,是十足的乐观主义者。不过,他们也经常幻想,被自己的情感所左右。

爱用"有啥新鲜事?"来招呼的人雄心勃勃,好奇心极强,凡事都爱刨根问底,弄个究竟,热衷于追求物质享受并为此不遗余力。办事计划周密,有条不紊。

问"你怎么样?"的人好出风头,希望惹人注意,对自己充满自信.但又时时陷入深思,行动之前.喜欢反复考虑。不轻易采取行动,但一旦接受了一项任务就会全力以赴地投身其中,不达目的绝不罢休.

读懂他,掌控他

当人们互相打招呼时,彼此之间所保持的距离,往往透露了你在对方心中的份量,仔细观察其中的奥妙,可以了解一个人自身的好多东西,每一种习惯用语都揭示了说话的性格特征。如果我们能从打招呼的方式上对对方有一个初步判断,那对接下来的交谈,当然会有很大的帮助。

通过语言韵律透视他的心

除了对方的言谈速度和言谈音调外，我们还可以观察对方言谈的韵律。有这么一个故事：

五代时，冯道与和凝同在中书省任职，冯道说话做事都很缓慢，而他的同事和凝则是个性急的人，办事果断，做人颇为自信。就是因为性格差异太大，两人经常为一些小事而意见不合。有一天，和凝看到冯道买了一双新鞋，认为款式不错，他也很想买一双穿，就问冯道："先生这双鞋卖多少钱？"冯道慢慢地举起右脚，缓缓地对和凝说："这900元。"和凝素来性情急躁气量又小，听到这里，便对手下人大发脾气，"你怎么告诉我这种鞋子要用1800元？"正想继续责骂，这时，冯道又慢慢地抬起左脚说："这只也900元。"和凝这才不生气。说话比较缓慢的人，大多性格沉稳。他处事做人是通常所说的慢性子，所以从言谈的韵律上可以看出一个人的性格。

充满自信的人，谈话的韵律为肯定语气；缺乏自信的人，或性格软弱的人，讲起话来，节奏很慢，让人感觉吞吞吐吐。其中，也会有人在讲一半话之后说："不要告诉别人……"而悄悄说话。这种情况多半是背后谈人闲话，但是，内心却又希望能够传遍天下。

有的人说起话来没完没了，自己讲了好久之后才会停下来，也说明谈论者心中必潜在着唯恐被打断话题的不安。唯有这种人，才会盛气凌人的方式谈个不休。至于希望尽快结束谈话的人，也有害怕受到驳斥的心理，所以试图给予对方没有结果的错觉。

另外，经常滔滔不绝的人，一方面目中无人；另一方面好自我表现，并且，这种类型的人，一般性格外向。

第五章　言为心声,察言窥心——透过语言读懂男人

通常来说,很多有成就的企业家和政治家在控制言谈的韵律方面,都有独到之处。这种细节性的处理方式,使他们赢得了社会或下属的认可与尊重。

▶ 读懂他,掌控他 ◀

人说知人知面不知心,但是他说话的韵律和音调大小一样,可以作为一个判断的依据。在你和他交谈的时候,不仅要听他说什么,有什么样的肢体动作,还要注意他声音的大小,以及音调、韵律,这都是判断他性格的突破口。

口头禅里包含的意思很多

口头禅一词来源于佛教的禅宗,本意指不去用心领悟,而把一些现成的经验挂在口头。演变到今天,口头禅已经完全成了个人习惯用语的意思。而且,按照现代心理学的观点,口头禅其实也不是完全不"用心"的,它背后隐含着一些心理活动和心理作用。

口头禅的形成,大致跟使用者的性格、生活遭遇或是精神状态有关,可以算是个人标志,同时也影响着其他人对这个人的感觉。语言的风格是个人文化素养的体现,挂在嘴边的口头禅所属的语言风格,会让人很自然地把你与这种气质联系到一起,例如"谢谢"、"对不起"等文明、有教养的词汇让人感觉到你的高素质;总是把"无聊"、"没劲"挂在嘴边的人也会让别人感觉到他的颓废、疲惫和无追求。

你是否留意过,他平时都把哪句挂在嘴边呢?

"凭什么呀!"

事情不该是这样的,但却这样发生了。看不惯那些与意愿相悖的事,并

以重复出现的这句口头禅来鸣不平,缓解郁闷。这样的人正直,却有几分神经质。苛刻,但不一定专门针对你。对公平和特权十分敏感,"凭什么呀",其实是在诉苦,抑或是在控诉,典型的"愤青"情结。

不公现象在发生,事事看不惯,不光自己活得累,别人看着也觉得累。口头禅所暴露的,常常是心理和思维的惯性,所以,他还是需要训练一下自己的平常心。

"不靠谱"

老是把"不靠谱"挂在嘴上,事事担心,觉着"人人不靠谱",实际上是主观在"怀疑一切"。因为不确信结果,所以就怀疑一切,这不是防微杜渐,而是为不自信和不敢承担结果找托词。这样的人多疑、苛刻,既求细节又重结果,容不得半点差错和不顺心,典型的完美主义者。很多时候,他顾虑更多的是自己的感受,很难设身处地为他人着想,往往把一些意外因素主观地归结到他人身上。

与他共事要谨慎,最好把丑话说在前头。

"事情不是这样的"

"事情不是这样的",这句口头禅是特别提醒,它告诉大家,下面我要讲自己的观点了。这样的人其实有点自我中心,无论正规场合,还是私下聊天,他都非常害怕自己被忽略,因此总是想通过否定别人来突出自己,某种程度上也可看出其自我认同相对较低。

这样的他有主见,任性,同时也很脆弱。很多时候,他是"刀子嘴豆腐心",未见得有多难相处,只要给予必要的尊重,他就会返还给你加倍的热情,且"一条道走到黑",把你当成忠实的合作伙伴或知心朋友。

当他讲完"事情不是这样的"后面的内容时,如有不同意见,可以反用他的口头禅:"事情应该是这样的……"既委婉温和,又是对他的尊重,不会触动他内心脆弱的神经。另外,日常工作中,多注意征询他的意见和建议,

第五章 言为心声，察言窥心——透过语言读懂男人

既有助于问题的解决，又可以有效提高彼此之间的融合指数。

"我晕"

任何时候，只要事情不是预计和想象的那样，他都会"晕"。其实问题一般没那么严重，但总是习惯于在潜意识里夸大成像，并在表露于口头禅的夸张情绪中反映出来。

这样的人活泼，坦诚，不隐讳个人感情，但容易意气用事。一句"我晕"，将所有的人和事一视同仁，等量齐观。所以，他善于从广度上发现问题，但不擅长从深度上思考问题。

他是一个容易袒露内心的人，和这样的人相处，还是相对轻松容易的。他情绪的每次波动，都会在"我晕"中透露无遗。至少，只要出现这个口头禅，即使我们还不知道事出何因，也足以捕捉到他内心的震动。不过，在原则问题上，不能太照顾他的心理感受，因为对他来讲"晕"是一种常态。

"好呀好呀！"

他不善于说"NO"，总觉得拒绝是件害羞或不好的行为，因此，无论份内份外之事，她都习惯性地"好呀好呀！"不过，事后也会生自己的气："为什么当时我要说好，其实我觉得不好呀！"

这样的他性格爽朗，热情大方，内心善良，待人接物比较随和。但在很多事情上缺乏主见和立场，给人感觉是个"老好人"。这会给一些爱占便宜的"坏人"有机可乘，更会给自己带来额外的麻烦和负担。

别看他口头不说，有时内心可矛盾着呢。如果是他份内之事，你的沟通成本会很小，但如果是他份外之事，能自己效劳的还是自己动手吧。假如别人对他太过分，可以的话就为他出头，因为这样的"好伙伴"毕竟不多见。

"亲爱的！"

这样的人传统观念淡薄，愿意改变自我，遇事积极主动，对人际关系观察敏锐。但有时多变，易受情绪影响，很可能刚刚还在叫你"亲爱的"，现在

却气急败坏。

不要被甜言蜜语唬住！别被这种口头禅的示好夺去立场。但在日常交往中，"亲爱的"又是他心情的晴雨表，这个口头禅出现的频率越高，就表示越 High。记住，他心情好的时候，是会答应你很多要求的哟。

"你先听我说"

他非常在意自己的看法，而一个"先"字，表露出他担心对方误解自己的心理。总之，他一方面希望别人重视、尊重他的意见，另一方面又在担心别人对自己的误解。

这样的人自信心控制欲强，自认能将对方说服，令之相信。沟通中将别人打断，或不让对方说话，又表明他的性格有些急躁，内心常有不平。

和他相处是一场控制与反控制的博弈。如果比他弱，就好办一点，因为你在控制欲极强的人心里，是最安全的，而你在原则问题上偶尔的反抗，会让他觉得更有吸引力。如果和他性格类似，就不要示弱，强者对强者，永远是更强者得胜。

"不信咱打赌"

假如男人的口头禅经常表露要跟你打赌，并不证明他一定有把握，因为这类男人有时更易相信侥幸。假如中奖率与车祸比率差不多，他宁愿相信中头彩，也不愿相信自己会遭车祸。

这样的男人自信，敢于冒险，但有时盲目乐观，对负面结果估计不足。固执己见，认定的事情一般人很难扭转。他未必好赌，但"赌徒"心理时常会左右他做出不恰当的决策和举动，让事情朝着不好的方向发展。

泼点冷水对他有好处，但要注意方法。他不是爱"打赌"吗？那就跟他赌一把，不过事前要对结果了如指掌。如果结果偏向他预计的方向，那就赌小点，越小越好，让他赢了也觉得没意思。如若相反，那就加重砝码，越重越好，让他输得悔到深处。如果实在没有把握稳赢，口头提醒一下也未尝不

第五章 言为心声,察言窥心——透过语言读懂男人

可:"小心爬得越高,摔得越惨!"

读懂他,掌控他

　　口头语言是人在日常生活当中由于习惯而逐渐形成的,具有鲜明的个人特色。在生活当中,绝大多数人都有使用口头语言的习惯,一般来说,通过它可以对一个人进行观察和了解。当然,想通过口头语言更好地观察、了解和判断一个人的性格如何,需要在生活和与人交往中仔细、认真地揣摩、分析,这样才会收到良好的效果。

通过"身体语言"解析男人的内心

　　许多人在说话时,往往会伴随着一些动作,这些动作,有的是习惯形成的,有的则是说话的人为了加强说话的效果与语气等特意做出的。总之,不少人都有边说话边做动作的习惯。而这些动作、手势等不仅代表着说话者的某些强调或附加的含义,同时,各人所做出的不同动作,还反映着不同人的心理及性格特征。

　　不要总说女人善变,其实男人在某些时候也是让人难以琢磨的。他们的身体有时也在说一种无声的语言,看看以下他们的行为,你就会从中发现真相。

　　他突然一反常态地变得有些忧伤。他竟然将头埋在你的怀里,看起来像个孩子般对你撒娇。

　　当一个男人在他心爱的女人面前表现得像个孩子一样时,他一定是因为深深的爱你、信任你才这样做。男人只有在爱上一个女人,对她完全地信任时才会放松下来,展示自己的脆弱、孤独和忧伤。

　　和一大帮朋友聚会,他明显有些喝多了。于是,当别的朋友再劝酒时,

你好心好意地站起来拦阻,谁知好心被他当成驴肝肺,他将你挡到一边,示意你少管闲事。

男人都好面子,做酒桌上的英雄便是有面子的体现之一。所以,如果做妻子的当着许多人的面说丈夫酒量不行,无疑让他失了颜面。

你们吵架了,他用拥抱拦住你离去的行动,可是却不肯开口说一句"我错了"。

男人从小被教导着要做"天不怕地不怕"的英雄,所以,哪怕他做错了什么事,也要"死要面子活受罪",主动承认错误仿佛是一件很伤自尊的事情。他主动抱抱你,拉拉你的手,就说明他已经承认他错了。

你们的结婚纪念日,你精心准备一番等他回来。但是他回来后,对你的各种暗示反应很勉强,还总是暗示他今天很累,一副力不从心的样子。你的性暗号,他其实是懂的。他的表现是说明他并不想。而直接地拒绝你又怕伤了你自尊心及面子,只能找各种身体语言托词。

有的人与人谈话时,只要一动嘴一定会有一个手势动作,摊双手、摆动手、相互拍打掌心等,好像是对他说话内容的强调。这种人做事果断、自信心强,习惯于把自己在任何场合都塑造成一个领导型人物,性格大都属于外向型,对朋友相当真诚,但不轻易把别人当成自己的知己,踏实肯干的性格使他们的事业大都小有成就。

读懂他,掌控他

每个人说话时不经意地会表现出不同的肢体动作,这些动作中多少隐藏了每个人的不同个性。心理学家经过反复调查和研究,了解到一个人的说话习惯与其性格特征有着直接的关联,而且可以把这种关联作为认识一个人的基本方法。

第五章 言为心声,察言窥心——透过语言读懂男人

观察他说话时的面部表情

每个人都有一副独特而不容混淆的脸相,而在这些独特的脸相中,隐藏着各种各样的表情,而表情是情绪的外部表现,是由躯体神经系统支配的骨骼肌运动,是感情活动的外显行为,反映的是人的心理。脸就像一台展示我们人的感情、欲望、希冀等一切内心活动的显示器。

而在几乎所有的生物中,人的脸部表情是最丰富、也是最复杂的。据统计,人的面部所能做出的表情多达 25 万种之多。正是这些丰富的脸部表情使得人们的社交变得复杂而又细腻深刻。

男人每一个细微的表情或动作,都能反应出他的内心世界,就算他再怎么深藏不露,都有看穿他的法眼。

彬彬有礼,始终微笑

他貌似极具亲和力,一出场脸上就始终挂着迷死人不偿命的微笑,很有风度。第一眼看到他,会让 MM 怦然心动,觉得"他"就是自己心目中的 Mr. right。不过千万别因此冲昏了头,他迷人的微笑、很有礼貌的行为表现,只因他把自己严严实实地包裹起来。表面看像是与你很近、很亲,实则他的心离你很远很远。他害怕受到伤害,也害怕伤害到他人,所以,他会极力掩饰自己的真正想法与感受。

对于这样的男人不可掉以轻心,别看他对着你笑,立刻就误以为他对你有好感,他只是不敢表现真实想法,像蜗牛一样背着重重的壳,把自己保护起来。你需要冷静下来,并表现出你温柔、亲切的一面,让他慢慢放松,从而卸去层层伪装,向你袒露心声。

边说边笑

边说边笑的人与你交谈时,你会觉得非常轻松和愉快,他们不管自己或别人的讲话是否值得笑,有时候连话都还没讲完就笑起来了。他们大都性格开朗,对生活要求不太苛刻,知足常乐,而且特别富有人情味,无论走在什么地方总是有极好的人缘。

这类人大多喜爱平静的生活,缺乏一种积极向上的精神。这类人感情专一,对爱情和婚姻特别珍惜,但大都是感情用事,如果喜欢一个人,可以为之牺牲一切;如果对一个人伤心透顶,可能把他杀了。

笑容灿烂,热力四射

他就像太阳一般,热情如火,笑容很灿烂,每一个动作都极优雅大方。初次见面就表现出极为洒脱的一面,言语风趣幽默,滔滔不绝,MM们会不知不觉被他的情绪所感染。

一见面他就表现出如此的热情,总想和你套近乎,无疑他对你产生了浓烈的兴趣,于是极力表现他的魅力,借由表情、说话、动作来表达自己的情感(情感博客,情感说吧),希望能引起你的注意,并赢得你的芳心。

这样的男人很容易相处,懂情趣,且很有影响力,很容易打动MM的心。但是,他的感情浓烈,会很快投入一段感情,情淡了也会很快抽身离开。你若被他深深吸引,请随时保持警惕,想方设法让爱情保鲜,才能抓住他的心。

紧张兮兮,坐立不安

他很容易脸红,低着头不敢正眼瞧你,握紧双手,说话还有些"口吃",身子微微颤抖,不停玩弄手边的小东西。第一眼看到他,会让MM觉得他没有男子气概,提不起兴趣。

别因此忽略他的存在,或是看扁他。他所表现出来的紧张与不安,多是因为他太重视、太在乎你,希望在你面前表现最好的一面,以至于无法抑制

第五章　言为心声,察言窥心——透过语言读懂男人

内心的激动,神情、言语变得紧张、慌乱起来。

这样的男人很感性被动,希望被呵护与关爱。你若喜欢他就应以平等的眼光看待他,用真诚的心感化他,主动与他交心,他会慢慢平静下来,对你表现出依赖感,希望能成为你的亲密爱人,并珍爱你一生。

彻底放松,不拘小节

他一脸的轻松,如同与熟悉的老友见面。很随意地入座,身体后仰,或是把腿张开,一只手托着腮……怎么舒服怎么来。第一眼看到他,会让 MM 感到迷惑。

初次见面就如此随便,彻底放松,说明他没把你看成异性,目前对你没有爱情欲望。他喜欢和你在一起,但他现在没有想过要与你有进一步的感情发展,只会把你当成"哥们儿",希望与你随意、放松地交谈,不受任何束缚。

这样的男人很随性,讲"哥们"义气。你若对他没兴趣就到此为止,结束爱情游戏;如果他正对你的味口,就得秀出你的性感与魅力。当他把你当成女性看待时,你俩的关系才可望升级为恋人。

冷静严肃,眉头微锁

他表现镇定自若,会不自觉地变得严肃起来,抿嘴皱眉,双眼紧紧跟随着你,关注着你的一举一动,像是要把你从外到里看个透彻,活像个侦探,令 MM 变得紧张。

他如此关注你,甚至会不停地向你发问,对你提出各种意见。这表示他在对你不了解之前与你保持距离,对你存在怀疑,正在考虑是否与你谈感情。这都是他不自信的表现,不会轻易付出真情。

与这样的男人约会很难放轻松,因为他太喜欢挑刺。面对他的意见,无需过多辩解,也别急于表白心声,只要做个安静的倾听者,适时给予回应就好。如此也能让你了解到他真正想要什么,以便更好地发起爱情攻势。

透过细节读懂男人

左顾右盼,眼神飘忽

他的眼神恍惚,有点坐不住,常常会四处张望,与你说话也是有一搭没一搭,反应迟钝,双腿在不停抖动,时而看看手表,时而玩弄手机,给人"身在曹营心在汉"的感觉。

在约会时他如此心不在焉,只能说明他对此次约会根本提不起兴趣,无心谈情说爱,只想着能赶快结束约会,逃离现场,摆脱尴尬的境地。

对这样一个随时想逃跑的男人,你还有谈情说爱的欲望吗?如果觉得看他如此神态会让你有快感,那就将约会进行到底;倘若无法忍受或是对他深表同情,何不随了他的心愿,尽早结束此次约会呢!

读懂他,掌控他

在人类的心理活动中,表情是最能反映情绪表面化的动作,中国传统的人相学以脸型、相貌等占测一个人的性格与命运,虽然有失偏颇,但如果凭面部表情来推测一个人的性格,大致上还是相当的准确的。

如下这些"脸语"是比较容读懂的:蹙眉皱额表示关怀、专注、不满、愤怒或受到挫折等情绪;双眉上扬、双目张大,可能是表现惊奇、惊讶的神情;皱鼻,一般表示不高兴、遇到麻烦、不满等等。

愉快的表情在日常生活中很容易有被观察的机会,它的特点是:嘴角拉向后方;面颊往上抬;眉毛平舒,眼睛变小。不愉快的表情,它的特点是:嘴角下垂;面颊往下拉,变得细长;眉毛深锁,皱成"倒八"字。

从言辞看穿对方的谎言

美剧《别对我说谎》《Lie To Me》,所讲的故事是如此的不可思议:看着你的眼睛,观察你的小动作,听你的声音,和你握手……男主角 Lightman

第五章 言为心声,察言窥心——透过语言读懂男人

博士就会知道你是否说谎,以及为什么说谎。

说谎者动机分为两类,一类是为了骗人而达到自己不可告人的目的;另一种谎言是善意的,为了别人不受伤害、免除尴尬等,总之是善意的。

在生活中人人都会说谎话,关键是善意的还是恶意的谎言。

人们会不自觉地向别人撒谎,有时连想也不想,甚至不承认自己在撒谎。而大部分谎言是出于礼貌的应对,如"你这样穿一点也不胖啊"、"改天找你喝茶"、"我今天不能来了,我病了"、"我给你打过电话,但打不通"等。

心理学家认为,撒谎并不都是一种坏行为,出于礼貌、出于爱撒谎,往往能得来好人缘,因为这也是待人接物的一种技巧。

如果讲话人用"坦白地说"、"说真的"、"相信我"这些词,那么他显然没有自诩的那么真诚和坦白。例如,"老实说,这是我能给出的最优惠条件",翻译过来是"虽然条件并不最优惠,但也许我会让你相信这是"。"我爱你"要比"我真的很爱你"更可信。"毋庸置疑",就是有理由怀疑,"毫无疑问"更是个值得提高警觉的词。

"相信我"通常意味着"如果我让你相信,你就会按我的想法去做"。一个人试图说服别人时,使用"相信我"的频率和他说谎的程度成正比。如果讲话人觉得你不相信他,或者他所说的缺乏可信度,他会总把"相信我"挂在嘴上。"真的"、"不骗你"也是一样。

一些人习惯下意识地在每句话前面都加上一些字眼,结果让真话听上去像假话。"你同意,对吧?"尽管听众可能并不同意讲话人的观点,但被迫回答"是"。"对吧"也暗示不相信听众能接受和理解讲话人的观点。

有些说话人用"只"来降低后续语句的重要性,以便在结果事与愿违时减轻自己的内疚,或推卸责任。说"我只占用你5分钟时间"的人,经常拿时间不当回事,有的实际上想占用你一个小时。相比之下,"我占用你5分钟时间"的说法更具体,也更可信。商家说"只售9.99元",是想让你相信价格

便宜得不值得计较。"我只是个普通人",是那些不愿意承担责任的人的典型语言。"我只想告诉你,我爱你",是性格胆小懦弱的人说"我爱你"的方式。如果一个男人说"她只是个朋友",没有女人会相信。

当你听到某人说"只"的时候,你要考虑一下为什么他要降低他讲话内容的重要性。是因为对所说的缺少自信?在骗人?还是避免承担责任?把"只"这个词和他的前言后语联系起来仔细推敲一下,就可以找到答案。

那么,生活中我们应该如何看穿别人说的是谎言还是实话呢?心理学家教给我们一些技巧:

1. 真正的吃惊表情转瞬即逝,超过一秒钟便是假装的;

2. "你去过她家吗?我没有去过她家",对问题的生硬重复是典型的撒谎;

3. 撒谎者不像惯常理解的那样会回避对方的眼神,反而更需要眼神交流来判断你是否相信他说的话;

4. 男人鼻子下方有海绵体,摸鼻子代表想要掩饰某些内容;

5. 手放在眉骨附近表示羞愧;

6. 描述一连串发生的事情,编造都是按时间顺序进行的,能否流利准确地重复一遍刚才说的内容是判断对方是否说谎的方法之一;

7. 叙事时眼球向左下方看,这代表大脑在回忆,所说的是真话;而谎言不需要回忆的过程

8. 说话时单肩耸动,表示对所说的话极不自信,是说谎的表现;

9. 明知故问的时候眉毛微微上扬;

10. 人在害怕时会出现生理逃跑反应———血液从四肢回流到腿部(做好逃跑准备),因此手的体表温度会下降;

11. 如果对方对你的质问表示不屑,通常你质问的事情会是真的;

12. 假笑眼角是没有皱纹的。

第五章　言为心声,察言窥心——透过语言读懂男人

13. 当面部表情两边不对称的时候,极有可能他们的表情是装出来的;

14. 摩挲自己的手,是一种自我安慰的表现。当你不相信你自己所说的话,这样使自己安心;

15. 抿嘴两次,典型的模棱两可;

16. 虚情假意不会有眨眼;

17. 双手抱胸、退一步——肢体抗议,说明他的话不可信;

18. 说谎的人在说谎前会眼神飘移,在想好说什么谎后会眼神肯定,如果你冷静的反驳,说谎的人会再次出现眼神飘移;

19. 撒谎者面对一个提问,通常会先有点失措,然后借假笑的时间迅速思考,想出一个并不高明的谎言,然后异常坚定地回应。而且,会一直自言自语,越说越多,因为沉默的时候,他觉得别人还在怀疑他;

读懂他,掌控他

生活中经常可以看到,说谎者说谎时会故作镇静,甚至理直气壮。其实,说谎者在撒谎时一般会出现下列表现:笑容比较少;眨眼太多;眼神接触出奇地多或少;频频耸肩(主要指西方人);说话中带有较多停顿、假装清喉咙、中间穿插"嗯"等语气词;经常摸鼻子;频频吞咽;瞳孔膨胀;音量和声调突变等。

我们常说:"说谎是人变坏的开始"这种说法很有道理。当说谎者不再受到内心谴责的时候,做坏事也就有了心理基础。但是,我们也应该明白,谎言并不都是不好的,当一个人说谎话时,还要看他说谎的本意,看他的出发点是出于好心还是恶意的。只有明白了善恶之分,我们才能更好的生活。

记住两点,生活会更简单——重要的不是他是否撒谎,而是为什么要撒谎。真相和快乐不可兼得。

从幽默中看穿他的动机

随着人们对现代生活的开解,大家对生活品质的要求越来越高了。于是,无论是工作当中,还是生活之中,幽默已然成为快乐人生的一种符号。但是,任何事情都有个度,幽默是知识、文明、智慧的升华,绝不是"瞎贫"。

幽默是智慧和风格的自然流露,而不是智慧和风格的外在包装。任何试图借幽默来造作自身形象的行为都不是明智的,而且正是缺乏智慧的表现。扮演的幽默不是幽默,除了给人提供笑料以外,不会有其他效果。

幽默绝不单纯是一种修辞手法,幽默是聪明和智慧的体现,擅长幽默的人,必定同时具有知识和机智两方面的优势。一个具有强烈幽默感的人,往往更容易取得成就,获得成功.

从哲学意义上讲,幽默是一种智慧,是一种聪颖,是一种机敏。凡是幽默的人无不具备一种俯瞰茫茫人世的洞察力、一种居高临下、笑看芸芸众生的优越感。他有一种自知之明,他知道世界上一定有很多自己"摆不平"的人和事,但是,他可以用一种独特的视角和心境去"摆平"自己,从而泰然、怡然地走向坦途。

用一个幽默来打破某一个僵局的人

这样的人多随机应变能力比较强,反应快。因自己出色的表现,他们可能会成为受人关注的对象,这很迎合了他们的心理。他们多有比较强烈的表现欲望,希望能够得到他人的注意与认可。美国前总统林肯是使用这种幽默的高手。他长相很丑,却时常以自嘲来增添个人魅力。一次参加选举,面对其竞争对手攻击他为人"说一套,做一套,有两张脸"的指控,他平静地回答:"刚才那位先生说我有两张脸。如果我真有两张脸的话,我能带着这张丑脸来见大家吗?"一下子,就把尴尬的气氛化解了。

常常用幽默的方式来挖苦别人的人

这种人多心胸比较狭窄,有强烈的嫉妒心理,有时甚至做一些落井下石的事情。他们有比较强的自卑心理,生活态度较消极,常常进行自我否定。他们最擅长于挑剔和嘲讽他人,整天地盘算他人,自己却从未真正地开心过。

善于说自嘲式幽默的人

这样的人首先应该具有一定的勇气,敢于进行自我嘲讽,这不是一般人能够做到的。他们的心胸多比较宽阔,能够进行接受他人的意见和建议,而且能够经常地反醒自己,进行自我批评,寻找自身的错误,进行改正。

用幽默的方式嘲笑、讽刺他人

这一类型的人,给人的第一印象往往是相当机智、风趣的,对任何事物都有细致入微的观察,见解独到,但实际上这种人在乎的可能只是自己。他们在为人处世各个方面总是非常小心和谨慎,凡事总是赶着要比别人快一步。他们嫉恶如仇,有谁伤害过自己,一定会想方设法让对方付出代价。有较强的嫉妒心理,当他人取得了成就的时候,会进行故意的贬低。

喜欢制造一些恶作剧似的幽默的人

他们多是活泼开朗、热情大方的人,活得很轻松,即使有压力,自己也会想办法缓解这种压力。他们在言谈举止等各方面表现得都相当自然和随便,不喜欢受到拘束。他们比较顽皮,爱和人开玩笑,他们在这个过程中进行自我愉悦,同时也希望能够将这份快乐带给他人。

有些人为了向他人表现自己的幽默感,常常会事先准备一些幽默,然后在许多不同的场合不厌其烦地说。

这一类型的人多比较热衷于追求一些形式化的东西,而且很在乎他人对自己持什么样的态度。生活态度比较严肃、拘谨,能够控制自己的感情。

现实生活中还有另外一种思维活跃,有很强的想像力和创造力,许多幽默是他自己自然的流露的人,他们的生活始终处在发掘新鲜事物的过程中,他们需要利用别人来发掘和增强自己的构想。

用幽默来表示敌意的人

敌对型幽默通常拿人的某种缺陷做文章,可以即时达到幽默效果,但对在场的人们的情绪产生消极影响,是一种自我挫败式的幽默。比如,一次加拿大全国大选,一个对手拿时任总理的歪嘴做文章,嘲笑他的做人与他那张嘴一样的歪。这句话虽然产生了幽默效果,却也使说话人失去了这次大选。因为他作为一个政治人物,对民众的幽默取向做出了错误的判断。

读懂他,掌控他

交谈中的幽默,好比是烹任中的味精,冲剂中的糖精,味精,糖精适量了,能增加菜肴的鲜美,能使饮料蜜甜,过量了则使人倒胃、苦涩。交谈中的幽默过分或使用不当,不仅不能提高交谈质量,反而使交谈庸俗、紧张,使人哭笑不得。可见幽默是一门深奥的学问,他的幽默是什么类型,你会从中窥见他的性格。

从交谈中听出弦外之音

中国人的普遍特点是含蓄,特别是在讲话的时候,要表达什么意图不会直接说出,而且会择迂回委婉的方式说出来。

有一位先生在一家不大不小的公司担任经理,这家公司一向以有礼貌而被外人称颂。经理室里,有一位刚从大学毕业的秘书小姐,她平时与同事们相处十分客气而有礼貌,是个颇有人缘的女孩。有一天快下班的时候,秘书小姐忽然推门走进,并且大声地叫:"时间到了!"好像是提醒人们已经下

第五章 言为心声,察言窥心——透过语言读懂男人

班了。

事后,据推测,他们之间一定已经不是普通经理与秘书之间的关系了。很明显,那个女秘书在推门的同时,并不知道有客人在场,她的话没有下逐客令的意思,她只是习以为常罢了。她说话的口吻,不像在对上司说话,而像是对先生或对自己的亲人说话。因为他们之间已超越了寻常的同事或上下级关系,下班就意味着"公"的结束,"私"的开始,这种"公"、"私"的时间转折点,就在"下班"上。所以,她一进门就轻松地提醒她的情人,"私"的时间到了。后来果然证实,早在三个月前他们就已有了这种特殊关系。这就是从说话中,推测出他们之间的关系,也可以了解对方心灵深处的潜在意识。

上面的例子可以证明,说话对于观察人类心理的重要性,人们往往不经意地说出某些"弦外之音"。这就需要听话人需要细心领悟与揣摩,而听不出"弦外之音"的人会被视为智力低下的愚蠢之人。语言的精深,全在"弦外之音"上。

朋友之间

比如朋友背地里吃了你的东西,你发现后很生气,会嚷"是谁吃了我的东西!"朋友一听就知道你生气了,但他会这样说:"对不起,我刚才实在是太饿了,以后请你吃饭好吗?"简单的一句话既没有直接说他偷吃了你的东西,又为自己挽回了余地,还维持了你们之间的友谊。他说他实在太饿了,就是弦外之音,意思是说他吃了你的东西,并希望你能原谅他。

夫妻之间

又如夫妻之间,妻子礼拜天要去逛商场买东西,她会这样跟你说:"你礼拜天有事吗?我想去商场买些东西。"这时你要理解妻子的用意,她想让你陪她一起去。你若把她的话扔在一边,说你自己的事情,她会很失望。你要认真听好伴侣的话,在生活中多一份体贴,家庭会多一份温馨。

上下级之间

与你的上级领导谈话更要注意,领导的语言是最具揣摩性的。比如你刚到一家公司不久,领导找你谈话:"你到公司还没多久,工作成绩不错,以后有什么打算呐?"很轻松的一句话却含有领导特殊的意图,他是在考察你的工作心态。你若很坦率地说出自己的理想志向,领导会以为你过于幼稚而缺乏城府;你若大谈自己与公司不相干的事业理想,上司会了解到你眼下只是把公司当成一个跳板,一旦有了机遇你就会远走高飞,根本没有为公司的长远发展打算。

这时你就该谨慎而言:"我想就目前的工作先干一段时间再说,以后再做打算也不迟。"以这种含蓄的语言回答是比较稳妥的。

炫耀的背后

如果对方是在炫耀他那光荣的过去,这时候你就要留心了,因为此时他心里正在期待着你的夸奖,所以,只要是认为值得或应该夸奖的,你不妨就夸奖他一下。当对方在显示他的博学或机智的时候也是一样,你也应该夸奖他,这样你一定能获得他的好感。

说是非的用意

如果对方向你讲述着另外一个人的是非,你千万不可随声附和,也不要直接打断对方的话,你可以间接的将话题引开。要懂得闲谈少论他人非,更要听出他言语的暗含之意。他向你说一个人的过错,不是攻击他,就是挑拨你与那人的关系,你要灵敏一些,不要被对方的言语蒙蔽。须知,来说是非者,便是是非人。

听出真意

谈话当中,你要学会听出讥讽、嘲笑、挖苦之类的特殊语气。对方之所以会向你说这种话,一定是因为对你感到不满才会这样的。遇到这种情况,你不要立刻反驳或一味生气,最好拿出自己的宰相度量,权当没听见,免得和对方发生不必要的冲突。

不过,事后最好能自己检讨一下,为什么他会讥讽你、嘲弄你?是你自己做错了事情,还是无意中得罪了他,引起他对你的不满,抑或是对方无中生有来打趣你呢?考虑过各种情况,明白原因之后再做出恰当的回复。如果真的是自己做错了事,对方已为你指出,你该及时纠正自己的错误,庆幸自己"因祸得福"了。

下面又为你提供一孔之见,希望你能以此听出他人的话外之音:

1. 当对方谈话的语气突然改变时,你要留意是否有话外之意。

2. 对方的个别音调加重时,要仔细揣摩是否有什么意图。

3. 当对方故意做出暗示的肢体动作或特殊表情时你要明白他的意思。

4. 当对方突然停止谈话,你要领会对方的用意。

5. 当对方认真地看着你并将一句话重复着说时,一定含有弦外之音了。

6. 谈话结束时仔细观察对方有无特殊的举止。

7. 散席前对对方最后的几句话要特别留心。

8. 对方想插话,欲言又止,你结合自己刚才的言语要推断出他想说什么。

9. 当你不经意的言语引起对方的注意时,你要做事后猜测。

10. 对方欲言又止,必要时你可追问一下下面的话。

如果你能够做到以上所说的那些,你会愈来愈觉得能找到口才艺术的奇妙性。研究交际中的对话是一种很有趣的享受。听出弦外之音,并能巧妙地回应,你就是口才高手了。

读懂他,掌控他

"言有尽而意无穷,余意尽在不言中。"听懂别人的弦外之音、言外之意,实在是一门艺术。有一位深谙世事的老人认为,他之所以有许多好朋友

的原因,不仅在于能细心聆听别人讲的话,而且能听出别人讲出来的话。在生活中,如果你善于听出对方没有说出的话语和真实的含义,那么,你就能更好地了解别人,并建立起亲密无间的人际关系。

从客套话中阅读对方的性格

在人际关系中,最容易被破译密码的语言,就是客套话。客套话的存在,是社会发展的必然结果。通常我们与人见面时会先客套一番以示礼貌,不过客套有时代表的则是另一种意味。

一些生活在城市的人,对外乡人说话显得十分客气,这从另一个角度看,或许是一种强烈的排他性表现。以此类推,假如交情深厚的朋友,仍不免使用客套话时,则很可能内心存有自卑感,或者隐藏着敌意。

客套话说得过分牵强而显得不自然的人,说明此人别有用意。比如说,喜欢使用名人的用语和典故的人,一般来说大部分都属于权威主义者。这种人使用权借用语,不但是使用别人的语言来表达自己的意思,而且还透露一种超越自己以上的东西,一种自我扩张的表现欲。

宋代王子韶是个性情散漫之人、似他的口才很好,在他任县令时,当时还个是知名人物。一天,他晋谒一名显贵,在他到达之时,那名显贵和其他客人在探讨《孟子》,就没有把位卑人微的王子韶放在眼里,几乎忽视了王子韶的存在。等了很久,那位显贵突然停下话来对王子韶说:"你读过《孟子》吗?"王子韶回答说:"那是我生平最喜欢的一本书,只是我全然读不懂其中的意思。"显贵便问他:"哪一句读不懂呢?"王子韶说:"孟子见梁惠王",只是第一句已是不懂了。"显贵非常惊讶:"这句有什么难懂之处呢?"王子韶趁机说:"孟子既然说'不见诸侯',为什么又去见梁惠王呢?"。王子

第五章 言为心声，察言窥心——透过语言读懂男人

韶之所说这句话是因为孟子还说过，"虽不见诸侯"，但"迎之致之以有礼，则就之。"王子韶引此讥主人无礼。显贵见名不见经传的王子韶有如此机智，就开始重视他。可见，喜欢借用名人的语句或典故，可以为自己标新立异，这类人就是借此而自命权威的。

假如一个人开口闭口就爱抛出一大堆晦涩难懂的词句或外国语，就会让人有一种走错门的感觉。事实上，他只是一个用语言当作防卫自己弱点的人，他这样做，无非是加强说话的分量，同时也表示自己的见多识广，以此来抬高自己的身份和扩大自己的影响。

有些人彼此之间交往很久，双方的了解也很深刻，但是，对方依然在运用客气与亲切的措辞，说话的态度也十分谨慎。在这种情况下，对方如果不是在心理上怀有冲突与苦闷，就是在心中怀有敌意。反之，有人故意使用谦逊与客气的言语，因为他们企图利用这种方式和态度闯进对方心里，突破对方心中的警戒线，实际上，他们的真正动机在于企图控制对方。

日本语言学家掸岛忠夫说："客套话显示出人际关系的密疏、身份、势力，一旦使用不当或错误，便扰乱了应有的彼此关系。"在某种无关紧要或很熟悉的人际关系中，我们根本没有必要使用恭敬语。

不过，在很亲密的人际关系群中，碰见有人突然使用恭敬语对你说话，那就得小心了。是否在你们之间出现了新的障碍？如果在交谈中常常无意识地使用敬语，就表示与对方心理距离很大。过分地使用敬语和客套话，就表示有激烈的嫉妒、敌意、轻蔑和戒心。

读懂他，掌控他

在毫无隔阂的人际关系中，并不需要使用客套话。不过，当在这种亲密的人际关系里，突如其来地加入了客套话的时候，就必须格外小心。有时候，男女朋友中间的某一方，使用异乎寻常的客套话时，就很可能是心里有鬼的征兆。

第六章 人以群分,交际察人
——透过社交读懂男人

"曲线救国"——透过他的朋友了解他

朋友作为我们的一种重要的社会关系,对我们的生活,我们的感情,我们的人生观,有着不可忽视的影响。因为朋友之间经常接触,所以这种影响不会一时半刻就反映出来,也不会显而易见的表现出来,这种影响是潜移默化的。要了解一个人,你不妨观察他的社交圈子就,因为从中可以看到他的价值取向。这就是我们经常说的"物以类聚,人以群分"。 朋友在一个人的社会活动中无疑是非常重要的。朋友像一本书,通过他可以打开整个世界。

他喜欢新朋还是旧友?

一个至今仍在和10年前认识的朋友交往的男人非常非常忠诚。但是,正因为这种忠诚,他可能会不喜欢改变,要赢得他的信任,不是容易的事。而一个朋友遍天下的男人,一个朋友来自各行各业(大学同学,同事,球友)的男人,是一个很好的社交高手,带他出席聚会绝对没有问题,他对陌生人

没有敌意,很容易和新朋友打成一片。

良友益友可以给人带来很多帮助,恶友佞友却会给人带来许多麻烦,甚至引人走上邪路。因此,看他选择什么样的朋友就显得非常重要。

孔子教育自己的学生要交好的朋友,不要结交不好的朋友。

他说,这个世界上对自己有帮助的有三种好朋友,就是所谓"益者三友",是友直、友谅、友多闻。

第一,友直。直,指的是正直。这种朋友为人真诚,坦荡,刚正不阿,有一种朗朗人格,没有一丝谄媚之色。有这样的朋友影响他,可以在你怯懦的时候给你勇气,也可以在你犹豫不前的时候给你果决。所以这是一种好朋友。而有这种朋友的男人,必然也是一个正直之人。

第二,友谅。《说文解字》说:"谅,信也。"信,就是诚实。这种朋友为人诚恳,不作伪。与这样的朋友交往,人的内心是妥帖的,安稳的,精神能得到一种净化和升华。有这样朋友的男人也同样值得信任。

第三,友多闻。这种朋友见闻广博,用今天的话说就是知识面宽。而多这样朋友的人必然也是个博学而有趣之人。在资讯十分不发达的古代,那个时候的人要想广视听怎么办呢?最简单的一个办法就是结交一个广见博闻的好朋友,让他所读的书,让那些间接经验转化成你的直接经验。当你在一些问题上感到犹豫彷徨,难以决断时,就可以到朋友那里,也许这个朋友广博的见闻可以帮助你做出选择,所以说结交一个多闻的朋友,就像拥有了一本厚厚的百科辞典,可以让人从他的经验里面,得到对自己有益的借鉴。

《论语》中的益者三友,就是正直的朋友,诚实的朋友,广见博识的朋友。那么"损者三友",又是些什么样的人呢?

这三种坏朋友,叫做友便辟,友善柔,友便佞,这三是者"损友"。

首先是友便辟,这种朋友指的是专门喜欢谄媚逢迎,溜须拍马的人。这

样的朋友无论他说什么做什么,在朋友口中听到的全是赞美。朋友从来不会对他说个"不"字,反而会顺着他的思路、接着他的话茬,称赞他,夸奖他。这种人特别会察言观色,见风使舵,以免违逆了他的心意。这种人毫无正直诚实之心,没有是非原则。他们的原则就是让人高兴,以便从中得利。

和这种人交朋友,人会感到特别舒服,愉快,但是夫子说,和这种人交朋友,非常有害!为什么呢?因为好话听多了,马屁拍得舒心了,头脑就该发昏了,人就会自我就会恶性膨胀,盲目自大,目中无人,失去了基本的自省能力,那离招致灾难也就不远了。这种朋友,就是心灵的慢性毒药。有这种朋友的男人必定是虚荣的,缺乏理性的。

第二种叫友善柔。这种人是典型的"两面派"。他们当着人的面,永远是和颜悦色,满面春风,恭维你,奉承你,就是孔子说的"巧言令色"。但是,在背后呢则会传播谣言,恶意诽谤。

我们经常会听到这样的控诉:我的这个朋友长得那么和善,言语那么温和,行为那么体贴,我把他当作最亲密的朋友,真心地帮助他,还和他掏心窝子,诉说自己内心的秘密。可是,他却背着我,利用我对他的信任,谋取自己的私利;还散布我的谣言,传扬我的隐私,败坏我的人格。当我当面质问他的时候,他又会矢口否认,装出一副老好人受委屈的样子。

这种人虚假伪善,与"谅"所指的诚信坦荡正好相反。他们是真正的小人,是那种心理阴暗的人。有这种朋友的男人无疑过于轻信。

这种朋友往往会打扮出一副善良面孔。由于他内心有所企图,所以他对人的热情,比那些没有企图的人可能要高好几十倍。所以,人要是一不小心被这种人利用的话,就给自己套上了枷锁。如果不付出惨痛的代价,这个朋友是不会放过你的。这是在考验他自己的眼光,考验他知人论世的能力。

第三种叫友便佞。便佞,指的就是言过其实、夸夸其谈的人,就是老百姓说的"光会耍嘴皮子"的人。

这种朋友生就一副伶牙俐齿,说起话来,滔滔不绝,气势逼人,不由得人不相信。可实际上呢,除了一张好嘴,别的什么也没有。这种人又和上面讲的"多闻"有鲜明的区别,就是没有真才实学。便佞之人就是巧舌如簧却腹内空空的人。这样的朋友混久了,那么他自然也会沾染上浮夸气息。

损者三友,就是谄媚拍马的朋友,两面派的朋友,还有那些夸夸其谈的朋友。这样的朋友可千万不能交,考察他的朋友圈,是否尽是这种朋友呢?如果答案是肯定的,那么你最好对他也敬而远之吧,否则将付出惨重的代价。

要交上好朋友,第一要有仁爱之心,愿意与人亲近,有结交朋友的意愿;第二,要有辨别能力。这样才能交到品质好的朋友。有了这两条,就有了保障交友质量的底线。

从某种意义上讲,交到一个好朋友其实就是开创了一段美好生活。朋友正像一面镜子,从他们身上能看到自己的差距。

另外,从他交朋友的对象也可以看出他的性格:

只喜欢与同事结交的人,工作勤奋,追求成就,是一个不折不扣的功利主义者。

只有一个知心朋友的人,比较缺乏安全感,对他人缺乏信任。

对交朋友谈如水的人,个性独立而洒脱。既不愿依赖别人,亦不喜欢别人对他有所依赖。

只交同性朋友的人,个性保守而尊重传统,缺乏冲动但却很稳重。

喜欢与异性结交而不重视同性友谊的人,是以自我为中心的人。此类人特别喜欢别人的尊重和注意,珍惜亲密的关系。他之所以喜欢结交异性,主要是不喜欢竞争。

有些人喜欢在不同的场合中,交不问的朋友。工作时有工作的友伴,娱乐时，又有另外一群。此类人生活处理得井井有条，做事泾渭分明，活动能力及工作能力都很强。

读懂他，掌控他

"物以类聚，人以群分"这是亘古不变的道理。每个人交朋友都想找和自己志同道合的人，如果换做是贬义，那就是臭味相投了。实际上，不只是你我，我们身边的每个人都无不在深受他的朋友的影响。看看他身边有哪些朋友，为人怎样，你也就可以判断出他这个人的人品和性格来了。

从和陌生人相处看准对方

现代社会，随着人们交际面的扩大，人们接触陌生人的机会也多了起来，世界上没有陌生人，只有还未认识的朋友。害怕陌生人的心理每个人都有，只有懂得做到毫无拘束与人结识，才能扩大朋友圈子，使生活更加丰富起来。你会给初次与你相见的人什么样的一个印象？初次见面的人会觉得你是怎样的一个人？这些都是影响到你们今后交往的关键因素。那么如何通过他与陌生人相处来判断他是怎样的人呢？

讨厌主动搭讪

他是一个看似沉静，但心底又有很强企图心的人。一旦遇到那些不能满足他心理期待的人，他就会对对方产生反感。因此，这种主观期待很容易得罪人。

不喜亲昵肢体接触一见面就跟他称兄道弟的人

他的自我保护心理比较强，对于陌生人会下意识地想要保持距离，因为他的性格从本质上来讲比较内向自卑，对于自己和别人的信心都不够，所以，他下意识地拒绝别人一开始就侵入他的私人领域。如果一个人一见他就表现的自来熟,他会开始对他产生反感,下意识认为他不尊重自己的想法和观念,在他的心目中很会自然的把他列为异类。

厌恶油腔滑调,把他当听众的人

人际互动是他最不喜欢的事,因此他老是处于被动的状态。他会对这种夸夸其谈的人反感,表明他在气势上不想被人压过,不希望别人不尊重自己的发言权。尤其是油腔滑调的人,更让他觉得不值得信赖。

反感问题多多像查家底的人

他有轻微的自我封闭,想保有多一点个人隐私。面对这种想控制他的人,他会觉得压力大。

最反感跟他很疏远,不够大方

这类人是性格内敛,但心底又是企图心强的人。他很想拥有一个圆满的人际关系,很想跟陌生人建立起一个好的接触点,不过,他总认为主动去跟人家搭腔是很伤他的尊严的,说白一点,他是那种认为自己有很高的人际魅力的人,但这只是他的个人期待,别人的感受可能就和他不一样,所以,一遇到这种情形,他就会不自觉地把自己的期待套在别人身上,如果别人不能依他的期待表现,他就会对对方产生反感。因此,他的这种主观期待很容易得罪人,也很容易因此而树敌。

读懂他,掌控他

"人要相交才能知道个性,马要试骑才能知道良否",这是从古代流传到现在的至理名言。如果我们光听对方的话语,或眼观对方的举止的话,对方仍然可以大撒其弥天大谎,所以,要识破一个人的性格,并不是那么简单容易的事。但也不是没有突破口,一般人可能不会对熟人说出最想说的心里话,却常常会对陌生人说出一些从未说过的话,把陌生人当作重新认识他的一面镜子,往往能起到事半功倍的效果。

遇到美女时男人们的态度

男人都欢美女。男人遇到美女后,大多眼睛发亮,浑身兴奋,内心充满要表现和被关注的欲望。许多有头脑、有知识、有文化、有内涵的男人也许会冠冕堂皇的说:女人不是光用来看的,心灵美比外表美更重要,因为只有内在美才能够长久。道理上,这话没有错,但是生活中,当美女站到眼前,风情万种,风姿绰约,他们还会是一样意乱情迷。

所以,对于男人来说,女人聪明、睿智、风趣、有内涵……都是优点,都是魅力所在,但要说吸引眼球,恐怕还得加上一点:必须是美女。

所以当他面对美女时,他的表现非常值得玩味,他是哪一型呢?

两眼发直型

此类男人往往没见过几个女人或身边尽是恐龙,见到美女如同见到外星人一般,当场犯傻。若跟随而去必如广告里那样头撞电线杆,脚踩西瓜皮方始醒转。美女见此若嫣然一笑,他定会幸福的晕死。这种人傻得可爱但不做作。

故作镇定型

美女出现时故意左顾右盼,或随意看两眼,对同伴的议论不屑一顾。眼睛却总是用余光窥视,生怕少看几眼会终生遗憾。美女走远后就对同伴说我以前的女朋友比她好看多了。这种人掩耳盗铃加阿Q精神,可以断定他是极其虚伪的人。

主动出击型

看到美女立即上前搭讪,看着自己的手表问小姐几点,然后说和我的一样。若小姐骂他神经病,便迅速离去。若小姐也和他打趣则有了一个好的开始,也就是成功了一半。这种人有性格,豁得出去,不怕失败,不怕牺牲,会不顾面子地去争取胜利。

身不由己型

身边有老婆或女友,只可偷偷看上两眼过过瘾,生怕回去跪洗衣板。这种人连欣赏美女的权利亦不复存在,可见其性格软弱者。

视而不见型

看见美女就像看见所有人一样,一点没反应。这种人或要求太高或已看惯美女或书呆子,总之有点另类。

读懂他,掌控他

美女虽然很多,但却往往和自己无关,这也许很多男人最大的懊恼之处。正是因为得不到,男人找了很多借口来自欺欺人。比如,找老婆标准:温柔体贴,贤惠善良(相处比较舒服),良好的教育背景,综合素质好(为下一代教育着想),工作体面,收入稳定(为生活和谐考虑)……至于外形,端庄顺眼就好(刻意淡化外在,突出内在,似乎自己也是有内涵的人一般)。这都是鬼话!找一个美女来,立刻什么原则和标准都不要了。

说到自制力,两眼发直型已经完全丧失了,因为他脑子里只有美女了,已没有闲地儿来产生自制力。故作镇定型倒是有自制力,不过他的自制力是控制自己贪婪的眼神,装作毫不在意,实质上还不如两眼发直型。而主动出击型更是与自制力风马牛不相及,就是要去追女孩子,要自制力干吗?身不由己型是真正有自制力的,但是那纯粹是出于无奈,心里是多盼着能上去搭讪啊。视而不见型不在讨论之列。

透过细节读懂男人

从握手方式观察他的真心

人与人之间交际的重要语言,就是双方握手。这种礼节的形成源远流长。据说,握手起源于原始人,伸手表示手中没有武器,以示没有攻击对方的敌意,以后逐渐演变成人们见面是的双方握手。在现代社会握手已是最为普遍的见面礼节。

"我接触过的手,虽然无言,却极富有表现性。有的人握手能拒人千里……我握着他们冷冰冰的指头,就像和凛冽的北风握手一样。也有些人的手充满阳光,握着他们的手,感觉温暖。"这是美国著名的聋盲女作家海伦·凯勒的话,和不同的人握手带给她的是不同的感受。

握手的举动虽然简单,但每个人握手的方式都不尽相同。美国心理学家伊莲加兰在一本专门研究人类行为与性格关连的著作中指出,一个人与人握手时所采用的方式,最能反映出他的个性。

主动伸出手与对方相握的人

这种人主动大方,不仅有较丰富的交际经验与交际能力,而且有较强的自信心。

握手时显得迟疑的人

这种人多是在对方伸出手以后,自己犹豫一会儿,才慢慢地把手递过去。排除掉一些特殊的情况以外,在握手时有这种表现的人,性格多内向,且缺少判断力,不够果断。

双方见面握手时力度适度,动作规范,双眼注视对方的人

采用这种握手方式的人,是个性坚毅坦率,思维清晰缜密的人。同时也具有很强的责任感和可信度,是值得信赖的人。

第六章 人以群分，交际察人——透过社交读懂男人

握手时用力抓住对方的手掌并用力挤握，令对方有轻微疼痛感

这样的人争强好胜，具有很强的组织能力和领导才能，而且精力充沛，自信心强，使人感到和蔼亲切。但有时着也是一种虚假的表现。

有些人握手时只是轻轻的接触对方的手，让人有漫不经心之感

这样的人性情温和，随遇而安，大多随和豁达，为人处世谦和，给人一种洒脱之感。与之处事，可大胆提出自己的意见，不会担心他会偏执。

握手时软弱无力的人

缺乏坚强的个性，遇事优柔寡断。过分殷勤地同对方握手，表现出这个人会奉承巴结人。

用指尖握住对方指尖的人

他们一般性情平和而敏感，常与人有意的保持一定的距离，他们往往缺乏自信，不过与合得来的人交往，他们会很讲义气，不乏忠诚。

用双手握住别人手的人，想以此来表达自己的诚恳、热情和真挚

他们一般心地热忱、温厚、善良、对朋友能推心置腹。但是这只是对朋友而言，若对初次见面的人，则包含有求于人的心理。

在握手时，非常紧张，掌心有些潮湿的人

在外表上，这种人的表现冷淡、漠然，非常平静，一副泰然自若的样子，但是他们的内心却是非常的不平静。只是他们懂得用各种方法，比如说语言、姿势等来掩饰自己内心的不安，避免暴露一些缺点和弱点。他们看起来是一副非常坚强的样子，所以在他人眼里，他们就是一个强人。在比较危难的时候，人们可能会把他们当成是一颗救星，但实际上，他们也非常慌乱，甚至比他人还要严重。有心理学家曾向警察建议，在询问嫌疑者时，一边握住他的手，一边提问。如果干燥的手掌冒出汗来，那么此人心中必定有鬼。

用力握住对方的手久久不放

这样的人，其过去较为丰富，喜欢结交朋友，而且对朋友忠诚。

握手时抓住对方的手不断上下抖动的人

他们性格乐观,待人豪爽大方,对人生充满希望。他们总是以乐观豁达的态度迎接困难。这种性格的人倍受朋友们的欢迎。

握手时好像不情愿与对方握手但又无法回避的人

反映出他们性格内向,但他们无论对友情还是爱情,一旦付出后便会真心相守。

握手时远远的向对方伸出僵直胳膊的人

这种人的心理是为了保持自己的空间不受侵犯,这就是我们通常说的那种难缠的人。

对方掌心向下地把手伸给你

这种方式无声地告诉你,他在此时处于高人一等的地位。

对方手心朝上伸出手

表达对你的谦恭和顺从的态度。

对方的手掌直着向你伸来,整个握手过程中,双方手掌都保持垂直,手指微用力,这种握手方式表达彼此之间的尊重和默契。

对方用双手将你的手紧紧握住

这种握手方式,被称为"政治家的握手"他是想给你一个诚恳、热情、真挚的形象。

握手时有意和对方保持距离的人

这种人一般善于自我保护,对陌生人有着警戒的心理。他们常常感到缺少安全感,所以时刻都在做着准备,在别人还没有出击但有这方面倾向之前,自己先给予有力的回击,占据主动。他们不会轻易地让谁真正地了解自己,如果是这样,会使他们的不安全感更加强烈。他们之所以这样,在很大程度上是由于自卑心理在作乱。他们不会去接近别人,也不会允许别人轻易接近自己。

第六章 人以群分,交际察人——透过社交读懂男人

读懂他,掌控他

了解一个人的个性与心理,有许多方法,握手也可作为分析一个人的特点与态度的方法,因为它是一个人的人品性格的外延,借着握手的身体接触便能获得相当程度的丰富感受。一般来说,人们握手力度的强弱和其性格之间有着很密切的关系。使劲握手的人,通常表示他的主动性很强,而且很自信;反之,不大用劲儿握手的人,当然就表示了其有气无力或性格脆弱的倾向。在舞会或公共场合里,不断地走上前去与陌生人握手的,其人社交能力较强,自我显示欲也较强。最好的握手方法:力度适中,自然而不造作,暗透诚恳之意,这种人是值得交往的。

他醉酒以后会怎样

大多数男人都喜欢饮酒,而且在饮酒的男人中,不乏有海量的豪士,真像俗话所讲的"三中(种)全会,一斤不醉。"女人也有贪杯中之物的,但无论在量的方面还是在人数方面都大大低于男人。

有些男人在喝醉酒后会突然改变其个性,平时木讷不善言辞的闷葫芦开始滔滔不绝地讲话,而平时爱说爱笑的可能会倒头就睡。

喝醉时表露出来的性格,甚至会和原来的个性截然相反。酒醉时的动作和代表的不同的个性,观察一个人酒醉时的表情、动作可以大略了解这个人的某些个性、脾气。

不停地说话

乍见觉得此类型的人相当爽朗,然而平日不爱讲话的人,此时滔滔不绝时,多半是人际关系出了问题。性格为一丝不苟型,对待兄长及年长者态度相当恭敬。

动作夸张

反抗心强,有些欲求不满,此外自卑感重,容易得罪同僚或长辈。

垂头丧气

第一印象觉得这类型的人相当胆怯,其实他们是非常活泼,且具有攻击性的人,因此在无形中会树立许多敌人。对于自己既定的目标会积极完成,做任何事都相当随性,但有时也会涌起不安的情绪。

流泪

醉后会哭的人,个性消极,自卑感重,在日常生活上曾遭受严重的鄙视或有许多委屈,在平常即会常抱怨或发牢骚之人。

这样的人是浪漫主义者,一旦爱上一个人,就不会压抑自己的感情。平日大多诚实待人,最痛恨别人欺骗自己。像这种酒一入口就情不自禁流的男人,多半对性要求很强烈。

碰触女性的身体

自己的欲求往往不能获得满足,又常抱怨世俗的一些琐事。这类型的男人大多是从事中小企业的老板,或从事紧张性较高的职业的人。

唱歌

将工作和私生活划发得很清楚,天生不畏惧失败,往往能将自己的个性和技术在工作领域上发挥得淋漓尽致。这种人生活起居较具规律性,也是乐观进取之人,虽会酒醉,但心不会醉。

抱怨

在醉酒的时候,不停地抱怨工作、不断发牢骚的人。他们大部分是在工作上积压太多的压力所致,借酒抒发心中的抑郁以及对主管的不满等。但是,这种人总是不断重复着相同的抱怨,到最后还是无法解决自己的不满情绪,因此这种抱怨多半是没有建设性的。

第六章 人以群分,交际察人——透过社交读懂男人

挑衅

这种人酒后喜欢唠叨、争吵,甚至会动手打架。他们之所以酒后情绪不稳,其一是处在长期的时运不济,或屡遭挫折、不顺的际遇下,属于怀才不遇的典型,其二可能目前运势不好。

打瞌睡

有些男人一喝了酒就会立刻抱着胳膊打起瞌睡,这类型的人大多个性内向,意志薄弱,对别人的要求不论困难与否总是一概答应。和女性交往一旦遭亲人反对就会立即退缩。

和平常一样

这类型的人,以往多半怕因酗酒而误了某件大事,所以经常抱着适度的警戒心。

喜欢独自一人默默喝酒之人

属于落寞寡欢型之人,拙于交际与词令的表达,个性孤独,为人拘谨。其人富理智,能明辨是非,心性上却是怯懦及消极。

向女性灌酒

想和自己心爱的人一齐同乐,若你是先问对方"要喝吗?"的那一型男人,则多半是能抑制自己感情的人,若你不管别人意见只顾自己倒酒的人,表示你相当自我,甚至希望别人顺从自己的想法。

反复干杯

表面相当温和,其实个性颇为顽固、无情。很多人喝得过量,醉到已经会影响到别人而不自知,这种人是精神状况不稳定的人,是一种逃避现是显得懦弱的行为者。

醉后爱笑之人

醉酒后喜欢大笑的人,是潜意识中希望自己能笑得更开怀的人。笑,具有舒缓紧张、放松心情的效果。这种人或许是因为平日生活过于紧张,才会

在醉酒后,借大笑来放松自己,远离平日的紧张。在职场上,他们或许有个过于严厉的主管;或许从小在父母严格的管教下成长,这一类型的人年轻时很可能是成绩优秀的好学生,希望过着零缺点、完美的生活,因而给自己的压力过大。

喜欢继续喝酒的人

喜欢嘻哈、虚荣、热闹之人,聪明且具才能,但好胜心强;喜欢交友及展示酒量或财富之人,不喜占人便宜,所以也会争取付账的机会,以避免亏欠别人或被视为小气。

喝酒喜划拳助兴之人

他是一个孤独寂寞的人,常常会有情绪性的孤寂感,所以藉由划拳酒令等肢体语言排遣寂寞感,这样子的人也会藉由忙碌的工作来逃避烦恼与寂寥。

读懂他,掌控他

每个人都有和朋友吃饭或交际应酬的经验,一般而言大都少不了喝酒。从喝酒之后的表现,可以看出一个人隐藏在内心的个性,这是平常生活中不会表现在人前的一面。观察一个人酒醉时的表情、动作可大致了解这个人的某些个性、脾气。

牌桌上的识人术

打牌是当代中国人最重要的娱乐活动之一。尤其是出门在外,或会议或旅游,打牌还是一个很好的交友的手段。

不仅如此,从一个人打牌时的表现也可以看到他为人处世的一些端倪。有的人喜欢冲冲杀杀,一上来就使尽全力;有的人就喜见机行事,不

第六章 人以群分,交际察人——透过社交读懂男人

声不响地实行逃跑主义;还有的人喜欢横算竖算,守到最后。

打"四十分"或"拖拉机"一类的牌,有的人喜欢一上来先清主牌;有的人喜欢一上来先"三六九抓现钞",把控制牌统统打光;有的人先出大牌,有的人则将大小百搭留到最后; 有的人底牌里老是不敢扣分,有的人则巴不得把所有的分都扣下去;还有的人喜欢冒险将主牌也扣在底里,只为争取副牌连甩成功。各种打法其实都展示了各人不同的性格。一边打牌,或看牌,一边细细观察,实在是很有意思的事情呢。

打牌看性格,娱乐是一方面,有时候事先对一个陌生人有一些初步的了解,对社交也不无好处。

出牌很快,不暇思索的人性情耿直,喜欢直来直去。

出每一张牌,犹豫不决的人办事老练,任何事要求尽善尽美。

接连输几把就发脾气的人,性格急噪,做人做事不愿居人之下。

十有八九要"放炮"也要出牌的人,生活之中,敢闯敢干,只重结果不管过程。

出错牌总要找个理由的人,面子思想严重,对人对事刚愎自用。

老爱背牌经的人,做任何事拖泥带水,婆婆妈妈。

一局麻将结束一言不发的人,沉府较深,待人对事总给人"云深不知处"的感觉。

麻将局中,输钱老是欠账的人,金钱利益意识较强,与此人最好不要成为生意场上的伙伴。

麻将娱乐结束,输赢从不过问的人,对朋友很重感情,事业上识大体。在他的潜意识里不会为了生活中的小节而得罪朋友。

总怨别人出错牌的人,生活中总是"宽以待己,严以待人"。

杠上花总爱大叫的人,对朋友热情似火,性格外向,爱憎分明,急恶如仇,他的表情就是情感变化的晴雨表。

透过细节**读懂**男人

手气不顺爱摔牌的人，身遇逆境老是怨天尤人，总觉得自己怀才不遇。

不按顺序齐牌的人，生活中很阳光，记忆力惊人，做事不拘一格。

整整齐齐按顺序齐牌的人，做事严谨，循规蹈矩，古板，不灵活。

先摸后出牌的人，害怕失败，对过程结果都很看中。

先出牌后摸的人，不管对错决不后悔，相信命运的安排，信念坚定。

老是算不清账的人，做事马虎草率。

关键时候不知道咋出牌的人，做事优柔寡断，无主见。

读懂他，掌控他

高手总是最低调的。如果你想一路上"劈情操"、"玩感觉"，那种出牌"腻滞疙瘩"的人是最合适的。如果你想找很爽的酒友，那就要找冲冲杀杀型、先出大牌型、狠命扣分型。

从接受表扬的反应看透对方的品性

受到表扬时许多人或是感到不好意思或是感到惊讶，不知如何回答是好。如果接受表扬是件轻而易举的事情，那么好莱坞的影星在接受奥斯卡奖时就不会拿着卡片提醒自己该如何答谢了。

危险处境考验的是一个人的勇气，功名利禄能够检验出一个人的德性，一个人的耐性可以从琐事缠身的时候看出来……而一个人在接受表扬的时候所产生的反应，将暴露出什么信息呢？通常情况下，人们面对表扬都会喜上心来，不同的是，这种开心与得意是喜上眉梢地表现出来呢，还是仅仅不动声色，暗自得意，你不妨表扬他一下，看看他面对表扬会做何反应。

第六章 人以群分，交际察人——透过社交读懂男人

面泛桃花型

有些人受到表扬立即面泛红云，略带腼腆羞怯，这种人个性驯温敏感，盛情脆弱，极容易受到别人的批评而情感上受到损害。但他们具有浓度的同情心，从来不会在语言或行动上伤害别人。

不敢置信型

这种人受到表扬经常表露出意外的惊喜，习惯用反问的方式来表露他们的欢悦。他们会向表扬者提出疑问："你的表扬可是真心的？"或者说："你所表扬的，真的是我还是说的别人"，他们个性淳厚，喜欢取悦别人，经常愿意牺牲自己，以求迁就他人，特别喜欢集体生活，人际关系良好，极易与人想处。

轻描淡写型

对于别人的表扬，淡然置之，并不做出强烈的反应。这种人性格淡泊，不愿意受到别人的注意，他们的人生哲学是任其自然，凡事不主动争执。喜欢默默地工作，对于热闹生活和集体生活中不热衷，颇有与世无争的隐士风范。

投桃报李型

当别人表扬自己时，也用美词颂语回敬，这种个性独立，富于自信，处事做人，处处要求平等互利，即不愿吃亏，也不愿占人便宜，恩怨分明。

自我嘲讽型

这种人对别人的表扬，经常以谐谑的语气作出反诘，显示自己不配受到表扬。他们个性比较孤僻，极度注意个人的自由独立，不愿受到别人的干扰。外表诙谐轻浮，其实是一种亲密接触抗拒的手段，要跟他们建立浓厚的情谊，并非一件容易的事。

受授皆悦型

既乐于接受别人的表扬，也不吝惜地给别人适当的称颂，这种人心地

善良,肯为人着想,欣赏别人的优点,最容易与人相处,心胸广阔而不自私。

顾左右而言他型

这种人对别人的表扬不感兴趣,遇到别人的赞美,经常以他语,改变话题,他们心理敏捷,凡事独具卓见,并不因别人的谀词而自我陶醉,个性狂放不羁。

受之无愧型

他们对别人的表扬看作理所当然,并不以虚伪的门面话以示谦虚。这种人才智均有过人之处。自视极高,不过为人灵巧机智富有魅力,是受人爱戴的领袖人物。

谦虚诚挚型

这种人受到表扬时,会得体地做出衷心的感谢,不温不火,恰到好处,他们稳重浓厚,富进取而不露锋芒,兼且极具主见,我行我素,不为任何外力所左右,更不会哗众取宠。

读懂他,掌控他

虽人人都喜欢听恭维的话,这些赞美之词是对成绩的肯定,表示大众接受他们的行为或某种观点,是人人都期求的一种外界反应,受到表扬的人往往会得到心灵上的愉悦和满足。有的人把表扬看得特别重,甚至胜过生命和财富;也有的人把表扬看得微不足道。因此,我们可以从一个人看待表扬的态度来观察他的内心世界。

从名片分析出他的性格为人

在社交场合与人交换名片里一种基本礼仪,在初识一个人时,他的名片也会告诉你一些他的信息。

第六章 人以群分，交际察人——透过社交读懂男人

喜欢大字体的人

一般个性强，因为要强调自我意识，自然选用粗大字体，这种人大多功名心相当强，相当任性，但与这些人深交，他会无条件地照顾你，帮忙到底。他们善于交际，口才好，举止亲切。这种人不会迷失自己，遇到利益时，他们不会拱手让给别人。

名片有别名或改名的人

因为自己的名字不雅而改名的人，性格多属于神经质，小心、叛逆性等。这类型人的特性是富于独创性，思想偏激。由于具有谨慎小心和神经质的特性，所以也具有对自己相当在意的一面；因为缺乏刚毅性、坚忍性、所以在遭遇困难或灾祸时，总认为逃避就是胜利，而不敢面对现实解决问题。只有思想浅薄，误认为改名就可改变命运的人，才是真正没有自信的人。

比他人较快递出名片的人

比对方更早递出名片，是着重诚意的表现。其效果是慎重、厚重、重礼仪。收到名片后仍然不拿出名片给对方，则是粗鲁无礼以及拒绝的表现。

名片上附记交换时间、场所的人

在名片上附记纲要的人，可说是慎重派人物。他们大都是脑筋灵活、以广泛兴趣为乐的人。交换名片可以促进人际关系，使之更有"缘份"。珍惜曾经见过面的人，是使自己招致"好运"的诀窍。遗忘认识者的姓名，不仅将会度过没有运气的人生，也无法拓展人际关系的范围，只能说是闭锁的、人生的落伍者。若在交换名片的时候做上标记，则在下次见面时记忆犹新，对方也会认为你是一个认真的人，这也是你们进一步发展新交易的绝好机会。

在公司名片上附印"自宅"的人

在名片上附印"自宅"，可以判断这个人在能力、社交等各方面都相当优秀。有对自己、对社会负责任的效果，在遭遇突发事故时，可以当紧急联络处，迅速解决问题。但另一方面，这样做可能会被他人利用。故名片投放

时,要小心提防。

同时具有两种身份名片的人

对于两种名片分开使用的人,应该说他们是深谋远虑的人,这种人平日装出一付忠于单位勤于职守的姿态,实际上却在暗地里做自己的事,甚至在干背叛单位的事。这种人在单位里,大都有其疏忽散漫的一面,谈不上有什么发展,更不用谈"前途"了。

名片用光或不带名片的人

像这种以名片用光或不带名片为借口的人,大都是孤注一掷的投机者类型,是相当危险的人物。初次见面,彼此还了解不到三两分,立刻以交往数十年的亲热口气相邀,应特别小心。

到处给名片的人

不论直接或间接地到处给名片的人,都是想贩卖自己的野心家,这些人大多是自我显示欲强烈的人。这种人不但容易忘记自己在什么时候拿名片给了什么人,而且轻易的把名片当成一种传单,漫天乱撒。这种类型的人是经营者的话,大多是老板或伙计,推车四处奔走的私营企业主,虽然常想不劳而获,大捞一笔,但也常有偷鸡不着蚀米的危险性。

以他人的名片自傲的人

像这种带着大把他人的名片外出的人,大都是以自我为中心的类型,其特征是活动性强,口才很好,说话绝不会出任何纰漏,是能够获得他人喜欢的人。这种人精力过人,富有活力,轻口承诺。

读懂他,掌控他

我们的身份除了可以用身份证进行证明以外,还有名片,它更多的是倾向于证明一种地位和身份。名片从某种程度上可以说是让他人认识自己的一个窗口,有的名片甚至是囊括了一个人一生的成就和所得。所以,通过名片观察人是一个非常好的办法。

从等人时的姿势看准对方

等人,对每个人来说都是家常便饭,尤其是在交通状况越来越拥阻堵塞的大城市,更是免不了时常要为等人费上一两个小时的精力。等人的滋味,虽然外人不得而知,可当事者心里却清楚得很。他在等人的时候是什么样的姿态呢?

搓着手,走来走去

他是一个性子比较急的人,不爱慢慢吞吞的做事,性格积极乐观,富有行动力,不过有时会有计划不周,稍显草率的缺点。对于朋友,他一向热情洋溢,但有些粗枝大叶,常被笑话"少根筋",不过他并不会以此为意。

至于爱情,他很容易坦白自己的感情,并以同样的标准要求对方,虽然有时面对现实难免要伤心欲绝,但终究会习惯细水长流的方式,至于恋爱浪不浪漫仍在其次,他只要与对方在一起快乐就好。

不停看表

他是一个守时的人,而且言出必行,对自己要求极为严格。在工作上,他一向考虑周详,面面俱到,所以和他共事不会感到困难,但他可能有极强的权力欲望,有专权的倾向。

对于爱情,他很看重对方的言行是否落落大方,应对是否得体,是否看重承诺,安分守己。无疑他在工作和生活上都是一个十分认真的人。

双手交叉胸前

他是一个顽固之人。他通常很容易就达到目的,而且不费一兵一卒,是武林人称"杀人不见血"那种。

他对于爱情刚柔相济,将一切都尽在掌握之中,他很清楚自己要的婚

姻是什么,对象条件要求怎样,这听起来比较现实,不过要求明确反而不容易伤人,合则聚,不合则散。

双手轻轻贴靠在身侧

这种男人所表现的应该是正好在约定时刻到达的情况。他是相当值得信赖,既不早也不晚赴约,并能确实遵守时间的类型。

手插口袋

他是文静而内向的人。十分具有耐性和隐忍精神,缺点就是依赖性比较重。而且不太喜欢发表自己的意见。即使再刻板枯燥的工作,也会默默完成,绝无怨言,平淡的生活可以让他知足常乐,而且能带给他安全感。

至于爱情,他比较随遇而安,如果一旦认定了,必然会做一个贴心细致的好丈夫。

▶ **读懂他,掌控他** ◀

等候人时的神态可谓十个人十个样。如果你悄悄地躲藏在暗处,故意佯装迟到,而仔细观察他们模样的话,也许能意外地发现一些平常难以看到的另一面。因为从他等待的姿势或动作,可以看出他的真心。因为这也属于一种肢体语言。

从评价别人的穿戴看准对方

一般人都喜欢评论别人。比如:"那家伙真是个老赶","那小子是个酒鬼","那是位有教养的小姐","你肯定是个东北人","你真是个慢性子"。这样对人做出评价,就好像你能够完全理解对方似的,于是自己也随之产生了一种安全感。

你穿着一件新衣服出现在他的面前,你怎么看都觉得自己穿得太过花哨,与他很不协调。当你向他征求意见时,他会怎样评价?

无论如何,配合你的心情而赞美你

简单地以赞美对方为思考中心,是凡事不违逆他人的典型。虽然对方被赞美,却无法真正感同身受。看表面上,这种人似乎人际关系顺畅,其实不然。

实话实说

向对象实话实说,一旦对方心悦诚服,很容易博得别人的好感和信赖。可是,有时这种积极诚实的作风,也会引起相当程度的反感。

独自咻咻地笑

这是一个内向型的人。由于太过消极,他的人际关系难以展开。而且,态度经常畏缩胆怯,大多无法与人融洽相处。

考虑对方穿这件衣服的心情,再委婉地表达自己的意见

这种人在别人眼中是非常客观、冷静的类型。不过,有时太撇清立场,反而会伤害对方的感情。这类型的人,将自我世界和他人世界截然划分,互不干涉。

读懂他,掌控他

不仅他自己的衣着能够表现他的个性,就连他对你衣着的反应也在某种程度上是他性格的折射。下次你不妨在穿上新衣的时候,试探一下他的反应,他是实话实说还是敷衍应付或者是违心地说些赞美的话,你就更会了解他是哪一类人。

察看他吵架时的表现

人际交往中难免会有磕磕碰碰,假如有人不小心误会或得罪了他,他会用什么样的态度对待别人呢？

君子报仇，十年不晚，你给我记住

他的性格压抑，一遇事情，便只好放在心中。他很热切地期待真爱，但却没有足够的自信来把握对方，因而常常处于一种莫名其妙的自我折磨中。

极尽所能，用言辞攻击别人

他非常容易动怒。虽然一开始，他只是据理力争就事论事，可是很快便扩大到言辞上的攻击，他会数落对手的每一件错事，甚至攻击对方的家庭。他实在是个差劲的战士，他想成功的干劲和必胜的决心，若用在其他方面很有帮助，但用在破坏关系上，造成的负面效果可太大了。这是因为他在争执时所说的那些话，到最后都变成无理取闹的人身攻击。

正常现象，没什么要紧的，自己快乐、坦然才最重要

表面上，他绝对宽宏大量，但没人能保证他在潜意识里真的很愉快。对恋情上他也是如此，其实某些问题还是挑明了好，不仅让自己心情轻松，对方也能有所自知。

他可能太过敏感了，不想想事情的原委就一味躲避。恋爱中他非常在乎对方的一点一滴，也不完全信任恋人，因而戒心重重。

动不动就威胁别人

只要他输了，被逼急了，便使出最后的武器："我没办法再忍受了，我要离开！"其实，他无法忍受的是事情不如他意，而这个最后通牒，使他觉得自己威力大增。不过，如果有一天，对手对他说："好！现在就走，我才不在乎！"这时他就无所适从，因为他根本没有勇气离开，他预想的方式只有对方妥协一种。

拼着命同对方大吵一通，从此老死不相往来

他个性霸道，又太自以为是，时常出口伤人，所以得罪的人肯定不少。

第六章 人以群分，交际察人——透过社交读懂男人

恋爱时他也经常斤斤计较，由于一点小事，他可能同恋人闹得天翻地覆，两败俱伤。

读懂他，掌控他

有些人一吵起架来就精神百倍。因为吵架刺激这种人分泌肾上腺素，使他觉得兴奋，而这种兴奋是事情顺利时无法感受到的。有些人害怕生气，他们竭尽一切努力去避免争执，如果不可避免也要尽快结束它。其实，许多人吵到最高点的时候，满脑子只想赢，经常忘了到底为什么而吵。而且吵架时语言、动作等从某一方面也表现了一个人的性格特征。

第七章 认清本质，钱能明心
——透过花钱读懂男人

花钱识人心

钱乃是身外之物，不能过分地看重钱，但男人对钱的态度会直接或间接影响到家庭的幸福。因为女人天生没安全感，男人对钱的态度和做法，可以让女人安心也能让女人担心。

钱，在男人心目中代表权力代表地位代表征服，在女人心目中代表安全感代表满足甚至代表幸福。人活在世上，钱虽然不是生活中的全部，但无论在亲情、友情、爱情中都占着重要的位置。在有的人看来，爱情中如果把情感和金钱联系在一起是很恶俗的事情，钱就是钱，爱情就是爱情，有钱的爱情未必幸福快乐，没钱的爱情也许甜蜜温馨。但是俗话说，贫贱夫妻百事哀，真正缺乏了物质基础，感情如果陷于对于基本生活需求都不能满足的琐碎之中，对于感情未尝不是一种伤害。

大多数女人都在无形中有一个思维倾向，就是容易用金钱来衡量男人的感情付出，认为他越愿意给自己花钱就越在乎自己。虽然这种想法不能

第七章 认清本质,钱能明心——透过花钱读懂男人

评之为世俗或者正确,但现实中无论什么时候,女人都愿意花一个男人的钱,不是女人贪图便宜,而是那钱里的快乐,其实饱含爱情的滋味,尽管是些小钱。真正的好男人,往往都很愿意为自己心爱的女人花钱,因为那是他的一份快乐。

一般说来,一个男人对女人花钱的多少,也是男人对这个女人觉得值得付出多少,更是男人在女人中表现的大方和风度问题。一个男人舍不舍得为女人花钱是衡量爱的一个重要标准,甭管男人赚取的钱是多少,只要男人愿意偶尔为自己的女人花自己手里百分之八十的钱就能让女人感动。

男人不舍得为女人花钱,不仅是小家子气,也能够说明他对这个女人爱得不够深,因为一个男人对心爱的女人绝对不会吝啬。其实女人喜欢男人为她花钱,有时候也是为了证实自己在男人心目中的位置,男人如果喜欢一个女人,一定愿意为她花钱的,真正爱你的女人并不是注重金钱物质的多少,而是在乎你对她的心意和她在你心中份量的多少。

从理财的角度来看身边的男人们,这三种最为典型:

第一种男人,为爱而活。他们把老婆孩子视为最爱,拼命工作赚钱为让家人过得更好些,赚来的钱肯定会交给老婆不是因为怕老婆,而是他们认为老婆快乐就是自己快乐。对他们而言自己的钱包里的钱够用就好。这种男人可能很有钱也可能很穷,但内心深处对女人的爱是一样的。

第二种男人,为自己活着。他们拼命呵护自己的腰包,一种原因可能是对妻子不信任,担心妻子将自己的金钱卷走,另一方可能是习惯了我行我素,为所欲为,不想让妻子挡道。他们对家庭也只是尽表面义务。这种男人如果能自律更好,若是吃喝嫖赌沾上某项那就完了。

第三种男人,矛盾的活着,一方面心底自私去保护着自己的钱包不让老婆触及,另一方面又想做个唯老婆大人是从的好男人,逢人还要说,我们家我老婆当家管账。

透过细节读懂男人

第一种男人,是优秀的男人,第二种男人是自私的男人,第三种男人是虚伪的男人。

如果嫁给第一种男人是幸福,嫁给第二种男人是痛苦,嫁给第三种男人无疑是既痛苦又可悲,因为若自私那就光明正大的自私好了,明明自己的钱包握得死死的还要标榜如何尊重老婆一切让老婆管的虚伪呢?

当然,一个男人为一个女人花钱,未必说明他爱她。但如果一个男人爱一个女人,他一定是肯为她花钱的,喜欢看她穿得漂漂亮亮,想要什么有什么,心里快活。男人的心思,有候就是这样简单,直接,热忱,豪爽。男人的豪爽也不是没有原则的。当男人不爱女人时,他对她就会变得斤斤计较,甚至不为她付出任何物质金钱。当然人的性格是可以改变的,但这前提是这男人必须真爱你。否则可就江山易改,本性难移了。

理想的夫妻应该是,能同甘也能共苦,有着共同的财物,不分彼此,同心共进,一同规划共同的未来,这样的夫妻才更幸福更有进取努力的动力。

◥ 读懂他,掌控他 ◤

钱有着不同的意义。对男人来说,钱可以衡量成败;他们甚至用钱来判断自己的男子汉气概,对于男人们来说钱实在是太重要了,因此,他对你花钱的态度也就说明了他对你的心意。男人为女人花钱是女人证实自己在男人心目中的份量,男人为女人花钱是看着心爱的女人花钱,男人心里痛快。花心爱男人的钱,女人心里高兴。男人通过给女人钱花去爱护女人,女人通过花男人的钱来肯定男人。

购物方式反映一个人的生活态度

购物是一种经济行为,心理学家和经济学家分析后认为,根据这种经

济行为的不同类型可以判断购物者的性格,也就是说,购物者在购物时的行为方式与其性格息息相关。

先看产品目录

这类人属于丰富梦想的浪漫型,在爱情上重量不重质,由于他思想另类,常有不寻常之举,在床上时会突如其来地做出一些奇怪动作吓人一跳。此外,他心地善良,对人包容兼疏爽,对于甜言蜜语的人多多益善。

先听朋友意见

热爱工作,事业心很重,无时无刻都在思考前程,是个能获得成功的人,可惜性格过分火爆。

亲手试用

这类人是典型率直的开门见山型。没有什么个性,身边朋友想去哪,想做什么,你一律奉陪,而且与任何人都合得来,说好听点是随和,说难听点是"应声虫"。对性,大胆毫不掩饰,想要就大声地要求再要求,但对象只有一个,且愿付出真情。

挑三拣四

心中要求太过理想,是一个完美主义者,不轻易妥协。

先看外形款式

这种人喜爱一切有活力的东西,对于有强烈生命力的人和事都显得特别有兴趣,视改变为人生动感之源,但这种人在性爱路上却十分迷惑,自我控制能力很差,易做出越轨的事。

买东西财大气粗

其实这种男人不一定有钱,也许是因为性格豪爽,不愿挑挑捡捡,买东西就一句话:"给我拿最好的。"卖货的最喜欢碰到这种人,好挣钱,还痛快,谁不喜欢呢?不过豪爽不代表没脑袋,上当一次,一般不会再去消费的,所以做生意还是老实点好。

讲究品牌

这种男人是比较有脑筋的一种,对于这种自己并不懂行的物品,也不相信售货员的推荐。相信名牌,觉得名牌产品就算有问题也比其它产品要好的多,这种是比较理智的一种消费。

人云亦云

只要售货员推荐的就是好的,因为他本身并不懂这种商品,他会全盘接受售货员的意见,这并不是一个好习惯。售货员推荐的多数并不是最好的,正常来说是他们最赚钱的或是独家代理的,还是理性点比较好。

读懂他,掌控他

人在购物时的心态和举止,是由人的需要、气质、性格等多方面因素决定的。从需要来讲,是急迫的,还是可有可无的。这就会产生不同的动机。动机不同,行为会有强弱之分。从气质来讲,是急性子,还是慢性子;是活泼好动,还是冷船稳重。这就决定一个人行动的决慢。从性格来讲,反映到人们对待商品的态度和购买行为上,是富于理想,还是立足现实;是求新,还是守旧等等,无不体现出男人最深层的个性。

会花钱的人会生活

现代都市生活里,抠门并不都是贬义色彩。精打细算是一种生活态度,也是一种时尚的理财方式,既能让生活过得舒适体面,又不伤元气,还生活朴素、纯真的面孔。男人学会抠门,才会让你的生活充满浪漫的味道。

世上花钱的男人有几种。吝啬的男人没出息,花钱如流水的男人会失败,只有合理花钱的男人才成功。

看一个男人对待金钱的态度要有一个好的心态。不要觉得抠门损伤了

第七章 认清本质,钱能明心——透过花钱读懂男人

男人的自尊,事实上,欧美发达国家的人们生活远比中国男人随意的多,纽约的街头,脚穿球鞋,身着休闲装的人比比皆是。大多数的欧洲人习惯在自家的庭院里种植果蔬,而且更多的喜欢在自己家里开PARTY,而不是跑到外边大宴宾朋。国外的时尚男人把抠门当作一种享受。在享受的同时,还保持了男人的绅士风度。

所以不要贪慕他有百万身价,而要看他是否能将自己的财富最合理地运用,用最合理的财富过最舒适的生活。我们不妨学习一下欧美的生活,把自己家中该抠的地方梳理一下,你会发现,其实我们的生活完全可以变个样子。试想一下,当你一直都在时尚的奢侈品中打转的时候,而自己的食宿问题都无着落。如果面对这样的男人你不会觉得得悲哀吗?

一个会花钱的男人一定有一个好的家庭规划。时尚男人会在每个月做出好的盘点和明细账目,把各项开支项目、费用、日期和月度总开支进行明细列表,包括固定开支、如房租、水电、煤气、电话、交通、医疗等各种费用和非固定开支和额外开支列举明细表,这样,太太们也不用对家庭的钱财去"雾里看花",绝对会对老公刮目相看。

治大国若烹小鲜,如果他能够把自己家里梳理得有条不紊,那么在工作和事业上,他必然也会周到打理,抠门男人绝对会成为人见人爱的精品男人。因为自己的财物在他心里都有底数,在真正操作中就更加有底气。

会花钱的男人不会厌烦陪太太逛街,而是会心甘情愿地做家庭的购物指南。他会掌握自己太太的购物心理,阅读报刊的广告,做到货比三家,把普通购物变成精明购物,陪太太购物的同时还要当好太太的主心骨,选择商品,一定要物有所值。

他从不认为自己可以什么都买就是时尚,他明白有些东西买了绝对没有用的,放在家里就如同垃圾一样。

会花钱的男人才会赚更多的钱。聪明的男人把钱花在学业投资上,充

分使自己"充电"。金钱和汗水使他获得了知识和力量,智慧给他带来了令人羡慕的工作,丰厚的待遇报酬没有亏待他。

明智的男人懂得不能用金钱去购买爱情,两情相依情感至关重要。不忽视情人节为她送上玫瑰花和礼品;过生日蛋糕也是必要的;最好送几本专业书籍会给她有更大的帮助。他的勤奋和金子般的心,会赢得她的爱。他在她身上没有一掷千金,却会带着她走进婚姻殿堂。

会花钱的男人当家理财也是一把好手,把钱用在刀刃上。他懂得资产多元化的道理,将家庭财富合理地进行分配,采取"投资三分法"的原则,将家中的钱平均分为三份,其中一份存银行,获利并备不时之需;一份购买股票、债券、黄金等,以保值和获取超过银行存款利息的收益;一份用来购置不动产,如房屋之类。购买多种保险,以防意外风云有保障。

如果他通过了你的各项考察,也成功地把自己培养成一个标准的理财男人,那么你还犹豫什么呢?

读懂他,掌控他

不管男人为女人的花钱方式如何,它都是男人性格的一个体现,聪明的女人可以从这里发现男人性格中的一角,但要注意的一点是,有的男人为女人花钱时与他的修养和个性有关,如果用投入金钱的数量来权衡感情的真伪那就大错特错了。我们只可以把它作为了解男人的参考,但不是全部。一味地用钱去量化感情,就会失去感情的本色。

付款细节传达心声

男人从来都不会苛责女人的购物欲,在他们眼里,懂得生活的女人才是美丽的女人。只是,当女人一味地掏空男人的钱包,却让他们体会不到一

第七章 认清本质,钱能明心——透过花钱读懂男人

点点的体贴与关爱,再有钱的男人,也会心痛。这时候,他们心痛的不是钱,而是觉得自己被当成为女人赚钱的工具。

偶尔花花老公的钱,让他满足一下大男人的自尊是可行的,但一定不要放弃自己的社会角色,用独立的经济能力去支撑自己的婚姻。动动男人的钱包,是一项经济管理,也能顺便做做忠诚管理。

想知道男人和女人的感情状况,便要看他们付账时的态度。

当男人完全不看账单便付钱,并慷慨地付小费,可能他正在追求这个女人。

当他开始留意账单上的项目,可能他已经把这个女人追到手。

当他开始翻查账单,并埋怨收费太高,可能他跟这个女人感情十分稳定。

当他只是瞟一瞟账单,然后由女人付账,则这个女人可能已经成为他的太太,掌握经济大权。

让女人买单不是件错事,但总人女人买单就有些说不过去了。在这个年代,金钱也是检验爱情的一个重要指标。这样的检验,并不是说拥有金钱的数量的多少,而是他如何对待金钱与爱情两者的态度如何。他家穷并不代表物质上所有的东西就该由你来承担,因为男人的责任心不能以任何借口丢掉。

当然,没有物质保证的爱情会比较辛苦。但是只要两个人能共同努力,困难始终是暂时的。可是他心态上都不能摆正金钱与爱情的位置,那这份感情真的需要重新考虑了。

读懂他,掌控他

自从金钱来到这个世上,就用不可抗拒的力量诱惑任了一代又一代的人,使无数的人为它逛而走险,走上不归路;也使无数的人盎它的面前露出庐山真面目。无数的男人把金钱当成财富、权力和力量,更用金钱衡量成功

与否,他们的真实性格得到最彻底的揭示。仔细观察一下他们在付款时的细节,就会对他们的金钱观、对你的态度有一个更加深入的了解。

他对朋友慷慨大方吗

朋友往来,彼此之间都喜欢大大方方,互帮互学,互谅互让,然而也有一些男人却与此相反,心胸狭窄,个性孤僻,十分吝啬,斤斤计较个人得失。一般来说,男人比女人吝啬的多;年轻人比老年人更浪费;受教育越多的人越容易吝啬。虽然许多人在讨论消费习惯的时候可能都不喜欢别人用"小气鬼"或者"败家子"来形容自己,但这两个词却可以很好地判断出出一个男人的性格。

研究人员指出,小气是指那些"在花钱之前感到心痛"的人,所以他们实际花费的总是比自己希望花费的要少。小气的人不一定穷,小气也并不等于节俭,还有,对女人小气的人未必对自己也小气,有人打麻将一夜万金,却从来舍不得和女友比比掏荷包的速度。而挥霍的人在花钱的时候"根本没有太多感觉",所以他们总是比自己原本打算花的要多。"平和型"消费者在消费过程中的感觉"比较平衡",所以他们一般花的钱也在自己的预料当中。

如何判断他是慷慨大方还是小气呢?如果他在朋友家闲谈,发现最后一班车已经走了,而回家需走10公里。这时在下列4个方法中,他会采用哪一个?

A.坐出租车回家——在朋友的印象中找他出来总是不用太担心花费多寡,该花多少他就掏出多少,甚至大伙一起出去玩乐要结账时他也会无意识地就将账单接过来,直接买单请客。

B.给家人打电话,说要住在朋友家——善于判断情况,受朋友欢迎,同时举止合宜,在社交上也超人一等。但他生性是属于节俭的人。对金钱的使用大多有计划性,重视储蓄与理财,该花的才花。朋友突然提出的邀约、借钱等需要临时掏腰包花费的事情,他可能会慎重考虑,甚至直接就拒绝了的情况也不少。他每个月至少都会留一些转到储蓄、投资上。

C.不在意地留在朋友家——他注重自己的想法,讨厌别人干涉他,看到喜欢的东西,就算没钱也要借钱去买。囊空如洗也自得其乐,对经济的观念是自由的。

D.慢步走回家——为了存钱、省钱,他对金钱可是锱铢必较,连必要的经费都可以削减,日常生活开支尽量减到最小,更别说是无谓的娱乐和奢侈品了。

读懂他,掌控他

一个男人在花钱时时慷慨大方还是锱铢必较,是他性格的集中体现。他是否慷慨,是否聪明,是否花你的钱比花自己的钱更热心——钱通常会比你的眼睛更能看清男人的本质。不妨在这方面好好观察一下他,你会有巨大收获。

礼物代表他的心

每逢节日和你们独有的纪念日,他是否会精心选份礼物送你,他会选什么样的礼物呢?他是哪种类型的男人呢?你在心里肯定有数。

笨拙的男人

对这类男人来说,送礼物绝对不是他擅长的事情。去外地出差他从不带回大包小包的特产,周末去看父母也不会提着水果篮——直接给他们零

花钱更实惠。据他所说,一件礼物里如果没有凝聚着激情、巧妙的构思和细腻的体贴,而且如果不是对方很需要的东西,就没有任何意义。

如果你需要一个体贴的情人,他不是好选择,跟他在一起你的期望在加剧,怨恨也在加深。直到有一天他终于开窍了送给你一件贵重礼物的时候,你也许会出现如下症状:瞳孔放大,神经质地大笑,全身颤抖……

但是要知道,笨拙的男人未必吝啬,未必不是一个好伴侣,他只是没有养成好习惯。如何快速地给男人灌输礼物的概念呢?很简单,只要把精美的时尚杂志放在正确的地方(比如洗手间里),经常带他去专卖店林立的幽雅大街上沿着漂亮的橱窗散步,在闲谈的时候随口说出一些时尚信息……你需要让他知道,女人并非都是礼物狂,但送给一个女人礼物,就像倾听一个想诉说的人。

投资者

如果他送给你一台冰淇淋机,那是因为这台机器能做出他最爱吃的果汁冰糕。如果他给你买了一颗钻石,那是因为早晚要买,而且价格一年比一年贵……即使在床上,他的每一个动作都明确地告诉你他想要你怎样去爱抚他。

警惕他,就像观察煤气炉上的牛奶一样不要松懈。有些男人非常自然地认为礼物就是投资。如果你不想给他回报,就不要接受他的礼物。不要做虐待狂,如同皮草围巾一样,我们都知道它很暖和、很舒适、很柔软,但不要把它送给一个对皮毛过敏的男人。从极端富有或是极端贫穷的家庭走出来的男人,比别人更了解金钱的作用和价值,但我们可以不做那个被收买的女人。

吝啬鬼

这类男人的口头禅就是:"和你在一起的生活,就是上天赐给我的最美好的礼物。"可这位收到了如此可观礼物的男人,从来没有想过要还礼。

第七章 认清本质,钱能明心——透过花钱读懂男人

吝啬的男人,想必每个女人都碰到过,慷慨的男人各有各的慷慨,但吝啬的男人都一样。总之,一切奢侈的非食品的东西都被他称作"骗人的把戏"。

我们必须承认的是,吝啬在很多时候并不是男人成功的障碍,反而因此使他们出类拔萃,克林顿的身上从来不带钱,布莱尔是出名的小气鬼。很多时候,吝啬的男人更让我们放心:一个小心翼翼地看管着他的钱财的男人,至少我们知道他是有钱的。

但为了避免我们在晚年时首饰盒里只有几件廉价的玩意而伤心不已,我们至少要明白这个男人对我们是真心的,即使他单腿跪地递来的是一束白萝卜——他对别人连白萝卜也舍不得送的。另外,他从不提出跟你AA制,该他付账的他都付了。

慷慨的男人

男人的慷慨是天生的吗?应该是的。男人是否慷慨,与他的经济实力并无直接关系。这样的男人在有了收入之后,其出手的大方程度可以想象,手表,名牌服装,高级俱乐部的健身卡……他已经贫乏到没有别的方式来表达爱情了。

这样的男人越来越稀缺,逮住一个可不容易。但心理学家告诉我们:极端的慷慨和极端的吝啬都是病态的,对一个过于慷慨的男人来说,他送礼物是为了提升自己的价值。

如果一个男人送来送去都是同一种东西,那就值得担心了:比如说,昂贵性感的内衣。近距离观察这些慷慨的男人:他们是好情人,甚至被女人在回顾过去时称为"我最好的情人",不管时间过去多久,女人总会保存着他们一件或多件"慷慨的礼物":一枚蓝宝石戒指,一件皮草,甚至一套公寓。他们的目的达到了,他们的价值被这些礼物提升了。但慷慨的男人很少会成为好丈夫,首先,他不会储蓄,如果不是腰缠万贯,他们的账户经常被礼

物掏空,甚至负债累累。慷慨的男人挥金如土,金钱只是他们证明自己的工具。如果你指望他精打细算地理财过日子,你就找错了人。

另外,慷慨的男人不接受别人干涉他对金钱的支配权,如果他愿意为全桌人买单,或者送给前台的漂亮秘书一条爱玛仕的丝巾,你跟他吵架也没有用。

假慷慨的男人

从相识的那一天起,他几乎没有空手来赴约过,一束鲜花,一块巧克力,一枚精致的发夹,一瓶最时髦的香水,再加上一箩筐的甜言蜜语、一表人才和体面的工作,哄得女友非常开心。 可能N天之后,你会在无意中发觉过去他送给你的礼物很多都是他参加公关活动时得到的礼品。

假慷慨比真吝啬更可恶。因为他知道怎样作假讨女人的喜欢。虽然他很受女人欢迎,他自己也很清楚这一点,没有一个人说他的坏话。但是你要知道,这样的男人很难成为好丈夫,不管他的口碑有多好——他是很难全力以赴去对待另一个人的。

读懂他,掌控他

心理学家说,好的礼物是另一种语言,让对方感动。把自己想象成对方,寻找他的兴趣所在。如果你的思路正确,送礼物绝非是一件卖力不讨好的差事。面对并没有打动我们心弦的礼物应该意识到,我们和他是不是缺乏交流?对他说:"这个礼物我并不怎么喜欢"。这等于把真实作为礼物回赠给对方,这已经是好的开端了。

从储蓄中阅读他的性格

对所有的人来说,要想成功,存钱是基本条件之一,当我们检视世界上

第七章 认清本质,钱能明心——透过花钱读懂男人

那些大大小小的成功老板的成功经验时,我们会发现,他们都有一个良好的习惯,这就是储蓄存款。即便是在他们经济条件并不甚宽裕时,他们也努力节衣缩食,一点点积攒储蓄。

存钱纯粹是习惯问题,同时也是个性格问题。"月光"一族现在固然潇洒,但日后需要资金的时候就会抓瞎。一个男人因为忽略了培养储蓄的习惯,以至于终生要劳苦工作,无法摆脱这种悲惨的生活。然而,在今天的世界上,却有数以百万计的人,过着这种生活。储蓄的习惯是多种多样的,有些人将收入的大半积蓄起来,有的人则一双手来一双手去,其实不同的储蓄习惯反映了不同程度的安全感和不同的心理特征。

将收入的大半存起来

将收入的大半储蓄的人基本上缺乏安全感,他们害怕饥饿贫穷,因此千方百计把每一分钱都省下来,存进银行,而他们最大的人生乐趣就是看着存折上的数字不断地增长。他们交友极为谨慎,对人相当斤斤计较,非常害怕被人家占便宜,所以没有什么知心的朋友,在施与受之间,他们习惯拿取,而没有习惯施予,要他们施舍零钱给路边的乞丐,他们也会一口回绝。在事业方面,这种人会选择一份收入稳定的工作,是否有前途位在其次。在寻觅终身伴侣方面,他们抱有同样的心态:最注重对方是否能给予自己安全感及是否能与自己厮守一生,其余的品质如性格反而不会获得适度重视。

将收入的小半存起来

将收入的小半储蓄起来的人觉得生命中的资源虽然不至于用不尽,但应付基本的生活是绝对没有问题的。他们相信就算跌倒,自己也是有能力爬起来的,这种心态显示这类人有不错的安全感。当然,他们不是完全没有防人之心,但是对他们拿出真诚的人,是可以赢取他们的信任的,而他们对朋友也可以交出真心。

这类人所追求的事业必须给予他们机会去一展所长,金钱对他们来说

并非不重要,但满足感和成就感也是不可或缺的。与他们交往的人,觉得他们爽朗愉快,做事永不拖泥带水,对朋友也有通财之义,非常慷慨大方,是许多人愿意接近的人。

青睐定期存款

这种人追求安定有保障的生活,但这并不表示他没有安全感,这只是显示他不喜欢转变,也不欢迎生命中的太大的挑战。

这种人有一个安定的职业,在工作岗位上,他所求的是稳步上扬,完全没有好高骛远等非份之想,所以不会成为上司猜忌的对象。

在交友方面,这种人属于慢热,因为他通常需要观察对方一段时间才能决定对方是否有资格做自己的朋友。

没有储蓄

或许他有储蓄的欲望,但总在薪水已挥霍殆尽时才想起。他经常在一无所有的境界中求存,有时他讨厌这样的生活,但他始终没有致力去改善自己的这一处境。他也曾相信,自己可以做一个随遇而安的人,对生命没有特殊的要求,但很快便发觉自己像其他人一样有七情六欲,也喜欢追求物质享受,有心动无行动。他懒散的生活模式已经定型,想学人家那样在激流中力争上游,但很多时候处于有心无力的境地。

读懂他,掌控他

储蓄的方式有多种:把钱藏在床下、买股票、买房地产、在银行办定期存款、买保值物品等等。不同的方法显示出不同的人对财富不同的看法。观察一下他怎么存钱,你可以对他的性格有更加深入的了解。

第七章 认清本质,钱能明心——透过花钱读懂男人

从借钱看清楚他的品性

在生活中我们与人交往常常遵循着"互惠"这条心理规则,具体来说就是:我对你好,你也会对我好,反之亦然。细细地思考一下,我们会发现:钱该不该借,讨钱怎么讨,这些话题常常是没有标准答案的。但是真正的友情没有欺骗,没有敷衍,只有真诚和体谅。君子之交,平淡如水。

有一天,你临时缺钱,向朋友借钱,你朋友的反应马上就会让你明白谁更懂得体贴你。

如果朋友似乎很为难的,把手背在后面,慢吞吞地问要多少,很明显是不肯对你坦诚相见。这种人最大的特点就是他从不说不经过大脑转三圈的话,说白一点就是从他嘴巴说出的话,都是经过大脑分析过的话。他之所以会把双手藏在背后,就是怕他的手不自觉地露出潜意识的讯息。而当他问你要借多少时?就表示了他仔细评估之后,认为你还有放款效益。

他双手交叉,问:"要多少?"那么你在借钱时,最好能察言观色一番,像这种朋友虽然问你要借多少钱,但是心底有一百个不愿意。为什么?因为他的双手会不觉地交叉胸前,这个动作其实是潜意识中的拒绝,暗示你最好不要借。或许他有钱,可是又不好意思不借给你,但是对你能不能还又很不放心,于是就会有这种小动作出现。如果你看到这样的肢体语言,最好找别人借,不然就是多说几句好话,或者是多给对方一些好处,或许成功的机会比较大。

如果对方马上翻钱包,东找西找,说借多少,那么这种朋友对你来讲,可以说是个难得的患难之交。他很热心助人,不过似乎有点冲动,或许他太信得过你,或许他是本性如此,像他这样热心有余,细心不足的人,是很容易

透过细节**读懂**男人

被人骗的。所以,奉劝你,如果你有这种朋友,跟他借钱之后,千万不要赖帐,因为这种敦厚老实的好人不多了,而且一旦他对你的信用失去信心,很容易影响你们之间的关系。相反的,如果你能诚心地对待这种人,以后不管你要借多少次,借多少钱,他都会借给你的。

如果他迟疑了一下,手摸着鼻子,说他也没带钱,这说明他不打算借钱给你。由他的动作中,你可以很清楚地看出来,他在讲话的时候,总是会很巧妙地摸摸鼻子,或是假装嘴边很痒,要去抓一抓,这些都是人在说谎的时候会有的下意识动作。如果你看到对方有这样的举动,就应该明白,他是不会借钱给你的。

▶ 读懂他,掌控他 ◀

虽然说起来是三朋四友,可是只要说到钱都会觉得不亲热。真的到了紧要关头,谁会像家人一样毫不犹豫的对你伸出援助之手?或许平时你根本看不出一个人对你的情谊,到了借钱的时候,观察一下他的态度,你就会一目了然。

第八章　成事有道，工作辨人
——透过工作读懂男人

看他什么职业

人们常说性格决定命运，其实，这句话不全对。一个人的命运始终是由其性格和他所选择的职业共同来决定的。两个性格相同的人如果选择了不同的职业，其命运也注定不同。因此，性格是命，职业是运，性格与职业的组合，才真正构成了一个人的命运。

不同的职业需要不同的性格，不同的性格对应着不同的职业，上苍是公平的，也是智慧的，他赋予任何人的任何性格都是有用的。任何一种性格，一旦找准了位置，就会大放光芒。一个人只有真正了解自己的个性特点，在选择职业时才能称心如意，才会收到事半功倍的效果。一个人只有在这个世界上找到适合自己的职业，找到适合自己的位置，找到合适的人生坐标，找到能够发挥自己性格优势的工作，才有可能获得成功。

一位牧师有一天路过市场，偶然听到一个顾客与屠夫的对话。顾客对屠夫说："给我割一斤好肉。"屠夫听了，放下屠刀反问道："哪一块不是好肉呢?关键是你想怎样吃法。你想吃排骨,需要的是骨头上的瘦肉;你想炼油,需要的是肥肉。"顾客当场怔住,一边的牧师却恍然大悟。

人们在社会生活中,似乎正在被残酷现实的需要所逼迫,一天天地在改变自己天生性格,但是,其中也有个限度问题。一个昨天还性格腼腆的人到今天就摇身一变从事公关社交工作,似乎是不可能的,所以一个人的职业选择和他的性格的相关度还是非常之高的。

外向型

外向型的人适合与人接触的工作。如果是打工族,就适合于有关涉外(交涉、谈判)的工作,即使不是打工族,也适于广泛的服务部门及推销方面的工作。外向型的人,擅长以人为对象进行活动的工作。跑外的人多是这种类型。

内向型

内向型的人,一般适合于不以人而是以物,比如说书类、器械类、动植物、自然等为对象的职业。他们最适合一个人进行工作的职业,也适合有几个人,但各自并不交叉,而是并行作业的职业。他们不适合那些必须以巧妙手段应付复杂的人事关系,并与世俗烦杂事物相关的职业。例如,这种类型的人员适合当经济学家,却不适合当公司经营者,也不适合在服务部门工作。

刚毅型

具有刚毅性格的人,大都锋芒毕露,喜欢独自决断。因此他们适合开拓性和决策性的职业,不适宜从事机械性、服务性的工作,也不适宜从事要求细致的工作。适合在政治、军事等领域发展。他们目标明确,行为方式积极主动、坚决果断,故多适应开拓性或决策性的职业,如政治家、社会活动家、行政管理、群众团体组织者等。

第八章 成事有道,工作辨人——透过工作读懂男人

机智型

他们在紧张和危险的情况下能自我控制沉着应付,发生意外和差错时不慌不乱地出色完成任务。适合从事职业类型有:驾驶员、飞行员、公安人员、消防人员、救生人员等。

温顺型

性情温和柔顺、慈祥善良、亲切和蔼、不摆架子、处事平和稳重,更重要的是,这种人有丰富的内心世界和敏锐的观察力,他们在文学艺术的领域常常会如鱼得水。适合从事文学艺术、幼儿教育、财务和护理等多项职业,不适合从事要求能作出迅速、灵活反应的工作。

自我表现型

他们喜欢表现自己的爱好和个性,根据自己的感情作出选择,通过自己的工作来表现自己的思想。适合从事的职业类型有:演员、诗人、音乐家、画家等。

变化型

这些人在新的和意外的活动或工作环境中感到愉快,喜欢经常变化职务的工作。他们追求多样化的活动,以及那些将其注意力从一件事转到另一件事上的工作环境。

独立型

喜欢计划自己的活动和指导别人的活动或对未来的事情作出决定,在独立负责的工作情境中感到愉快。适合从事的职业类型有:管理人员、律师、警察、侦察人员等。

这里需要说明的是,社会上任何一种职业都可能同时与几种性格类型特点相匹配,也由于性格的形成受后天环境的影响较大,这种可塑性的因素也有可能导致人职业性格特征的多样性,就是说一个人可能同时具有几种职业性格类型特征。

读懂他，掌控他

心理学研究表明，性格影响着一个人对职业的适应性。选择职业要考虑性格的职业品质，尽量选择适合自己性格特点的工作。因为无论哪种职业都会对人的性格提出特定的要求，要适应这一职业就必须具备这一职业要求的性格特征。所以，他从事什么类型的工作，干的是否如鱼得水，是和他的性格紧密联系的。

分析他的工作态度

人们在自然而然中都会将自己的性格特征表现在对工作的态度上，所以若想认识和了解一个人的性格，可以从他对工作的态度上进行观察。

1. 将责任视为必要而无论如何都会把握机会的人，是外向性格者。

2. 未行动前，先考虑责任问题者为内向性格者。

3. 工作失败而易患精神官能症者，其成长过程多是父母亲细心呵护，且其依赖、撒娇的几率较高。

4. 历经一次失败经验，能力就日益减退者为内向性格的人。

5. 工作专注到痴狂的地步，却将其合理化者，其欲望大多不能得到满足。

6. 向周遭的人有意识地诉求自己非常忙碌者，对自己的能力充满自卑感。

7. 极度热衷工作且相当排斥工作不认真者，在他的潜意识中，有某些懒惰的成分。

8. 有外人在场时，工作效率仍高是外向性格的人，反之则是内向性格者。

9. 喜出锋头者,大多具有歇斯底里性格。

人们在自然而然中都会将自己的性格特征表现在对工作的态度上,所以若想认识和了解一个人的性格,可以从他对工作的态度上进行观察。

一般来说,外向型的人多勇于承担责任,在工作中,没有机会的时候会积极地寻找机会、创造机会,有机会的时候会牢牢地把握住机会,他们多很容易获得成功。

内向型的人在面对一件工作的时候,首先想到的是自己该负担的责任、后果等问题,总是担心失败了会怎样,所以时常会表现出犹豫不决的神态。因为顾虑的东西实在太多,行动起来就会瞻前顾后,畏首畏尾,最后往往会以失败告终。

工作失败了,不断地找一些客观的理由和借口为自己开脱,以设法推卸和逃避责任,这种人多半是自私而又爱慕虚荣的,他们常常以自我为中心。

工作上一出现问题,就责怪自己,把责任全部揽到自己身上,这样的人多胆小。

失败以后能够实事求是地坦然面对,并且能够仔细、认真地分析失败的原因,进行归纳和总结,争取在以后的工作中不犯类似的错误,这样的人多是真正成熟的人。他们为人处世比较沉着和稳定,具有一定的进取心,经过自己的努力,多半会取得成功。

工作比较顺利,就非常高兴,但稍有挫折,便灰心丧气,甚至是一蹶不振,这种人多是性格脆弱,意志不坚强的类型。

在工作中他或多或少会表现出这么几种态度:

敷衍

众所周知,对于工作,人们怀着三种不同的目的,第一是为了挣钱;第二是为了学习;第三是为了乐趣。由于工作的原因不一样,存在着不同的目

的,可是在实际的工作过程中,当他们发现,工作的报酬,工作的性质、环境等等与自身对工作的期待存在着差距,而他们感觉到公司、企业不会主动给自己缩减这种差距的时候,就产生了第一种心态:敷衍。这种人不管在任何的企业都是存在的,尽管存在的原因不一而足,但是他们都已经对工作丧失了热情,采取了得过且过的,敷衍了事的消极行为。总而言之,这种人缺少对更高目标的追求。

工作就是工作

这种工作心态在所有企业中都存在于最多的人群,这种人群缺少工作热情,但是工作认真、务实、客观而且实际,很少会被其他的原因左右对工作的态度。但是这种人缺少创新,缺少朝气,缺少对工作的激情,缺少工作的主动性,没有发挥出他们真实能力和水平,他们永远都只是认为努力做好本职工作就一定会有回报。这种人缺失了端正的心态,缺少用方法达成目的的理性思维。

工作是一种乐趣

把工作当作一种乐趣的人,往往都是在作中有所成就的人。这种人天生对工作充满热情,积极主动,他们有正确的价值取向和价值观。这种价值观决定了他的思想,也决定了他不同的行为,行动决定结果,也就决定了命运,那就是敢于拼搏,敢于面对挑战的信念。在工作中,我们总是存在这样那样的顾,想做某些事情,又担心失败,担心会有这样那样的困难,在这样情况下,一而再的退让,最终一无所成。把工作当作一种乐趣的人,他们在工作中努力的求索,努力的吸收知识,他们每做一件事都力求完美,每一个步骤都力求简洁,他们坚持不懈,不断创新,最终获得成功。

工作心态反映的是对人生价值观,生活态度的取向。积极主动,面对挑战的心态,是为自己过去、现在和将来的行为负责,这种心态依据的是原则及价值观,是改变的主动者,他们扬弃被动的受害者角色,发挥人类特有的

第八章 成事有道,工作辨人——透过工作读懂男人

四项天赋——自觉、良知、想像力和自主意志,由内而外的来创造新的天地。积极主动者选择创造自己的生命,而不是选择被动的逆来顺受,不作抗争。积极主动的心态可以使我们从生不逢时的自怨自艾中解脱出来,面对现实,不再一味的埋怨和等待,从自身开始积极的思考和行动来创造新的未来。

在工作中我们应该保持一种学习的心态。世界上的事从来都不是一成不变的,一个人的计划永远赶不上世界的变化,为了能有条不紊的适应这种变化,我们只能不断学习,不断的积累知识,让我们更高效,更快捷地处理问题。不断学习的心态让我们不断的思考,不断的总结,不停的寻找事物规律,这种不间断的过程最终会变成我们的习惯,一种不断积累,不断探索,主动思考,不断检验的行为,只有这样积极主动,充满激情的心态,才能让我们敢于面对挑战,战胜挑战,获得成功,获得我们对工作目的的期待。

读懂他,掌控他

对于男人来说,工作的重要性不言而喻,企业非常重视那种能够最大限度地利用工作时间,全力投入工作的员工。因此,约会时即使他迟到了,只要他是为了工作,就应该大方地原谅他。这样,对方也一定会为你的聪慧与体贴而感到高兴。"我生活的意义就是你。"这种话对女性来说是一种甜言蜜语,听了以后可能让人感到飘飘然,但实际上如果作为终身伴侣,这种男人是靠不住的。

他是个敬业的男人吗

一个男人要有社会责任感,这种社会责任感如何体现呢,就是要有事业心,就是要认真敬业。

敬业实际上是一个男人对社会负起一种责任感、使命感的具体体现。它需要人在精神的力量下,全身心地付出努力,为了一个目标而奋斗。

敬业要靠顽强的意志来实现。

男人的敬业,很多人认为,首先来自社会压力。其实说起来,男人敬业不完全来自压力。在很多缺乏激情的生活中,男人把工作当成鼓舞与散发激情的依托,并在其中寻求生活的兴奋点。敬业中的兴奋对于男人来说是一种挑战:挑战环境,挑战对手,挑战自我;敬业中的兴奋对于男人也是一种基本的素质要求——没有敬业的态度,男人怎么会有业绩呢?

工作,使男人产生魅力,男人的魅力也在工作中与才干、水平、能力一同增长着。

某些工作就象一块试金石,把真正的男人选择了出来、磨砺了出来。所以在今天,男人尤其是有能力的男人,应该主动选择一个会给自己人生多种益处的职业并在这个职业中发展和成就。

除了成就之外,男人的敬业在渐渐的规范与细化。一个敬业的男人在早晨出门前,会在考虑今天日程的同时,考虑自己穿什么样的衣服和以怎样的形象示人。职业,对于人的规范也渐渐地深入到工作的男人之中。男人在这样的规范中,提升自己的内在功力,塑造自己的外在形象。

但是更多工作的男人很平凡。平凡也是一种选择。但平凡工作的男人也很敬业,甚至非凡地敬业。因为敬业的工作的确离不开一个最基本的基

第八章 成事有道,工作辨人——透过工作读懂男人

础:为保证自己和家庭的经济来源。

工作的男人同女人相比,相对来说家庭生活的具体负担总是轻一些。但是他们的社会压力比女人重,他们对家庭所负有的责任也比女人要重的多。一直把养家糊口视为己任的中国男人,在不知道敬业这个词的时候,就明白了工作是自己的饭碗。自己的饭碗难道能由自己轻易地砸了吗?人们的工作大多是平凡的,但是敬业的男人和女人能把种种平凡做的饶有声色。

读懂他,掌控他

那种非常敬业,有责任心的男人才值得你去爱,否则如果你找一个不热爱工作的人,当你说头痛、头晕时,他就会说"那我今天不去上班在家照顾你,"虽然让你感动,但却不切实际。你要知道,无法专注于工作的男人,将来没办法给你有个生活的保障。到那个时候,即使你后悔也晚了。

从与人共事看准对方

在职场中,有的人活泼,有的人文静;有的人容易激动,有的人善于克制;有的人性格孤僻,有的人性格开朗。人们经常讲,这是由于个性各不相同,但更具体地讲,是因为各人气质、性格不同。在职场上,与人意见相左是常有的事,和人共事时,当存在有不同意见时,每个人的处理方法都会反映出他的个性来。

坚持己见

这种人是一个很有主见,对自己很信心的人,但是,可能是太有自信,似乎有成为自大主观、自我意识太强烈,不站在别人立场设想的自大狂。人与人共事,最重要的是合作关系的和谐,这种团队精神是促进人际关系的

催化剂，因为，事情是需要大家的力量合作才能完成的，如果都听你一个人的，那就根本不需要一个团体来合作了，所以，他的自信可能是他成功的条件和本钱，但也可能是他的人际关系的致命伤。

希望再和对方多沟通沟通

这种人很适合团体工作，他的人际关系也会因他的这种合群观念而拓展顺利。

不想跟对方争，即使自己是对的，也不去坚持。这种放弃自己主见和权益的做法，会让人家觉得他根本不重视这个工作，也不尊重团体中的参与，他的心态可能是怕和别人形成一种对立状态，而他本身又不擅于处理这种敌我关系，所以他选择退缩让步的做法，来逃避这种敌我关系。

请第三者来评理

以第三者的角度来评断，可以说是个比较客观，不涉及个人主观意识之争的好方法，而且也避免对立的两方，直接面对面地对抗。不生敌对的状态，如果他选择这种方式来说服对方，可以想见他是一个很有智慧，而且是很有度量的人。他的人际关系就是因为他淡化个人主观意识，让人觉得他不是一个很自大，很专制的人，这种做法不仅有利于团体作业，也会相对地提升他的公信度，将来就不会有大针对他作个人的批判了。

读懂他，掌控他

在现代企业中，我们都不是单兵作战，而是以班组为单位，有组织、有系统地协同操作。如果班组中，气质、性格差异悬殊过大，就会发生不和谐而引起矛盾和碰撞。在与人共事时，他是什么样的态度？在和别人的意见不同时，他是坚持己见还是毫无原则，这就是他性格的折射。

第八章 成事有道，工作辨人——透过工作读懂男人

考察他与上司的工作关系

怎么处理与上司的关系，这是许多人都会遇到的问题，或许，有不少人正在为此事而苦恼着。我们很多时间在讨论上司如何管理好属下，其实在职场，很多人也面临着如何与上司相处的困境。不知道你观察过没有，他是怎么和上司相处的呢？

一些人一味地溜须拍马，从不发表自己的意见。上司说什么，他们就会一味地说"对"，而从不发表自己的意见。为了讨得上司的欢心，你看他巧舌如簧，应变随机：上司说扁的，他喊不圆。不仅如此，他们还特别善于鹦鹉学舌，总是重复上司说过的话。比如上司一说"最近，营业额有所下降，必须有所作为才行"，这种人便重复道，"必须有所作为啊！"，他总是抢先一步，把上司想要说的事例先说出来。如果受到了上司的批评，他们会将自己的意见完全推翻，声称自己想要说的意思并非如此，并且还想前后呼应，把话说圆。如果前后脱节、无法自圆其说，他们有时竟然最后对自己反戈一击，将以前的主张彻底推翻并站到了相反的立场上。

有的人喜欢争强好胜，和上司相处时，他总觉得比上司还强，好像觉得应该和上司颠倒过来才对。这种人狂傲自负，自我表现欲望极高，还经常会轻视甚至嘲讽上司。

还有些人性格古怪，不听话，爱抬杠，整日牢骚满腹，很是难缠。往往是这些人，工作却很出色，甚至一个顶俩。

有一类人被称做"硬汉人"，就是那种很有个人原则，不轻易接受失败的人。这种人才个性很强，有自己独立的见解，他们性格直爽坦诚，说话从不拐弯抹角。这种人一般不受领导喜欢，因为他爱当面提意见，并且毫不含

蓄,批评领导也不避讳,常使领导感到难堪。

有的人特别喜欢唠叨。他们是无论大事小事都唠唠叨叨,好请示的"事儿妈"。这种下属往往心态不稳定,遇事慌成一团,大事小事统统请示,还唠唠叨叨,讲究特别多。

有的下属总是以自我为中心,不顾全大局,经常会向上司提出一些不合理的要求,什么事情都先为自己考虑。

有的人独断专行,他常自以为能力过人,好单打独斗,以此来争取优越的成绩。他与群体脱离,上司亦不知他跑到哪里和正在做什么事。即使这名下属有天大的本领,也只会令领导阶层感到很头疼。上司担心,一旦这名下属犯错闯祸,谁也无法弥补。

还有的人自尊心特强,极敏感,多虑,这样的人特别在乎别人对他的评价,尤其是领导的评价。有时候哪怕是领导的一句玩笑,都会让他觉得领导对他不满意了,因而会导致焦虑、忧心忡忡、情绪低落。

读懂他,掌控他

人际关系永远是一门读不完的大学问,有人凭借着人际关系,打开成功之门;有人因为无法掌握人际关系的深奥之处,总是痛苦万分。他是哪一类人?看一看他平时是如何和上司相处的你就会得到答案。

他和下属之间的相处

在公司内,不一定个个都讨厌喋喋不休的上司,也不一定每人都喜欢表面看来平易近人的上司。有人喜欢专制点的上司,也有人讨厌大而化之的上司。为什么会形成这个样子,这是因为上司不隐瞒自己的性格,才有如此的差别。

第八章 成事有道,工作辨人——透过工作读懂男人

如果你注意观察一下上司,就会发现他们也有各种各样的性格。平易近人的人;凡事不亲自做就过意不去的人;工作一丝不苟的人;自尊心强,追求虚荣的人;情绪容易冲动而事后又抱有歉意的人;利己主义很强的人;不相信人、猜疑心很重的人;虽然傲气十足却容易轻信别人的人;容易被感情支配且与谁相处都要吵架的人。你观察过他吗?

激进型

经常找下属的短处,骂他"成事不足,败事有余",对下属没有信赖感,任何事都自己去做,还一味要求下属忠诚勤勉。

懒惰型

对于下属没有明确的指示,也不提供任何工作上所需要的信息,即使偶尔开开尊口,也只会谈论与工作无关的事。这类上司的行为大致有两类原因:一是无心之过。或许这位上司就是这种类型的人,或许他经验不足,不知道如何开展工作。二是他可能快要离职,或是本身对自己所受的待遇非常不满意,所以用怠慢的方式来变相地抗议。

发展型

不仅能发掘下属本身具有的能力,还会调动下属的潜能。因此,他对做事的要求比较严格。有时,他可能会给员工自由发挥的空间,让他们大胆去做,以培养他们的独立操作能力。

火爆型

有些人天生脾气暴躁,情绪容易失去控制。这些上司常常为一些小事而大发脾气,甚至公开斥责下属,叫人难受极了。据心理学的推断,经常令下属惊怕的上司,只是权力欲作祟而已。

自以为是型

有的上司由于自负独尊,只相信自己的判断力,对他人的意见拒不采纳或轻易否定,有时横加批评,以显示自己的魅力和才干。过分迷信手中权

力,以权欺人,以权压人,唯我独尊,长此以往,只能使下属产生逆反心理,敬而远之,畏而避之,产生离心力。

只顾自己型

私心很重的上司,总是把自己的利益放在第一位。合理的一面也有,但在任用属下时,有利用价值的才留下,不能利用时就一脚踢开,手段狠毒。

抓权不放型

抓权不放的上司除了对下属的工作吹毛求疵之外,最叫人讨厌的是他们会如暴君一样,连员工的私事也过问,例如,不准你跟其他部门的同事交往,不准你下班后上英文课,不准你业余时间与同事一起消遣……

高高在上型

高高在上,好"摆架子"。很多春风得意的上司都喜欢"高高在上"。

读懂他,掌控他

像大多数男人一样,男上司们也有一张"透明的脸",那就是每当遇到一件事情时,会不做什么掩饰地表现出自己的态度。如果他是一个管理者,你不妨了解一下他和他的下属们是怎么相处的,他是一个怎样的上司,往往也就说明了他是什么样的人。

看他如何对同事

无论我们在家庭中,在学校里,还是在社会上,总会遇到各种性格不同的人。人的一生,不知要和多少人打交道。现代社会,各种信息的传递和交流增多了,人们的社交活动也频繁了,由于工作、学习和生活的需要,我们每个人都不可避免地要和各种不同职业、不同思想的人交往,自然,在这些人中就有各种不同性格的人。

第八章　成事有道,工作辨人——透过工作读懂男人

投之以桃,报之以李。这句成语形象地说明了人际关系学中的一条重要原则:你怎样正确对待他人,他人便怎样正确对待你。处理同事关系也是这样。热情、友好、大方、满怀善意,你得到的将是理解、信任和友谊。相反,冷淡、自私、小气、算计他人,是会招致他人的反感、怀疑和戒备。

一个人要想和所有的人都成为亲密的朋友,那是不实际的,也是不可能的。但是,如果我们尽量学会和各种不同性格的人打交道,我们就能和更多的人相处得好,工作起来就能相互协调。

直来直去

头脑清晰、思维敏捷、遇事果断,这是他的显著特点。他们从不会被困难吓倒,往往具有"明知山有虎,偏向虎山行"的精神,他们相信人能征服一切艰难险阻。但任何事物都有两面性。正因为他们性格耿直,对同事有意见就当面提出,并且毫不含蓄,别人都对他们有些后怕;批评领导也不避讳,常使领导感到难堪,所以他们一般也不受领导喜欢。

城府很深

稳定、内敛、不多言是沉稳性格的人给别人的第一印象,但他们有着对人、事、物敏锐的观察力。这种性格的人对事物有独到的见解,但是不到万不得已,或者不到水到渠成的时候,他绝不轻易表达自己的意见。一般都工于心计,总是把真面目隐蔽起来,希望更多地了解对方,从而能在交往中处于主动的地位,周旋在各种矛盾中而立于不败之地。

生性多疑

你有没有被人怀疑过?那感觉就像有人在背后戳你的脊梁骨,那滋味真不好受,真是别有一番酸楚的滋味在心头。他们生性多疑,不弄清你是否可靠,他们是不会向你表态的。他们为人处事总是小心翼翼,惟恐一失足成千古恨,或者落入别人设置的圈套。当大家需要合作时,他们在某项决定上迟迟不肯表态。一有风吹草动的小事,这种人的反应可谓小心谨慎、遮遮掩

掩，给人一种慢慢腾腾、勉勉强强、退避三舍的感觉。

算计他人

有的人不是把主要精力用于工作，而是用于算计他人，专爱搜寻同事的缺点尤其是生活作风上的毛病，广为散布；或打一些与事实有很大出入的"小报告"，搅得单位不安宁，他人难以正常工作。这样的人当然是极少数。有些人虽然不是有意算计别人，但对别人的事也往往给以过多的、不必要的"关心"。一个单位里，这样的人越多，人际关系越复杂，"内耗"越严重，工作效率越低。

孤僻不合群

一般来讲，性格孤僻的人不易与人交往，互相了解较少，对他人又轻易不信任。这种人疑心很重，因此缺乏友谊，缺乏依恋的温情体验。他们于任何事情都担心别人会议论，因而惶惶不可终日。同时，他们对所谓的"俗人"很反感，瞧不起那些整日为功名利禄忙得焦头烂额的平庸之辈。他们有自己的生活方式，不希望被别人打扰，这看起来颇有些隐士的味道。

争强好胜

他们狂妄自大，喜欢炫耀，总是不失时机地自我表现，力求显示出高人一等的样子，在各个方面都好占上风。他们往往有极佳的公关手腕，所到之处都能很快与人打成一片，在诸多性格中可说是独占鳌头，他的这种交际性格更能博得上司的好印象与赏识。所以在社交场所中，这种性格的人能左右逢源，如鱼得水，通常都是焦点人物。

读懂他，掌控他

每一个人都有自己独特的生活方式与性格。在办公室中，我们总免不了和同事打交道。他在和同事相处时是什么样的态度？是孤僻傲慢，争强好胜，工于算计还是性子直率？仔细观察他在工作场合的表现，你会对他的性格有个更加清晰的了解。

第八章 成事有道，工作辨人——透过工作读懂男人

为什么他会变成一个工作狂

对于繁忙的工作，有人认为是苦役，也有人觉得是乐趣。这个社会工作狂愈来愈多了，简直到了泛滥成灾的地步。强调自己只睡一小时的人，如果不是疯了，那么一定就是工作狂。努力工作是一回事，但如果成了工作狂，那就偏离工作的道德观太远了。工作狂受外界力量的迫使，受恐惧和负罪感的驱策。他们常常感到焦虑、爱寻衅、压力大，而且感到不适、自卑，其背后潜藏着更深的不和谐。

人生真是充满了矛盾！你要多出成果多干事，就必须拼命工作，充分利用时间，充分使用精力和体力，在有限的时间内做出更多的事情来才能出成果。我们平时也见到有些人整天埋头于工作，给自己制定很高的目标，自我加压。什么休闲、娱乐与其毫不相干，电视、报纸也不看，全身心投入事业，甚至连吃饭、睡眠也都减到最低限度。他们"就是喜欢这种忙碌的生活，空下来就觉得不自在了"。每完成一个项目就有种成就感，这种成就感一直推动着他们继续向前，直至完美。在他们看来，虽然近乎疯狂的工作的确压力很大，但他天生就是理想主义者，他就希望每一件事都能做到完美，在这份固执和执著当中，生命透支已经不再是什么重要的事情了。

当然，沉迷于工作对身体不一定有不良影响。有些人因为热爱自己的工作而全神投入，工作时间虽长，但他却感到是一种享受而不是压力。因而，热衷工作并不对健康有害。相反，一种令你感到无能为力而又没有安全感的工作，才会对健康造成损害。所以，现在的心理学专家说："最重要的是个人对工作的态度。对工作不满的情绪自然有损健康，而对工作的满足感则对健康有利。"

真正的工作狂是有工作瘾的,他们情不自禁要保持忙碌,于是把自己埋在成堆的文件中,很少考虑这类工作的成果是否对公司有价值。所有型态的上瘾行为都有一个特性,那就是否认本身的行为,所有真正的工作狂绝不认为自己是工作狂。辨别工作狂有一些线索可循,你不妨看看他有没有下面的表现:

1.他是否不论多晚就寝,第二天都会早起?

2.如果他自己吃午餐,会不会边吃边阅读或工作?

3.他是否觉得无所事事很难过?

4.他精力充沛又喜欢竞争吗?

5.他在周末和假日工作吗?

6.随时随地都可工作吗?

7.他是否觉得很难抽空度个假?

8.他害怕退休吗?

如果他的肯定答案超过五个的话,那么他很有可能是个工作狂。

读懂他,掌控他

工作狂通常十分敬业,因此他们总会表现出自己工作得多卖力,为工作做出了多大的牺牲。你应该及时肯定他们对工作的贡献。不要试图评价或分析这种不平衡的现象,因为工作或许是他们用来逃避生活中的其他关系以及减少独自面对自己的时间的方式。在开会时,你可能会发现工作狂根本没有时间进行私人谈话,他们总是在工作。工作狂更喜欢跟你谈论他们的工作,而不是倾听你的情况。跟他们相处时,做一个耐心的听众是最合适的。

第八章 成事有道，工作辨人——透过工作读懂男人

观察他面对工作困难的态度

工作的过程，就是不断发现问题、解决问题的过程。一个人要想干成一番事业，不但会遭逢挫折，而且还会遭逢困难和艰辛。困难只能吓住那些性格软弱的人。对于真正坚强的人来说，任何困难都难以迫使他就范。相反，困难越大，对手越强，他们就越感到拼搏有味道。

坦然面对工作中的困难挫折重在有一个健康的心态。无论你是天生具有乐观胸怀，还是通过有效方法使心灵平静，都是为了不让困难、挫折在头上形成阴影，而是排除、克服他，把它们转化为工作的动力。

面对困难，有两种截然不同的态度，一种是乐观面对，不怕困难，也不讲困难，他们面对困难时从不犹豫徘徊，从不怀疑是否能克服困难，他们总是能紧紧抓住自己的目标。自己的目标是伟大而令人兴奋的，他们会作坚持不懈的努力，认为暂时的困难微不足道。

另一种是愁眉苦脸，怨天尤人，牢骚满腹。他们总是认为事情太复杂理不出头绪，问题太棘手没有解决的好办法；总觉着人们都带着假面具，所以看不出美与丑，钻不到人们的心灵深处，所以分不出善于恶；总是感到自己的岗位不如别人的好，所以不容易出成绩，总是感到领导交给他的工作比别人的难度大，所以不好完成等等。向困难屈服的人必定一事无成。很多人不明白这一点，一个人的成就与他战胜困难的能力成正比。他战胜越多，取得成就越大。

可能多数人会觉得工作不就是养家糊口吗？每天踩着点上班、下班，到了固定的日子领回自己的薪水，高兴一番或者抱怨一番之后，仍然在茫然中又去上班、下班，等待上司安排新任务。如果指令明确，条件具备，就像机

器一样去执行。不时地,还允许自己偷点儿小懒,反正能保住饭碗就行。于是,职场中,很多人为了保住工作,只是固步自封、按部就班地做上司吩咐过的事情,他们可能认为自己"正在工作"或者"已经工作了",如果推脱真的能把问题推掉,也不失为一种办法,但实际上,问题却原封不动地留给了别人。

工作中有问题是正常的,正如人生中会遇到种种麻烦与不测。到目前为止,还没有听说过在工作中没有碰到问题的人,不论他是老板还是雇员。

读懂他,掌控他

很多人碰到一点小小的困难就放弃了,再去寻找新的工作,赚钱多少成为了他们衡量职业好坏的标准,他们可能会怪老板不开明、怪条件不具备、怪同事不配合,也可能坐在一起互相抱怨,最后问题越来越严重;而明智的人总是多从自己身上找原因,积极寻找改进的办法。后一种人才是真正值得你信赖的。

他接受任务时是什么样的表现

拿破仑·希尔曾经说过:"自觉自愿是一种极为难得的美德,它能驱使一个人在不被吩咐应该去做什么事之前,就能主动地去做应该做的事。"他说:"这个世界愿对一件事情赠予大奖,包括金钱与荣誉,那就是自觉自愿。"一个人的主动性是实现其目标必不可少的要素,它会促使你进步,会使你受到更多的关注,而且会给你带来更多的机会。像加西亚那样自愿接受任务的人,通常是是主动型、积极进取的人,这种人很容易在职场中找到自己的位置,并获得成功。

很多人应该看过美国人阿尔伯特·哈伯德撰写的《致加西亚的信》,故

第八章　成事有道，工作辨人——透过工作读懂男人

事中的英雄，那个送信的人，也就是安德鲁·罗文，美国陆军一位年轻的中尉。当时正值美西战争爆发。美国总统麦金莱急需一名合适的特使去完成一项重要的任务，军事情报局推荐了安德鲁·罗文。

在孤身一人没有任何护卫的情况下，罗文中尉立刻出发了，一直到他秘密登陆古巴岛，古巴的爱国者们才给他派了几名当地的向导。那次冒险经历，用他自己谦虚的话来说，仅仅受到了几名敌人的包围，然后设法从中逃出来并把信送给了加西亚将军——一个掌握着决定性力量的人。罗文由此成为人们心目中具有象征意义的"送信人"。

这个故事向人们揭示了人性中忠于职守、忠诚勤奋、主动创新的敬业精神。观察一个人，就要看他在接受任务的时候，是否会像罗文那样具有毫无条件服从命令的精神。

还有这么一种人，根本不会去做他应该做的事，即使有人跑过来向他示范怎样做，并留下来陪着他做，他也不会去做。这种人一般都习惯于等待再等待，很少去主动争取或积极地处理工作，只是等到接到了明确的作作指令后才去行动，而且在工作中不断地请示，以求得下一步的工作指令。这种被动工作的员工，很难在工作中获得成就，最终将一事无成。

是否具有主动性就像一道分水岭，把人分为了这样几类：

一种是别人告诉他一次，他就能去做。这样的人往往会得到很高的报酬；

一种是别人告诉了他两次，他才会去做。这样的人得到的报酬会较微薄；

一种是只有在迫不得已的情况下，才能把事情做好。他们得到的是冷漠和轻视，报酬也微乎其微。

最不受欢迎的人，是别人迫着他，告诉他怎么去做，盯着他做，他也不会把事情做好。

主动性的高低往往直接影响工作时的表现，关系工作成效的高低。那

些工作自主性低的员工,墨守成规、避免犯错,凡事只求遵循公司规则,老板没让做的事,绝不会插手;而工作自主性高的员工,则勇于负责,有独立思考能力,必要时会发挥创意,高质量地完成任务。

读懂他,掌控他

想要观察他的职场发展前景吗?就看他接受任务时的表现吧。看他是否乐意接受任务,是否积极主动接受任务,就能看出他能否在职场上一帆风顺、获取成功。如果他积极主动地接受任务并努力地完成它,那么他的职业前景无可限量,反之,只会消极抱怨、应付的人是不会有什么大的作为的。

好好观察他处理错误的方式

对我们每个人而言,当然应该努力做到一切都是最好的,但人是无法做到完美无缺的。我们面对人生如此复杂的境况,任何一个人难免始终不出错。

当别人犯了错误时,人们总是希望他们能够承认并且加以改正。可是一到自己身上,很多人就会犯嘀咕:难道要我承认我不如别人?于是很多时候,人们不愿意承认自己犯了错误。原本只是个小伤口,用药膏抹一下便没事了,偏偏认为没事,拿另一块脏布来掩盖,结果让伤口感染了,反而让原本该好的小伤溃烂成大伤,实在得不偿失。

在法国著名思想家、文学家卢梭的《忏悔录》中,记载着一件他久久不能忘怀的事:

卢梭小时候,家里很穷,为了生存,他只好到一个伯爵家去当小佣人。伯爵家的一个侍女有条漂亮的小丝带,卢梭非常喜欢。一天,卢梭趁没人的时候,从侍女床头拿走小丝带,跑到院里玩赏起来。

第八章　成事有道，工作辨人——透过工作读懂男人

正在这时候，有个仆人从他身后走过，发现了卢梭手中的小丝带，立刻向伯爵报告。伯爵大为恼火，就把卢梭叫到身旁，逼问起他来。卢梭紧张极了，心想，如果承认丝带是自己拿的，那他一定会被辞退。以后再找工作，可就更难了。他结巴了好大一会儿，最后竟撒了个谎，说丝带是小厨娘玛丽偷给他的。伯爵半信半疑，就让玛丽过来对质。善良、老实的小玛丽一听这事，脑瓜子顿时懵了，一边流泪，一边极力地辩解说："不是我，决不是我！"可卢梭呢？却死死咬住了玛丽，并把事情的所谓"经过"编造得有鼻子有眼。

这下子，伯爵彻底被激怒了，索性将卢梭和玛丽同时辞退了。当两人离开伯爵家时，一位长者意味深长地说："你们之中必有一个是无辜的，说谎的人一定会受到良心的惩罚！"

果然，这件事给卢梭带来终身的痛苦。40年后，他在那本的自传《忏悔录》中坦白说："这种沉重的负担一直压在我的良心上，促使我决心撰写这部忏悔录。""这种残酷的回忆，常常使我苦恼，在我苦恼得睡不着的时候，便看到这个可怜的姑娘前来谴责我的罪行。"

每个人因为特性与修养不同，因而对待错误的态度也就不同。有的人正视它，有的人掩盖它，有的人回避它，有的人忽视它。其实只有正视错误的人才是坚强的。

能够在大庭广众之下勇于承认错误并勇于改正错误，这是一件光荣的事情。这样的人可以不断进步，因为他具备实事求是、勤勉踏实的作风。他并不想突出个人的意志和想法，不想去标榜个人的风格和形象。他的人际关系是建立于一个团体的包容中。因此，他不打算去粉饰个人形象，也不想掩盖自己的过错。

指责别人，开脱自己的责任。这类人犯错后往往会说："这是你的错，不是我的错"，或者"如果我妻子花钱不大手大脚的话，我就不会落到如此的地步"，或者"如果没有孩子拖累的话，我早就很富裕了"。他们还会说："顾

客只是没有注意到我的产品",或者"我的雇员对我不忠实","他们说得不清楚",还有"这是老板的错"等等。还有些人会说:"因为我没受过良好的教育,所以我的事业不如意","如果再给我点时间的话,我会做好的",或者"哼,我再不想变富了",或者"人人都这样,我为何不可……"

犯了错误却死不承认,则属于个人意识非常强的人。他对自己的期许非常高,也希望在众人的心目中有非常好的形象。为了他的形象和期许,他会死不承认,因为一旦承认就表示他已彻底失去了个人完美的形象。这对他来讲,不仅是不能接受的事实,对他的人际关系来讲,也暗示着角色的贬低。也许他是有领导欲的人,也许他是个很好面子的人,所以,为了自己的面子,他不惜去得罪大家,就是不肯承认自己的缺点。

读懂他,掌控他

人非完人,孰能无过。软弱的人把承认错误视为软弱的表现,是承认失败与暴露不足,坚强的人把错误当做一个挑战而已。具备最大勇气的人,才懂得如何承认自己的过错,并且能够面对过错,不去费尽心机找任何理由和借口。他犯错之后是什么态度?从他的表现你可以看出他是一个怎样的人。